房地产经济学基础探析

孔 涛◎著

线装书局

图书在版编目（CIP）数据

房地产经济学基础探析/孔涛著. --北京：线装
书局，2023.3
ISBN 978-7-5120-5406-6

Ⅰ.①房… Ⅱ.①孔… Ⅲ.①房地产经济学－研究
Ⅳ. ①F293.30

中国国家版本馆 CIP 数据核字(2023)第 054067 号

房地产经济学基础探析
FANGDICHAN JINGJIXUE JICHU TANXI

作　　者：孔　涛
责任编辑：林　菲
出版发行：线装书局
　　　　　地　　址：北京市丰台区方庄日月天地大厦 B 座 17 层（100078）
　　　　　电　　话：010-58077126（发行部）010-58076938（总编室）
　　　　　网　　址：www.zgxzsj.com
经　　销：新华书店
印　　制：北京四海锦诚印刷技术有限公司
开　　本：787mm×1092mm　　1/16
印　　张：15.25
字　　数：299 千字
版　　次：2023年3月第1版第1次印刷
定　　价：78.00 元

线装书局官方微信

前　言

　　房地产经济学以揭示和反映房地产经济运行规律为宗旨，是房地产经济运行过程的理论化和系统化，是应用经济学的一个分支学科门类。房地产经济学应以房地产市场体系为依托，因而学习、理解和运用房地产经济学时应有全局观点，纵观整个房地产市场体系，分析判断其中的薄弱环节，并找出相应的对策，从而合理地进行资源配置，促进房地产市场的平衡协调发展，提高投资的周转速度和回报率。

　　房地产作为房屋和土地的社会经济形态，是人类活动的空间和重要的生产要素。它不仅关乎经济发展、财产分配，还关乎民生和社会的稳定和谐。房地产产品与其他商品不同，它兼具了消费和投资的双重功能，同时具有基础性、先导性、关联性等特性，是国民经济的重要组成部分。

　　本书是房地产经济学基础探析方向的著作，简要介绍了房地产经济学基础、地租与区位理论、房地产交易活动与登记、房地产经济学中的物业管理、房地产市场等相关内容，另外介绍了房地产投资、金融与税收，还对房地产经济调控与现代房地产业的可持续发展探究做了一定的介绍。全书注重基本知识的普及和能力培养，从房地产的基本知识入手，大量吸收、借鉴了国内外一些先进的、科学的理论观点和方法，试图建立并完善具有中国特色的房地产经济理论体系。希望通过本书能够给从事相关行业的读者们带来一些有益的参考和借鉴。

　　撰写本书过程中，参考和借鉴了一些知名学者和专家的观点及论著，在此向他们表示深深的感谢。由于水平和时间所限，书中难免会出现不足之处，希望各位读者和专家能够提出宝贵意见，以待进一步修改，使之更加完善。

目　录

第一章　房地产经济学基础

第一节　房地产相关概念

一、房地产的概念

房地产是房地产经济学最基本的经济范畴，科学地阐述其含义和特征，是房地产经济学研究的出发点。

房地产是房产和地产的统称，即房屋和土地两种财产的总称，包括建筑在土地上的各种房屋及一切未经人类劳动投入开发的土地和经过开发利用的土地，以及与房屋、土地有关的权益。

所谓房地产，是指房产和地产的结合体及其衍生的权利关系的总和。这一定义包括三层含义。

①从实物形态上说，房地产是房产和地产相结合的统一物。具体而言，房产是建筑在土地上的各种房屋，包括住宅、厂房、仓库及商业、服务、文化、教育、卫生、体育等各行各业的用房等；地产是指用于房屋建筑的土地及地上地下一定范围的立体空间，包括地面、地上一定的空间和地下相关的设施等。从自然意义上来说，土地的范围很广，只有当土地作为建筑地块及相关设施使用的时候，才构成房地产的组成部分；而房屋也是建筑在一定的地基之上的，必然离不开土地。所以实物形态的房地产，包括建筑地块和地基上的以房屋建筑为主要形式的定着物，是房产、地产的结合体和统一物。

②从价值形态上说，房地产作为商品是使用价值和价值的统一体。在市场经济条件下，房地产也是商品。房地产商品的使用价值是指可以用来满足人们生产和生活等各种需要的商品；房地产商品的价值是指开发生产该房地产所消耗的人类一般劳动的凝结。在房地产经营活动中，它必须通过生产、交换、分配、消费诸环节，纳入社会再生产过程，包括房地产开发建设、销售、分配、使用，最终进入消费，当使用消耗完以后，又会重新进入新一轮循环。这种房地产社会生产和再生产过程，就必然构成一定的经济关系。

③从产权关系上说，房地产作为整个社会财富，又是一种资产，反映一定的经济权利

关系。由于房地产具有空间位置不可移动性的特点，从而与动产相区别，一般又被称为"不动产"。在房地产商品交易中，它的空间位置并不移动，而只是房地产权利关系（包括所有权、占有权、支配权和使用权）的转移和改变。例如，某个家庭购买一套住宅，只能在不同的地段进行选择，而不能移动住宅本身，一旦交易完成后房屋的财产权就转移到购买者手中，任其支配和使用，由此获得了相应的财产权利。此外，所有者还可以通过房屋租赁只转移其使用权。正因为这种权利关系的转移比较复杂，所以需要办理多项手续，与一般的商品交换大不相同。

二、房地产的特性

（一）自然特性

1. 固定性

房地产在空间所占的位置，既不能移动，也不能调换，我们不能像购买其他商品一样把房地产带回家。因此房地产的利用具有鲜明的区位特点，位置直接关系到房地产的利用价值。房地产业中有句古话，即城市房地产的三条最重要的特征：第一是位置，第二是位置，第三还是位置。因此它具有明显的区域特征，不同地方的房子不可以相互调剂余缺，这导致了房地产市场的冷热不均。北京、上海的房地产市场出现泡沫，但我国其他城市，尤其是西北地区的城市房地产价格上涨的幅度要比　线城市小得多。

位置的固定性还说明，在房地产市场上让渡的并非是房地产本身，而是附着于房地产上的各种权利。因此房地产产权的安排、变迁与交易是房地产市场运行的前提和主要内容。

但需要强调的是：虽然房地产的自然地理位置是不变的，但由于房地产的位置特性是周边自然、经济、社会等多种区位因素综合作用的结果，而且这些区位因素会随着城市化和现代化进程而不断发生变化，因此房地产的位置固定性具有相对性。

2. 承载性

从宏观角度讲，人类要生存和进化，就必须有纵向的时间阶段去延续它的发展史，有立体的空间场所去包容它的社会行为和经济行为，因此，时间和空间是人类存在的基本方式。用这种观点进行分析，不难看出，房地产虽然只是人类生产和生存需求的一个项目或一个组成部分，但它与其他生产、消费项目不能等量齐观，它们的关系是承载者和被承载者的关系，房地产需求为其他生产或生活需要提供前提和条件。所以从行为空间角度考察，房地产作为生产或消费行为的承载者，是人类存在和发展的基础。

3. 耐久性

一般的物品在使用过程中会较快地磨损、消耗，但房地产的使用则具有长期性，一般可使用许多年。

高度耐久性使得存量房成为房地产市场中供应的主体，而新增开发量作为流量使得房地产存量发生变化，但从数量上看它往往只占存量很少的一部分。而且，耐久性使得房地产同时具有固定资产的特征，因此按照国际统计核算的惯例，住宅投资属于固定资产投资核算中的一类；并且消费者价格指数（CPI）作为观察通货膨胀水平的重要指标，衡量了所选定的一篮子价格与居民生活紧密相关的消费品和劳务购买价格的变化，但由于住宅在国际统计惯例中被看作资产，因此这一篮子价格中不包括住宅购买的价格，于是经济中出现了房价飞涨而通货膨胀水平走低的令人困惑的现象。另外，在房地产较长的寿命周期内，社会、经济环境的变化会引起房地产价值的波动，因此必须用动态分析的方法来进行投资、估价及房地产政策的制定。还有房地产的耐久性使它成为一种良好的金融抵押品。

4. 异质性

异质性是房地产最重要的特征之一。由于房地产的位置固定，且不同位置的自然、社会、经济条件各不相同，再加上建筑物的式样、年限、朝向、装修、规模、设备等方面的千差万别，形成了房地产的异质性，即不存在两宗完全相同的房地产。因此，房地产和劳动力一样，被称为完全异质性商品，又被称为完全差异化商品，这使得房地产市场不可能是一个完全竞争市场，而是一个交易费用比较高的具有区域性和垄断性的市场。为了降低交易费用，提高市场运行效率，房地产中介服务业（房地产估价、经纪、营销等）就显得非常必要。

5. 土地不可再生性

没有土地就没有房地产，土地的特性会直接影响到房地产的特性。受地球表面陆地部分的空间限制，土地总面积是有限的，而且土地是由地貌、土壤、岩石、气候、植被等组成的自然历史综合体，是不可复制生产的自然资源。人类活动可以影响土地相对位置的变化及对土地的占有、分配和利用，但却无法创造土地。土地这一特征要求人类必须合理利用、珍惜和保护土地资源，务必重视房地产业的可持续发展。因而随着科学技术的进步，建筑物不断向高层空间发展以充分利用土地，而那些容积率很低的别墅必然要卖很高的价格。

（二）经济特性

1. 土地供给稀缺性

随着人口的不断增加及社会、经济、文化的不断发展，人类对土地的需求量也不断扩大，而土地面积的有限性，决定了土地供给的稀缺性，土地供应不会因为价格的上涨而增加，也不可能因其价格的变化而被复制，这就导致了土地供应和需求之间的矛盾，也加剧了房地产开发企业之间的竞争，特别是优质地段供应的有限性及不可复制性，导致了房地产开发企业之间的激烈竞争，"地王"频现，加大了房地产开发经营的垄断性。

2. 高价值性

其源自土地的稀缺性、房地产位置的固定性与异质性。房地产单位价值较高，一平方米商品房的价格少则数千元，多则上万元，因此一套商品房动辄几十万元、几百万元甚至上千万元，对于商业地产而言，其价值则更高。

3. 保值增值性

房地产保值性是指投放到房地产领域的资金其增值速度能抵消货币的贬值速度，或者说将资金投放到某宗房地产后所收回的资金，可保证完全能够买到当初投资额可以购买到的同等的商品或服务。房地产增值性是指随着时间的推移房地产的价值会逐渐地增加。产生房地产增值的原因有以下四个方面：①随着居民收入增加、人口增长及居住条件改善等引起的房地产需求增加，导致供需矛盾的加剧，从而带来房地产价格的上升；②通货膨胀的影响；③外部经济环境或交通条件的改善所带来的增值；④对房地产本身进行的投资改良，如装修改造、更新或者添置设备等。

值得注意的是，房地产保值增值在总体趋势上呈现一种波浪式上升，但不能排除在短时间内，随着社会经济的波动、周围环境的变化而导致的房地产价值的降低，甚至会出现连续下降的现象。

4. 产权分割性

房地产产权是由一系列权利组成的，这些不同的权利可以同时分属于不同的产权主体，由不同的权利人支配，如所有权、使用权、占有权、抵押权等。房地产位置的固定性使房地产交易实际上是产权的交易，即各种权利的流转，既可以是全部产权的转移，也可以是部分产权的转移。例如，出租房屋，实质上是使用权、占有权的有期限转移；房地产抵押则是一项他项权利的设立和转移。这些交易使房地产的产权分解，变得不再完整。借助房地产市场这个媒体，随着房地产产权的流转，不仅有助于房地产市场的建立与完善，也有利于实现房地产最有效利用和资源最优配置。

5. 难以变现性

所谓变现性，是指在需要的时候，商品可以迅速兑换成现金的能力。

与其他商品相比，房地产商品变现性差的特性较为突出，主要原因有四个：

①房地产价值高，房地产投资动辄几十万元、几百万元甚至上千万元，故很难在短期内找到合适的购买者，交易双方在决策上都持十分慎重的态度；②由于其异质性和位置固定性，使每宗房地产发生交易的次数较少，一宗买卖需要花费相当长的时间来了解市场，寻找合适的买者来进行讨价还价；③有一定比例的房地产在开发时，既定目的就是用于自身生产或经营，则该房地产投资只能通过折旧的方法逐渐收回；④房地产不能像债券、股票、黄金那样可以分割交易，随时变现。

6. 互相影响性

互相影响性也就是经济学上所讲的外部性。房地产具有明显的相互影响性，也就是它对周围土地使用的相互作用，其外部性问题非常广泛和突出。房地产的价格往往受相邻房地产状况的影响，如在一栋住宅楼旁新建一座工厂可导致该住宅楼价格下降，但如果在其旁边建一个公园，则可以使其价格上升。

三、房地产分类

（一）按用途划分

根据用途的不同，可以将房地产分为居住和非居住两大类。

1. 居住类房地产

根据产权的不同，居住类房地产可以进一步细分为商品房和保障性住房。

商品房是指由具有经营资格的房地产开发公司取得土地使用权后，进行开发建设，并以市场价出售的住宅。商品房属于商品，具有商品的一般属性，拥有明确的产权，可以在市场上自由买卖流通。根据建筑类型、装修档次等的不同，商品房可以进一步分为普通商品房，高档公寓，跃层住宅，联排、独栋别墅等类型。商品房的土地使用年限一般为70年。

保障性住房是与商品房相对应的一个概念。商品房是由房地产开发企业开发，面向收入较高群体的住宅；而保障性住房是政府直接建设或制定激励政策，鼓励开发商开发面向中低收入群体的住宅。政府对保障性住房的建设标准、销售价格或租金等方面有所限制。

当前，我国保障性住房的具体形式包括限价商品房、经济适用房、公共租赁房和廉租房，部分地区将定向安置房也包括在保障性住房的范围之内。

2. 非居住类房地产

根据用途不同，非居住类房地产可以进一步细分为生产用房、商业用房、办公用房、大型综合体等。

生产用房是指供生产活动用的房屋，如工业、交通运输业、建筑业等生产活动中使用的厂房、车间、仓库、办公室、实验室及生活服务用房等。生产用房的土地使用年限一般为50年。

商业用房是指各类商场、商店、餐饮、酒店等从事商业和为居民生活服务所用的房屋。商业用房的土地使用年限为40年。

办公用房是指各企事业单位及机关、团体、学校、医院等办公所用房屋。其中，档次较高、设备较齐全的称为高标准写字楼，条件一般的称为普通办公用房。

大型综合体也称为"城中之城"，基本具备现代城市的全部功能。它将城市中的商业、办公、居住、旅店、展览、餐饮、会议、文娱等业态进行组合，并在各部分间建立相互依存、相互帮助的能动关系，从而形成一个多功能、高效率的综合体。大型综合体的土地使用年限一般为40年。

（二）按开发程度划分

房地产按照项目开发程度的不同，可以划分为生地、毛地、熟地、在建工程、现房（含土地）。

生地是指不具有基础设施的土地。

毛地是指具有一定城市基础设施，但地上有待拆迁安置房屋的土地。

熟地是指具有完善的城市基础设施、土地平整、能直接在上面进行房屋建设的土地。

在建工程指地上建筑物尚未建成、不具备使用条件的房地产。

现房（含土地）是指地上建筑物已经建成、可直接使用的房地产。

（三）按收益划分

房地产项目在实际使用过程中，可以给使用人带来直接收益或间接收益。房地产按项目本质是否产生收益来划分，可分为收益性房地产和非收益性房地产。

1. 收益性房地产

所谓收益性房地产是指能够直接产生经济收益的房地产，主要有用于出租的住宅或公寓、写字楼、旅馆、商店、餐馆、游乐场、影剧院、停车场、加油站、标准厂房（用于出租的）、仓库（用于出租的）、农地等。

2. 非收益性房地产

非收益性房地产是指不能直接产生经济收益的房地产，主要有私人邸宅、未开发的土地、行政办公楼、教堂、寺庙等。

需要注意的是，收益性房地产、非收益性房地产的划分，不是看房地产目前是否正在直接产生经济效益，而是看这种类型的房地产在本质上是否具有直接产生经济收益的能力。

（四）按建筑结构划分

建筑结构一般是指建筑物中由承重构件（基础、墙、柱、梁、屋架、支撑、屋面板等）组成的体系。其分类可以通过建筑材料，结构形式及建筑层数、高度来进行划分。

按建筑材料可以将房地产项目划分为钢结构、钢筋混凝土结构、砌体结构、木结构、塑料结构、薄膜充气结构等。

按结构形式可以将房地产项目划分为墙体结构、框架结构、深梁结构、筒体结构、拱结构、网架结构、空间薄膜（折板）结构、钢索结构、舱体结构等。

按建筑层数、高度可以将房地产项目划分为低层建筑（10 米以下或者 3 层以下）、多层建筑（10 米以上、20 米以下，或者 3 层以上、6 层以下）、高层建筑（20 米以上、100 米以下）、超高层建筑（100 米以上）。

（五）按经营使用方式分类

房地产项目按照经营使用方式划分，主要有销售的房地产、出租的房地产、营业的房地产、自用的房地产。

销售的房地产是指以获得销售收入为主要目的的房地产项目，如一般的商品房、商铺等。

出租的房地产是指以获得稳定的长期租金为主要目的的房地产项目，如一些专供出租用的公寓等。

营业的房地产是指通过营业获得收入来实现收益的房地产项目，如商场等。

自用的房地产是指开发建设的目的不是获得直接经济收益，而是满足自身的工作、办公、居住需要的房地产，如企业自建的办公楼等。

第二节　房地产业在国民经济中的地位与作用

一、房地产业概述

（一）房地产业的概念

现代社会中，房地产业已作为一个独立的产业部门而存在，它不仅包括生产环节，也包括流通和服务环节，是由房地产开发、经营、消费、管理和服务等经济活动所组成的，是一个相互依存、相互联系、相互提供服务的有机整体。

房地产业的主要经济活动贯穿于房地产生产、流通、分配、消费等环节之中。具体来说，在生产过程中，主要是房地产投资开发，包括土地开发和再开发、房屋开发和供应等。在流通过程中，主要是房地产市场交易，包括地产和房产的买卖、租赁、抵押、典当等经营活动。在分配过程中，主要是通过房地产市场交换，使其产品进入消费领域的中间环节，它不是指房地产实物分配，而是国民收入分配和再分配实现的重要途径。例如，工业厂房、仓库等通过交换进入生产经营单位，实现房地产生产要素的分配；住宅通过市场购买进入家庭使用，实现工资分配中属于个人的住房消费资料分配等。在消费过程中，主要是房屋使用过程中的物业管理，包括房屋的养护、维修、绿化等服务性管理。

此外，由于房地产生产经营活动的特殊性，必然广泛存在与此紧密相关的各类中介服务，包括房地产咨询、房地产经纪、房地产评估等。随着房地产业的发展，房地产中介服务业也迅速发展起来，业已成为房地产业的重要组成部分。同时，也由于房地产是价值量巨大的产品，其开发经营活动更需金融业的支持，如开发贷款、购房抵押贷款和住房公积金制度等，所以房地产金融业已成为房地产业的有机组成部分。

由上述分析可见，广义的房地产业应包括土地开发经营业、房产开发经营业、房地产中介服务业、房地产金融业和物业管理服务行业。

（二）房地产业的内容

整个房地产业经济活动的内容，体现在房地产开发建设过程、经营管理过程和后续服务过程之中。这三个过程，其实就是房地产的生产—流通—消费三个环节。

1. 生产

房地产的生产环节，是通过对自然状态的土地投入人类劳动，进行房屋和城市基础设施建设，获得房地产这种劳动产品的过程。进入生产环节的前提条件是获得可供开发的土地。按照中国现行法规和土地管理体制，总体上来看，农村土地属于村民集体所有，城镇土地属于国家所有。国家（具体到一个城市则由城市政府作为代表）可以依法征收集体所有的土地，将其变为国家所有，或者依法收回已投入使用的城市土地使用权，然后将土地使用权以有期限、有偿使用的方式，出让给土地开发经营单位或建设用地单位。这种出让可以采用招标、拍卖、挂牌等方式进行。招标出让是指市、县人民政府土地行政主管部门（简称出让人）发布招标公告，邀请特定或者不特定的公民、法人和其他组织参加国有土地使用权投标，根据投标结果确定土地使用者的行为。拍卖出让是指出让人发布拍卖公告，由竞买人在指定时间、地点进行公开竞价，根据出价结果确定土地使用者的行为。挂牌出让是指出让人发布挂牌公告，按公告规定的期限将拟出让宗地的交易条件在指定的土地交易场所挂牌公布，接受竞买人的报价申请并更新挂牌价格，根据挂牌期限截止时的出价结果确定土地使用者的行为。不管采取哪种方式，获取土地并组织进行房地产的开发和再开发活动，是房地产开发公司的主要生产活动。

2. 流通

房地产的流通环节，是指经开发而成的产品及未经开发的"生地"进入市场，通过经营活动，实现其价值的过程。从实现形式上看，该环节主要涉及房地产买卖、租赁和抵押三种流通方式。

（1）房地产买卖

房地产买卖是指房屋所有权的买卖和土地使用权的买卖。由于房地产是不动产，它的流通方式并不是像其他商品那样，借助从生产者所在地点到消费者所在地点的运输活动来实现。对房地产来说，生产地点与消费地点是相同的，它只能通过权利的变更来转移所有权或使用权。因此，在交易活动中，房地产始终贯穿着权属管理，其交易程序也比一般商品复杂。

（2）房地产租赁

房地产租赁是房地产交易的另一种形式，是房地产的分期出售。房地产产权人（所有权人或使用权人）作为出租人将房地产交给承租人使用，通过租金的形式逐步收回成本，并获得利润，并在租期结束时将房地产收回。在房地产租赁中，土地的租赁大多是由房屋的租赁关系引起的。按照房屋所有权的性质，房地产租赁可分为公有房地产租赁和私有房地产租赁。

（3）房地产抵押

房地产抵押是指单位或个人将一定量的房地产作为按期偿还借款的保证物，向银行或其他金融机构做抵押，申请借款，银行或其他金融机构按规定给予贷款。借贷到期，借款者还本付息。若到期无力偿还借款，银行或其他金融机构有权处理抵押的房地产，所得资金首先用于归还借款。对房地产开发公司来说，抵押贷款业务可用于解决资金不足的困难；对购房者来说，抵押贷款业务可以帮助他们提前取得房屋的所有权，但是在到期无力归还贷款时，房屋将由银行等金融机构处理，处理所得的资金必须首先归还借款。不过，金融机构一般都给予购房者在一定时间内居住的权利。

另外值得一提的是，目前房地产市场中的流通活动主要有两类：一类是由房地产开发经营单位作为至少一方而从事的交易活动，或者是房地产开发公司将他们的开发产品投入到市场中进行出租、出售，或者是房地产经营企业受权经营政府所有的房地产，或者是房地产经营企业接受产权（房屋所有权和土地使用权）单位的委托，代理经营这些单位的房地产；另一类是非房地产开发经营性质的房地产产权（房屋所有权和土地使用权）所有者之间的交易活动。这类产权所有者既包括机关、团体、事业和企业单位，也包括居民个人。一方面，随着企业承包、租赁、拍卖、抵押、兼并等资产流通形式的出现，产权所有人的房地产交易活动将日趋频繁；另一方面，随着住宅商品化进程的加快，居民或产权单位的房地产交易活动大量增加。

3. 消费

房地产作为商品，经过流通环节的市场交易活动后就转移给使用者，从而进入了消费环节。由于房屋产品的使用寿命往往很长，几十年或上百年很正常，因此百年老屋可以说是司空见惯。土地在一般情况下更可以永续利用。除了具有耐久性外，房地产还具有固定性和增值性。在长期的消费中，对价值和数量巨大的房地产，要完善好社会化管理。为了维护产权人的合法权益，要进行严格的产权产籍管理。为延长房屋的使用寿命，保证使用和居住安全，必须经常对房屋进行修缮管理。为了满足消费者不断增加的消费要求，还需要提供各类服务。这些不可或缺的管理和服务，一直要到房屋的寿命终了，或由于其他原因被拆除，进行重建，进入一轮新的房地产再生产过程为止。随着房屋商品化的推进及房地产市场的发展，房屋的售后管理和维修服务工作显得十分迫切和重要。

二、房地产业的地位

（一）是国民经济的基础性产业

社会生产和其他经济活动，以及科学、教育、文化、卫生、体育等活动都离不开房地产业，房地产业是这些经济和社会活动的基础、载体和空间条件。土地不仅是农业、畜牧业、林业、渔业生产的直接作用场所，也是这些经济活动最重要的生产资料和对象，在其他产业中也是不可或缺的生产要素和物质前提。一切经济活动和社会活动都离不开建筑物或构筑物，而建筑物和构筑物总是建立在某一地理方位的土地之上。除了必须使用建筑物或构筑物及其地基外，还必须使用与这些活动相适应的场地和交通用地。没有土地，没有建筑物和构筑物，没有一定的空间作为条件，农业生产无法实施，工业活动无法开展，第三产业及科学、教育、文化、卫生、体育等活动也无法进行。建筑物作为房地产中最大的一部分，又是社会生产和其他经济活动及科学、教育、文化、卫生、体育等活动的主体，也是劳动力再生产的必要条件。

随着国民经济的发展和科学技术的进步，人力资本成为国民经济中最重要的投入要素，以至于当今不同经济区域、不同企业的竞争基本上演化成了人才、劳动力素质的竞争。房屋作为人类社会最基本的生活资料，是劳动力生产和再生产的最基本条件之一，因为吃、穿、用等消费活动都离不开房屋，劳动力再生产所需要的文化、教育、福利等用房也要靠房地产业来提供。由此可见，房地产既是社会生产的基本条件，又是社会生活的基本条件，还是城镇国民经济生产和社会生活的物质基础。

从形象上来看，城镇就是由无数房产和地产所构成的。在市场经济条件下，城镇要建设，城镇经济要发展，房地产业必须首先发展起来。开工厂先要有厂房和仓库才行，开商场如果没有营业厅和货栈无疑是在建空中楼阁，开发区或高新技术产业园区建设先要开发土地，做好"三通一平"或"七通平"，然后再建造工商业用房、办公大楼和宾馆、饭店、文化娱乐场所等。

（二）是国民经济的先导性产业

房地产业是国民经济的先导性产业，可以从两个方面来说明。

①在国民经济的运行周期中，各行各业的简单再生产和扩大再生产都是以房地产业的发展为前提条件的，因此，相对于经济运行周期各阶段，房地产业常常有先行半步的示范作用。

②房地产业是产业链长、关联度高的产业，是提供最终产品的部门，它既有一定的前后衔接性，又有侧向关联性，从而形成以其为中心的产业圈体系。因而，房地产业的健康发展能够直接或间接地引导和影响相关产业的发展。

房地产业对相关产业的带动作用可以归纳为由房地产投资对其他产业产生的投资效应系数和房地产使用产生的引致性消费系数。联合国在总结发展中国家的发展历程后认为，以上两种效应的总和乘数效应为"2"。一些工业发达国家统计显示，房地产业的产值每增加"1"，就能使相关产业的产值增加"1.5～2.0"。同时，房地产业消费的提高还能带动建材、化工、家电、装饰及家具等生产资料和生活资料消费的相应增长，其比例大约是1：6。在国民经济的诸多产业部门中，同房地产业有密切关系的国民经济部门基本可分为如下几类。

第一类是房地产业的依托性或基础性部门，其中，主要包括建筑业和土地管理部门。建筑业是以建筑产品（主要是房产）生产活动为主的产业部门，而房地产业是以房地产（其中房产占绝大部分）的流通活动为主的部门，房地产业的发展直接为建筑业开拓市场、筹集资金，促进其资金的周转。房地产业的发展、大量的土地开发和房屋建设扩大了对建筑业的需求，为建筑业提供了更为广阔的市场和发展机会。建筑业为房地产业提供了大量劳务和技术服务，建筑业的发展要以房地产业的发展为前提条件。房地产业与建筑业之间共命运、同发展，息息相关。

第二类是房地产业的辅助性和带动性部门，其中，包括建材工业、建筑设备工业、运输服务等。据粗略统计，房地产开发建设过程中所需要的物资共计23个大类、1500多个品种，涉及建材、冶金、机械设备、化工等50多个生产部门或行业的产品。我国房屋建筑成本中约70%是材料的消耗，每年耗用钢材总产量的25%、木材总产量的40%、水泥总产量的70%、玻璃总产量的70%、预制品总产量的25%、运输量总量的8%。房地产业的快速发展，如开发面积和开发项目的增加、建筑标准的不断提高，为冶金、化工、电子等产业发展带来了生机，扩大了对这些产业的社会需求，直接或间接地促进了这些产业的发展。

第三类是房地产业的制约性部门，其中，主要包括金融业、商业和旅游业等。这些部门同房地产业的发展是相互促进、相互制约的。一方面，这些部门的发展会为房地产业的发展提供重要的条件；另一方面，房地产业的发展也能够带动它们的发展。因此，房地产业不能脱离其他产业孤立发展。例如，房地产业的投资额度大、资金周转期长，其发展仅靠开发商自有资金是难以实现的，必须依靠金融业的大力支持；与此同时，房地产业的预期投资收益率高、居民住房抵押贷款风险小等特点，也是吸引金融业投资的重要原因。因此，房地产业的景气程度及繁荣程度在一定程度上决定着金融业的兴旺程度。

（三）是国民经济的支柱性产业

房地产业关联度高，带动力强，已经成为国民经济的支柱产业。房地产业作为拉动中国经济发展的支柱产业的地位逐步得到确立。

根据国际经验数据，一个产业的增加值占国内生产总值（GDP）的比重为5%~8%时就成长为支柱产业。房地产业在国民经济发展中发挥了重要作用。

随着大量流动性资金不断涌入房地产业，房地产业投资出现持续快速上涨的局面。基于对经济泡沫的担忧，房地产业的支柱地位开始受到质疑。但我国是一个人口众多的发展中国家，正处于工业化、城镇化的加速发展时期，刚性需求、改善性需求潜力都巨大，因此我国房地产业的发展空间还非常广阔。房地产业与其他相关行业的关联度比一般行业更强，房地产业的健康发展是经济持续增长的助推器。因此，就算未来房地产业的发展模式会发生改变，但其依然会是我国国民经济的重要组成部分。

三、房地产业的作用

（一）提高居民的生活质量和消费水平

住房是维持居民生活所必需的基本物质要素，是社会再生产正常进行的必要条件。社会再生产，既包括物质资料和精神文明的再生产，也包括劳动者自身的再生产。人们如果没有必要的住所，很难维持自身的正常生活，自然也就谈不上生产物质资料、创造精神文明及衍生后代了。住房是社会再生产的重要基础，是居民安居乐业的条件，而且只有"安居"才能"乐业"。

在计划经济时代和有计划的商品经济时代的时间里，中国政府一直把住房作为一种福利品对待，采取低房租的福利制度，结果导致了消费结构的畸形发展。一般居民住房消费占全部消费的比重，发展房地产业，改革土地使用制度和住房制度，把住房消费基金纳入职工工资，同时逐步把房租调高到商品房租金水平，向居民出售现有公房，终止福利分房，就成为当时改革的阶段目标和主要历程。

（二）促进国民经济发展

城市建筑物、构筑物的建造和使用是城市经济发展的结果，反过来这些建筑物、构筑物的建造和使用又会对城市经济发展起到促进作用。改革开放以后，我们由过去的计划经济体制逐渐走上了有计划的商品经济体制和市场经济体制，房地产业对整个国民经济发展的促进作用表现得逐渐明显。

首先，房地产业对社会生产具有明显的促进作用，对此可以通过对住房生产和消费的考察来理解这一判断。按照马克思主义的观点，人们的住房消费水平是由社会生产决定的，但住房消费对社会生产又具有一定的反作用。由于住房是人们保持正常生活的必要场所，因此居住状况对劳动者会产生直接影响：舒适的居住环境会使劳动者顺利恢复消耗的体力和脑力，使他们心情愉快、精神饱满地投入工作之中；如果住房短缺，居住条件很差，往往会直接影响劳动者的休息，破坏劳动者的情绪，从而影响他们的工作积极性。另外，随着住房商品化和住房制度改革的深化，住房消费在人们消费中的地位越来越重要，住房的生产和消费不仅影响到消费资料的生产，还直接或间接地影响生产资料的生产，进而影响到整个国民经济的发展水平和产业结构的调整状况。例如，建材工业是为建筑工程提供生产资料的，房地产业和建筑业是建材工业的主要市场。市场对生产的反馈作用，在这里表现为建材工业根据市场需求的变化而不断变更着自己的生产规模、品种，并不断提高产品质量。不仅如此，由于房地产业具有较强的产业关联作用，因此它还能直接或间接地影响许多行业和部门的发展。

其次，房地产业对社会分配结构的调整具有影响作用。合理的社会分配结构对维护社会稳定，促进国民经济良性发展是有积极意义的。工资作为对劳动者分配个人消费品的货币形式，其结构中也包括住房这一生活资料的价值。在国外，住房费用一般占家庭收入的25%~30%。中国过去由于长期把住房当作社会福利品进行分配，只是象征性地收一点租金，因此，其工资中基本上未包括住房这一重要生活资料价值。这种情况揭示了当时中国工资构成及收入分配中的严重不合理现象。鉴于此，住房制度改革必须与工资改革联系起来，住房分配的货币化正是体现了这一目的。

最后，房地产业对商品交换关系的发展具有明显的推动作用。住房作为价值大、使用周期长的一种商品，与其他许多有形商品一样，可以通过两种方式实现其价值和使用价值：其一是通过买卖，实现所有权、价值和使用价值的全部转移，即住房的出售；其二是采取租赁的形式，即在住房所有权不变的前提下，将"使用价值零星出卖"，逐步实现其价值。住房租赁曾是中国城镇住房交换中的主导方式，但由于当时住房租金太低，价格不能反映供求关系，实物分配制度排斥了商品交换，生产者与消费者之间应有的市场关系被剪断。实行住房商品化，发展房地产业，就是要适应市场取向进行经济体制改革，即改变这种不合理的分配关系。由于住房价值量和需求量巨大，在流通中又是买卖、租赁两种交换方式并存，因此，随着房地产业的发展和住房制度改革的深入，商品交换关系被极大地促进，不论是商品流通量，还是货币流通量，都随着住房进入市场的程度和规模而发生了重大变化。显然，这对国民经济的发展有巨大推动作用。

（三）提高城市聚集效益

一个城市的形成，尤其是城市人口的集中，需要充足的客观条件，其中最重要的是居民生活和工商业等行业的用房要有保障。在市场经济条件下，这些用房的取得，并不都是由用房者自己建造的，很大一部分是通过市场购买取得的，这就需要国民经济中有一个行业来向全社会提供这类商品，房地产业就是在这样的背景下产生和发展起来的。

城市房地产业的发展，扩大了基础设施（包括生活设施）的规模，使基础设施建设进入了社会化生产阶段，这不但改变了过去没有规划或规划层次较低、规划执行难的状况，而且使单位建设成本大大降低。随着基础设施水平和住房建设水平的提高，居民生活条件得到进一步改善，城市可以吸引更多的人口，特别是具有技能的人才。城市基础设施的增加与改善，以及居住条件的提高为投资者提供了更好的投资场所，这样就可以聚集更多的技术、资金等生产要素，兴办更多的企业；就可以进一步促进社会分工，促进相互交流和学习；就可以推进行业、企业和经营者之间的竞争，促进信息的流动，扩大市场规模；就可以降低成本，提高城市聚集效益。

（四）调整社会关系

一个社会的存在和发展必须依赖一定的物质条件，而这些物质条件又会反过来影响社会的运行。房地产业的主要产品是以商品形式出现的住房，而住房的存在和发展始终与具体的社会形态，与社会中的人紧密联系着：住房始终带有所处的社会形态的社会性，它与人口、经济、法律、政治、伦理道德、社会心理等问题息息相关，并成为影响政治生活、调整人与人之间关系的重要因素。例如，在封建社会，儿子结婚后由于伦理道德方面的原因，一般并不与父母分居，整个大家庭的房产一般连在一起，大院和四合院是典型的房产存在形式。而在当今社会，子女结婚后一般并不愿意与父母生活在一起，以免产生过多的摩擦，父母也不把子女结婚后是否愿意与他们生活在一起当作判断子女是否孝敬的标准，这样房产便以几处分离的形式存在着。

此外，房地产业在调整、优化产业结构，加快第三产业发展等方面也有着积极的意义。总之，房地产业在国民经济和社会发展中具有重大作用。

第三节　房地产经济学学科性质和研究对象

一、房地产经济学概述

房地产经济学是一门应用性质的经济学，主要目的是研究如何对房地产资源进行更加高效的配置，以满足人们的生产、生活需要。

首先，大量的微观经济分析模型在房地产研究中得到应用，一些宏观经济分析的原理也在房地产理论研究中逐步推广，即房地产经济学是经济学原理在房地产这一特定领域的应用。

其次，由于房地产经济学的研究内容、对象和领域是被限定在与房地产有关的经济学领域中，因此，房地产经济学是有关房地产的部门经济学、产业经济学和行业经济学。

最后，房地产经济学是房地产科学体系的理论基础。它为房地产金融、房地产投资、房地产经营与管理、房地产估价、房地产法、房地产政策等提供了理论基础。

房地产经济学既不是一般经济学，也不是房地产实践的一个课题。房地产经济学是从一般经济学和房地产实践中提取的原理，用以研究房地产经济活动的变化。

由此可以看出，房地产经济学与经济学是特殊与一般的关系，房地产经济学是一门部门经济学，它在整个房地产专业学科体系中处于先导和基础的地位。房地产经济学的上述基本属性决定了房地产经济学的学科性质，可着重从以下三个方面来认识它。

①房地产经济学是整个经济学科的一个分支体系。房地产经济学是一门相对独立的经济学科，在学科的性质上，它属于部门经济学的范畴，与农业经济学、工业经济学、建筑经济学、商业经济学等部门经济学处于并列的位置。它是应用经济学原理研究房地产及房地产业的基本运行规律的学科。

②房地产经济学是整个房地产经济学科的理论基础。房地产经济学既是理论型经济学科，又是应用型经济学科。因此，可以说它是一门应用型的理论学科，也是一门综合性的涉及房地产业整个经济运动过程的基础理论学科。其他房地产经营与管理学科，如房地产市场营销、房地产价格评估、房地产投资分析、房地产经营管理、房地产金融、物业管理等，都要以房地产经济学作为理论基础。

③房地产经济学属于实证经济学的范畴。房地产经济学主要研究在房地产经济运行过程中出现的各种客观事实，并对之做出解释，进而揭示其客观的运动规律及指出其未来的

发展趋势。

目前房地产经济学主要有以下几个研究方向：一是遵循经济学的基本假设和分析方法，解释房地产经济运行现象；二是探讨房地产资源配置，解决现实问题；三是研究房地产业的政策与房地产经济活动，注重从产业经济学和部门经济学的视角分析问题。

二、学科性质

房地产经济学既是整个经济学科的一个分支，又是各类房地产经济学科的理论基础。房地产经济学所研究的是经济领域的内容，总体上从属于经济学科；同时由于房地产的特点及其经济运行的特殊规律性，其又形成相对独立的理论体系，是整个经济学科体系中一门相对独立的经济学科，与农业经济学、工业经济学、商业经济学、建筑经济学等部门经济学处于并列地位，属于部门经济学的范畴。

房地产经济学科又可分为许多子学科，诸如房地产经营管理、房地产价格评估、房地产营销、房地产金融、房地产法律法规、物业管理等，这些子学科都要以房地产经济学作为理论基础。房地产经济学既是理论性经济学科，又是应用性很强的经济学科，也是一门综合性的涉及房地产经济运行全过程的基础理论学科，其基本任务是运用经济学及其相关学科的有关理论和分析工具，对涉及房地产经济的各个主要方面进行理论分析和探讨，并由此阐述房地产经济的基本理论。房地产经济学是一门研究和阐述房地产基本经济理论的应用经济学，主要研究房地产经济运动过程中出现的各种客观事实，并对其加以解释，因此其属于实证经济学范畴。

房地产经济学是集经济与房地产为一体的新兴学科，在其建立和完善过程中离不开借鉴与吸收其他相关学科的知识，如政治经济学、微观经济学、宏观经济学、城市经济学、管理学等的理论"营养"。房地产经济学与社会主义市场经济理论的关系极为密切，可以说，中国的房地产业是社会主义市场经济的产物，房地产业的发展有赖于市场经济的完善和发展。此外，学习房地产经济学还必须了解和把握相关的地租理论、区位理论、城市建设理论、产权理论、市场供求理论、经济周期理论、宏观调控理论等。只有把上述相关理论融合起来，综合各方面的知识，并与相关研究有机地结合，才能形成真正科学的房地产经济理论体系。

任何一种经济理论都是随实践的发展而不断改进和完善的，房地产经济学尤其如此。在房地产经济的实践中，新的经验需要从理论上概括总结，新的矛盾和问题也需要经过探索予以认真解决，由此来推动房地产经济理论不断完善和发展。因此，房地产经济学一定要有与时俱进、不断开拓创新的精神，从这个意义上说创新也是房地产经济学发展的灵魂。

三、研究对象

房地产经济学是研究房地产资源合理利用与有效配置基本经济理论和房地产经济活动运行规律的经济学科，其在整个房地产专业学科体系中处于先导和基础的地位。房地产经济学的这一基本属性决定了其学科特点与性质，也决定了其特定的研究对象，其研究对象主要体现在以下两方面。

（一）以房地产经济运行规律及其表现形式为研究对象

房地产经济作为国民经济的有机组成部分，同样要遵循一般经济运行的客观规律，如价值规律、供求规律、竞争规律及社会主义经济规律等；同时，又由于房地产业的行业特点，其经济运行又具有一定的特殊性，房地产经济学重点要揭示房地产经济运行的特殊规律，如土地区位分布规律、城市地租规律、房地产价格规律、房地产市场供求规律和房地产经济波动规律等。经济规律是理论上的抽象概括，必然通过一定的经济现象表现出来，因此，在揭示房地产经济运行规律时，也要重视它的表现形式，理论研究的任务就在于透过现象看本质，探索经济现象之间的本质联系及其互相制约的关系，找到隐藏其中的客观规律，预测其发展趋势。

任何一种经济关系，本质上都是物质利益关系。在房地产经济活动中，涉及开发商、营销商、中介服务企业和消费单位、消费者个人等多方面的复杂的利益关系，而追求经济利益是各种市场主体从事经济活动的主要动因。所以，房地产经济学要研究房地产再生产过程中所体现的各种经济利益关系，并协调各方面的物质利益，进而促使房地产经济健康运行。

（二）以房地产资源配置效率为研究对象

提高资源配置效率是房地产经济运行的根本目的。土地和房屋都是有限的稀缺资源，特别是土地，既是自然资源，又是经济资源，更是稀缺资源，而在房地产开发建设中还要运用建筑材料、装饰材料、劳动力、技术、信息等多种资源。如何充分利用房地产资源，提高资源配置效率，满足经济发展和人们生活的需要，便成为房地产经济学研究的主题。在社会主义市场经济条件下，市场机制发挥着资源配置的基础性作用，因此，房地产经济学同样要研究健全和完善市场机制问题及宏观调控问题，并努力实现房地产资源配置的高效率。

归根到底，房地产经济运行的最终目的是提高资源配置效率，促进生产力发展，从而更好地满足人们的需要。因此，研究房地产经济运行规律与研究房地产资源配置效率的目的是一致的，两者共同构成房地产经济学的研究对象。

第四节　房地产经济学内容体系和研究方法

一、内容体系

（一）界定基本概念与学科体系

阐明房地产经济学的研究范畴，即"房地产"和"房地产业"的内涵，明确房地产经济学的研究对象、研究内容和研究方法，进一步论述清楚房地产业在国民经济中的地位和作用。

（二）阐明基本理论

房地产经济学的基本理论包括现代房地产产权理论、地租地价理论、区位理论、供求理论、外部性理论和房地产市场周期理论等。产权经济学认为，通过产权制度的安排，确立排他性的产权及对产权实施有效的保护，这样可以降低交易费用，并提高资源配置效率。房地产产权关系及产权制度的确立，也可以有效地节约交易费用。地租地价理论是非常古老和经典的经济学理论，也是房地产经济学的重要理论问题。经过长期的理论研究和实践检验，地租地价理论已不断得到丰富和发展，并成为研究和探讨房地产问题的重要依据。区位理论是研究生产力空间布局及其相互关系的学说，区位理论对研究房地产价格、城市经济结构、房地产经济区位变化是非常必要的。供求理论是西方经济学的基本理论和分析工具，其对分析市场经济中的供求关系和由此形成的商品价格及其波动具有重要意义。因此，在分析房地产市场供求关系和房地产商品价格的形成时，必须运用到供求理论。外部性理论是研究某一经济主体对另一经济主体施加的影响及如何来消除这种影响的理论，由于房地产的开发和利用具有外部性，因此，需要借鉴外部性理论来研究和解决房地产的外部性问题。由于基础资料的欠缺，中国房地产市场发育不成熟以及房地产市场周期理论在国内研究和应用的时间还不长等原因，所以房地产市场周期理论是房地产经济学当中的一个有待进一步研究的重要领域。

（三）阐明房地产市场运作与房地产经济运行机制

房地产市场运作和房地产经济运行包括房地产开发经营过程中房地产投资决策、房地产开发、房地产经营、房地产物业管理服务、房地产市场、房地产价格、房地产价格评估、房地产金融和房地产保险等之间相互联系与相互制约的运行机制。房地产业是国民经济中的一个重要而特殊的产业，因此，房地产市场运作和房地产经济运行也具有特殊性，研究房地产业与国民经济运行的相互关系、房地产业与其他产业的关系及房地产业内部各环节的运行规律，是房地产经济学的重要研究内容。从房地产经济活动的运行过程来看，房地产的投资、开发、经营、使用、服务和管理等不同环节的跨度大，各环节的技术性强，且各环节还涉及投资者、开发商、金融借贷者、购买者、使用者、物业管理者、政府各管理部门等之间的关系，因此房地产经济学不仅要研究这些关系的特点和运行规律，也要研究不同环节的相互协调的规律，这是房地产经济学要研究的主要内容。

（四）阐明相关制度与政策

房地产业是一个敏感性行业，与国家的政治、经济和社会发展息息相关。

开放环境中的房地产经济运行既受国际资本市场的影响，也受国内各类制度和政策的影响。因此，对房地产经济运行的研究应该包含上述内容，即土地制度、住房制度、房地产产权制度，以及相关的金融、税收、价格和市场等政策法规。

二、研究方法

研究方法是指人们在科学研究过程中不断总结、提炼出来的研究工具和手段，每一门学科都有其特定的研究方法，房地产经济学研究方法总体上表现为以下两个方面。

①定性分析与定量分析相结合。定性分析是指运用归纳和演绎、分析与综合、抽象与概括等方法，对研究对象"质"的方面进行分析，在对获得的各种材料进行思维加工的基础上，达到认识事物本质、揭示其内在规律的目的。而定量分析是指对研究对象的数量特征、数量关系与数量变化等进行分析，其功能在于揭示和描述事物间的相互关系和发展趋势。在房地产经济学的研究中，定性分析与定量分析相互补充，缺一不可。定性分析是定量分析的前提，没有定性的定量是盲目的、毫无价值的；而定量分析是定性分析的深化，以一定的统计数据为基础，通过建立模型，对研究对象"量"的方面进行研究。

②规范分析与实证分析相结合。在经济学中，规范分析力求回答"事物的本质应该是什么"的问题，对事物运行状态做出是非曲直的主观价值判断；而实证分析企图回答"是

什么"或"不是什么"的问题，在分析经济问题和建立经济理论时，撇开对社会经济活动的价值判断。因此，两种方法存在本质区别。但规范分析以实证分析为基础，实证分析则以规范分析为指导，两者相辅相成。著名经济学家陈岱孙就曾指出，规范分析与实证分析相结合是经济学的一贯原则。因此，房地产经济学作为一门部门经济学，在其研究过程中必须坚持规范分析与实证分析相结合的原则。

第五节　房地产经济学理论

正由于房地产经济学是多学科的交汇，加之自身房和地的耦合性，所以涉及的理论不仅多且复杂，大体可分为相互关联相互依从的三个层面：一是核心理论层如土地产权理论、地租地价理论、区位理论等；二是直接支配房地产运行的一般理论或内层理论，如房地产投资、房地产开发建设、房地产市场、房地产价格和房地产价格评估、房地产周期等理论；三是间接影响房地产经济运行的外延交叉理论，如外部性理论、宏观经济周期理论、泡沫经济理论、产业经济学理论、制度经济学理论等。这种分类不一定严密科学合理，其目的在于凸显不同理论在支配和影响房地产经济运行时其地位和作用的不同，在揭示和反映房地产经济运行的特点和规律时也会有差异。这里只就产权和土地产权问题提出几点：

其一，产权是制度的基础，是经济学的前提条件，土地产权作为整个产权理论的重要组成部分，势必要成为房地产经济学的核心理论。

其二，关于"权利束"问题。在学界不论是讨论一般产权问题，还是讨论土地产权问题，一般都论及所有权内部权能结构和"权利束"问题，通常都认为这个"权利束"除了所有权外，还包括占有权、使用权、处分（置）权、支配权、收益权、分配权等等。在论及土地产权"权利束"时，除了包括上述权能外，一般还包括地上权、地役权、租赁权、典权、抵押权等等。"权利束"越来越大，权能越来越多，似乎没有边界，并且强调每个权能都很重要，主次不分。对此，可概括为"多权平行权能结构"，简称"多权平行结构"。在市场经济条件下，强调产权"明晰"，权能"细分"是正确的，但产权"明晰"和权能"细分"的最终目的是产权在经济上的实现。因此，我们认为从经济学的角度来看，所有权，特别是包括土地在内的生产资料所有权的内部权能结构，或"权利束"中，最主要最本质的权能只有所有权和使用（经营）权，其他诸如占有权、支配权、收益权等，不是所有权的占有、支配、收益，就是使用（经营）权的占有、支配、收益。都是后者从属于前者，即占有、支配、收益等权从属于所有权或使用权。对此，可称之为"多权主从权能结构"，简称"多权主从结构"。总之，我们认为"权利束"不是"多权平行结构"，而是"多权主从结构"。所以，不论是产权"明晰"还是权能"细分"，最终都是为了保证所有权和使用权的落实，不是为了"明晰"而"明晰"，"细分"而"细分"。其实有些从属权能就是所有权或使用权的延伸，或它们的实现形式。

其三，土地产权在房地产经济中的特殊经济意义。这主要是由于土地的自然特性及其所衍生的产权经济特性，通过房和地的物态耦合与产权耦合在房地产经济运行中的特有表现。土地的自然特性及其所衍生的权利的基本经济特征是垄断，主要表现在：土地的稀缺性使土地所有权的垄断成为可能，从而形成绝对收益权；土地的区位差及其固定性，相应形成级差收益的垄断性；土地的永续利用和自然增值性，从而产生自然增溢的独占性；土地产权的垄断性，势必导致产权交易的价格垄断性等。

土地的这些产权经济特征，将随同房和地的物态耦合，参与房和地的产权耦合，使房、地、产（产权）三者融为一体，形成房地产。房地产的这种耦合性产权，除了具有一般产权的基本特性外，由于土地产权经济特征的融入还会给房地产开发建设带来一系列特有的经济现象，这就是：①在房地产开发建设中，业主有权利用土地参与社会剩余价值的分配，以地租的形式通过房屋造价得到实现；②利用土地区位差的垄断，形成房地增溢互动机制，即利用优越的土地区位，带来房屋建筑的增溢，反过来房屋的精良设计建造，物业管理周到规范，小区组团布局合理，形成集聚效应，又会提升土地的区位优势，增加区位差收益；③土地永续利用和自然增值的权能特性，适应广大投资者保值增值的普遍心理要求，促使更多的投资者（包括家庭投资）投资房地产市场，这是无须广告的促销，施惠于房地产业主的；④房地产保值增值的权能特性，使房地产成为金融活动，特别是房地产金融活动中最理想的抵押物，从而会使房地产业获得最有力的金融支持；等等。这些就是土地产权在房地产经济中的特殊经济意义。

第六节　房地产交易特点及风险防范

一、房地产交易特点、交易规则

（一）交易特点

所谓房地产交易，指的是将房地产的所有权、土地使用权和其他相关权益进行转让。

房地产开发企业和房地产中介公司，都承担着房地产的交易任务。交易平台的多样化是房地产交易活动中最突出的特点。房地产交易是一项庞大的活动，需要大量的交易资金，需要签订繁杂的交易手续，在市场因素的影响下，无法短期内完成交易活动。随着我国颁布实施了《城市房地产管理法》，明确了房地产交易的基本特点；要求交易主体应具备平等的民事权，负责有关的民事义务；交易双方就房地产交易规定进行商讨确定；房地产交易必须满足有关法规的要求。要想保证房地产交易活动的顺利完成，就必须及时找出房地产交易中存在的风险，制定有效的措施加以防范。

（二）交易规则

房地产交易过程中，应考虑好以下几项规则。一是房产权和地产权同时交易规则。房地产转让、抵押过程中，将房屋所有权及其土地使用权一同转让、抵押。房产权和地产权是紧密相连的，同一房地产的房屋所有权及土地使用权只能由同一主体同时享有。这样，房地产交易才真正具备公平性、安全性。二是房地产成交价格申报。房地产权利人在房地产的转让过程中，必须及时向上级政府部门具体申报房地产成交价，禁止有瞒报或者申报不实的行为。总体而言，房地产交易中应按相关法规缴纳所有税费，当事人必须真实申报成交价格，为计算税费提供有力依据。若当事人申报价格不实，那么国家将依法委托有关部门评估，在评估价格基础上计算税费。三是房地产转让、抵押当事者应按相关法规办理权属变更或抵押登记，房屋租赁当事者应按相关法规办理租赁登记备案。我国相关法律中这样规定：房地产转让和抵押时若没有办理相关的权属登记，那么该转让、抵押不成立。

二、房地产交易中存在的风险

（一）房地产交易合同无效

房地产交易过程中，如果存在卖方主体缺乏合理性、转让不合法、侵犯购房者的购买权等问题，都将削弱交易活动的有效性。若双方签订的合同一开始就没有任何效力，那么由此带来的不确定性将严重影响到双方各自利益，如当房价猛涨时，房地产卖方可能会反悔；当房价下降时，购房者会有退房的念头。

（二）缺乏完善的诚信评价机制

由于目前我国房地产业实施的社会诚信评价管理体系还不够完善，没有一套系统的评估方法，导致结果的独立性、公正性得不到社会的大力支持；诚信管理无法紧跟现代市场的发展，给各项规定的完善造成了一定的阻碍。

（三）开发商存在欺诈的可能

随着经济社会的快速发展，进一步加大了房地产建筑的投资力度，为此，带动了房地产业的发展进程。而在经济利益的诱惑下，房地产建筑市场中出现了一大批资质低下的开发商，实际开发中没有清晰标准的要求，为了获取更高的经济利益，使用一些非法的手段参与投标，忽视了城市建设工作，只注重对房地产的改造建设，致使城市绿地和公共生活空间被大面积占用，严重影响了城市全面发展。有的开发商出于自身经济利益的考虑，在房地产建设中经常使用质量差的材料，安全问题严重，如楼基不够稳定，墙体发生下降等，对民众的居住安全带来了极大的隐患。同时，房地产销售中还存在诸多的欺诈行为，比如发放虚假的广告或者与实际不符的入住条款等欺诈行为。

（四）房地产中介公司存在欺诈的可能

房地产中介公司主要负责房地产的评估销售工作，或者负责有关于房地产的所有活动。当前，仍有一部分中介公司为了提高自身的利润水平，根据购房人不了解房地产相关法律法规等政策情况，对其实施欺诈行为，最终引起购房人的经济损失。通常情况下，房地产中介公司的欺诈行为体现于缺乏经营执照、经营不合法、权利以外的经营等。

三、风险防范对策

（一）规避房地产交易合同风险

只有以相关法律法规为依据签订的房地产交易合同才具备法律效力，房地产权属过户登记在合同的物权行为范围内，不会影响到合同关系的确立。购房者在合同签订过程中，应充分考虑由政府部门制定的规范文本，认真分析签订的各项条款，确保文字的清晰表达，并充分了解条款内容；合同签订中，必须划分双方的权利义务和双方违约合同规定所负的责任，比如交房时间逾期，达不到合同中质量要求等，防止日后发生不必要的纠纷；及时了解交易合同的法律特征，如果条件允许可聘请专家或专业律师加强合同的审核工作，若对合同某项内容存在疑问，交易双方不能不情愿地签订，切实维护好自身利益。

当前，我国房地产市场还缺乏一套健全的运行机制，加之相关法规比较陈旧，因此房地产交易中经常会发生合同风险问题，而购房者实际承担的风险要大得多。怎样有效防范交易中合同风险的发生，必须根据当前房地产性质、交易双方类型等来具体对待；在购买预售商品房时，必须掌握房源信息，查看商品房的相关证书；在二手房买卖过程中，必须详细核查卖方的实际情况，特别要查看有无抵押、出租等不完整产权情况，保证房地产交易主体的合理性、转让的合法性、购房者的购房权等，发挥合同的法律效力。

（二）构建完善的房地产法制制度

相较于我国其他产业，房地产业在我国的发展时间还不够长，相配套的法律法规有待进一步完善。所以政府部门应积极发挥自身的主导作用，与市场、企业等建立良好的合作关系，结合市场当前的需求和有关问题，采用传媒监督、听证会等诸多手段构建一套行之有效的房地产法制制度，并严格要求有关部门按该制度办事，凡是发现有违纪违法的房地产开发企业，必须予以严厉的惩处，切实保证制度功能作用的全面发挥。

（三）强化房地产市场信息体系的建设

现阶段，加快构建房地产市场信息体系，切实增强房地产在市场中发展的监测。房地产监管机关应与有关部门保持良好的信息沟通，并将各有关信息集中整合，定期向社会公众公布土地供应、住房价格增减等信息，采用科学合理的手段引导正确的舆论方向，加强政策实施的透明化，以促进房地产市场的稳定发展。

（四）提高风险防范意识，强化交易人员的综合素质

树立良好的风险防范意识能将风险抵制在萌芽之中，提高自身的风险防范能力，对房地产业的长远发展具有重要的推动作用，所以培养全员的风险防范意识及综合素质，已经成为现代房地产业的核心任务之一。相关管理者应结合之前的风险案例，对实际存在的问题进行深入分析，加强全员间的交流，同时积极了解和掌握同行丰富的风险防范经验，切实保证全员的综合素质水平，从而为企业的健康发展奠定坚实的基础。

（五）树立诚信理念

强化诚信道德建设力度，落实诚信为本的基本原则，通过新闻媒体加大宣传和监督力度。政府部门及有关管理者应清楚认识到自己的职责权限，做好房地产开发商和房地产中介公司的培训活动，尤其要加强培训其思想道德素质及诚信理念，促进有关人员的思想价值观，在交易中以诚信为首，保证房地产交易率。如果开发商、销售商、中介公司经营中存在与诚信意识背道而驰的行为，那么，政府及有关管理者必须第一时间给予严厉的处罚，促使其对问题及时整改，若再有该问题发生，应终身禁止其接触与房地产有关的事

项，切实保障房地产交易顺利安全进行下去。

（六）建立健全房地产安全信息工作体系

信息化时代的到来，加快了房地产市场的发展进程，为了更好地拓宽房地产的发展范围，应建立健全适应房地产交易活动的信息安全体系，通过先进的信息技术综合各类交易信息，实现信息的及时共享，一旦发现交易中存在不合法的行为，必须第一时间加以整改，促进房地产交易的安全性。交易中，应公布相关的政策规定，政府部门及有关管理者应做好自身的职责义务，为广大的民众提供房地产交易信息，以免交易中受到不良欺诈。对于购房人而言，应具备必要的防范意识及危机意识，充分掌握房屋信息，能及时辨别信息的真假，维护自身利益。房地产开发商、销售商必须和购房人签订相关的诚信协议，确保信息的真实可靠和房地产质量水平，严厉打击违法欺诈行为，切实保证交易信息的安全性，满足购房人的购房要求。

综上所述可知，房地产交易内容丰富，除了涵盖经济方面的问题外，还涵盖了民生发展方面的问题。房地产交易中不同程度会发生风险问题，直接影响了消费者的利益，所以提高对房地产交易工作的重视度，制定有效的风险防范对策成为当前必须完成的任务。随着经济全球化发展，群众的价值观一定程度上发生了转变，将经济利益作为终身追求目标，交易中忽视了诚信意识的重要性，并且开发商、中介公司经常做一些欺诈民众的事，直接阻碍了房地产市场的有效运转；政府及有关管理者应充分发挥自身的职责作用，加强房地产信息的安全性，培养房地产作业人员的诚信理念，切实防范房地产交易中风险的发生。

第二章 地租与区位理论

第一节 地租理论

一、地租的基本含义

地租是由农业或其他产业中的直接生产者创造的剩余价值被土地所有者占有的部分，是土地所有权在经济上的实现形式，是社会生产关系的体现和反映。

地租产生的基础是存在着土地的所有权和使用权，且两者处于分离的状态。任何社会制度下，只要这一社会形态存在，就必然存在地租。在奴隶社会和封建社会，地租反映的是奴隶主、地主对奴隶和农民的全部剩余物甚至必要生产物（指维持人的基本生理需要的那部分劳动产品）的占有关系。资本主义社会，地租反映的是农业资本家为了获取地主阶级的土地使用权，而交给地主阶级的超过平均利润的那部分剩余价值，不再是由农民所创造的全部剩余价值。

社会主义社会，地租是国家土地所有权或集体土地所有权在经济上的实现形式，反映的是社会主义市场经济条件下，土地所有者和土地使用者之间的一种新型的生产关系。

二、地租与租金的区别

租金是指在一定时期内，农业资本家向地主缴纳的全部货币额。租金除了包括严格意义上的地租外，还包括以下三方面内容：

①土地上的固定资产的折旧费和利息；

②租金中有时还包含着农业资本家的一部分平均利润；

③租金中有时还包含着一部分农业工人的工资。

三、地租理论的历史沿革

（一）古典经济学地租理论

该理论的主要代表人物有亚当·斯密、大卫·李嘉图。亚当·斯密系统地研究了地租，把地租确定为因使用土地而支付给地主阶级的代价，并指出地租是一种垄断价格。他虽然没有明确提出绝对地租的概念，但却肯定了绝对地租的存在。大卫·李嘉图是英国古典政治经济学的杰出代表和理论完成者。他运用劳动价值论完善了级差地租理论，并提出：

①级差地租产生的两个条件是土地的有限性和土地肥沃程度及位置的差异性。

②土地产品的社会价格是由劣等地的生产条件即最大的劳动消耗决定的。

③在土地报酬递减规律的作用下，新投入耕种的劣等地的产品价格决定市场价格，原耕种的土地必然出现级差地租，但他却否认绝对地租的存在。

（二）资产阶级庸俗政治经济学的地租理论

该理论的主要代表人物有萨伊和马尔萨斯。萨伊是从效用价值论考察地租的，他认为生产不是创造物质，而是创造效用，他又在此基础上提出了生产三要素论，即凡生产出来的价值都应归于劳动、资本和土地三者作用的结果。按照这一理论，工资是对劳动服务的补偿，利息是对资本服务的补偿，地租就成了对使用土地的补偿。这样，萨伊就彻底抛弃了以斯密为代表的古典学派关于地租是劳动生产物的一部分的论断，进一步从生产三要素论转向了三位一体的分配论。马尔萨斯作为土地贵族的利益代表，认为地租是"自然对人类的赐予"，否认地租是土地所有权垄断的结果。马尔萨斯的地租理论彻底抹杀了地租所体现的剥削关系和阶级关系。

（三）新古典经济学的地租理论

该理论的主要代表人物有克拉克、马歇尔等。克拉克认为，地租不是一个独立的范畴，它被认为与资本无本质差异，地租被视为土地资本的利息，是利息的派生形式。马歇尔认为土地是一种特定形式的资本，地租是由几部分组成的，即由原始价值、私有价值和公有价值组成：而真正的地租就是土地的私有价值，是大自然赋予的收益。

（四）现代西方经济学的地租理论

该理论的主要代表人物有萨缪尔森、巴洛维等。萨缪尔森认为地租是为使用土地所付的代价，土地供给数量是固定的，因而地租量完全取决于土地需求者之间的竞争。他把地租看作一种经济盈余，也就是总产值或总收益减去总成本以后余下的那一部分。

四、马克思主义地租理论的内容

（一）农业地租

马克思着重考察了资本主义农业地租，科学解释了地租产生的原因、条件和源泉。马克思主义认为，在农业资本主义生产关系中涉及三个阶级之间的关系：一是土地所有者；二是租地的农场主（资本家）；三是农业雇佣工人。

农业资本家向土地所有者租来大片土地，雇佣农业工人进行生产，建立起资本主义农场。在资本主义农业中，农业资本家投资于土地，如同资本家投资于工商业部门一样，必须获得平均利润。如果得不到平均利润，他就会将资本转移出农业部门。同时，土地所有者把土地租给农业资本家，作为土地使用者的农业资本家为了得到在这个特殊生产场所使用自己资本的许可，要在一定期限内按契约规定支付给土地所有者一个货币额。如果土地所有者得不到地租，他宁愿让土地荒芜。这样，农业资本家所获得的剩余价值必须大于平均利润，以便把它分为两部分，其中，相当于平均利润的那部分剩余价值，为农业资本家所有；超过平均利润的那部分剩余价值，则以地租的形式付给土地所有者。所以，资本主义地租是农业资本家为了取得土地使用权而缴给土地所有者的超过平均利润的那部分剩余价值。它在本质上是农业雇佣工人所创造的剩余价值的一部分。

那么，为什么在农业部门中，农业工人所创造的剩余价值在农业资本家获取平均利润以后还有一个余额作为地租缴给土地所有者呢？马克思通过分析资本主义地租的两种形态，即级差地租和绝对地租，从而科学地回答了上述问题。

1. 级差地租

级差地租是经营较优土地的农业资本家所获得的，并最终为土地所有者占有的超额利润，其来源是产品个别生产价格与社会生产价格的差额，由于这种地租与土地等级相联系，故称为级差地租。

造成土地等级差异大致有三个原因：

①不同地块在丰度、肥力上具有差异性；

②不同地块的地理位置即区位存在差异性；

③同一块土地上连续投资产生的劳动生产率也有差异性。

上述差异，使土地客观上具有不同的等级，进而使不同等级的土地在投入等量劳动的条件下形成不同的级差生产力。这种以使用不同等级土地或在同一土地上连续追加投资为条件产生的土地级差生产力是产生级差超额利润的物质基础，从而也成为级差地租的物质条件或自然基础。

在任何情况下，用于农业的土地（首先是耕地），其肥力和位置总是有差别的，劳动者在不同肥力或位置的土地上耕种，其劳动生产率必然有差别。在较优土地上耕种的产量高，产品个别生产价格较低；相反，在劣等土地上耕种的产量低，产品个别生产价格就相对较高。然而，在市场经济条件下，同样产品在市场上是按同一价格销售的。

由于土地面积有限，特别是优、中等地面积有限，仅仅把优、中等地投入农业生产不能满足社会对农产品的需求，因而劣等地也必然要投入农业生产。进一步说，如果劣等地不投入农业生产，中等地就成了投入农业生产的相对的"劣等地"，结论仍然成立。如果农产品也像工业品一样，由中等生产条件决定市场价格（社会生产价格），那么，经营劣等地的农业资本家就得不到平均利润，最终就要退出农业经营。这样，农产品的产量就不能满足社会需求，价格就要上涨，当价格上涨到使劣等地的经营者也能获得平均利润时，劣等地会重新投入农业生产中。可见，为了满足社会对农产品的需求，必须以劣等地条件决定的个别生产价格作为社会生产价格。这样，经营优、中等地的农业资本家的个别生产价格低于社会生产价格，就能获得一定的超额利润。

由此可见，级差地租产生的条件是自然力，即优越的自然条件。但自然力不是超额利润的源泉，仅是形成超额利润的自然基础，因为它是较高劳动生产率的自然基础。级差地租产生的原因是由土地有限而产生的资本主义经营垄断。正是由于这种有限的优越自然条件被部分经营者垄断，因而能获得持久而稳定的超额利润。而在土地所有权存在的条件下，这部分超额利润就要转化为级差地租，为土地所有者占有。

根据造成土地等级原因的不同，马克思将因土地丰度（肥力）和位置差异产生的超额利润转化的级差地租称为级差地租Ⅰ，将因在同一地块上各个连续投资的劳动生产率差异所产生的超额利润转化的级差地租称为级差地租Ⅱ。

（1）级差地租Ⅰ

在社会整体的需求水平给定时，供给减少，市场价格水平会提高，只有当市场价格提高到使劣等地也能提供同样的利润时，才会达到均衡。因此，决定社会生产价格的是投入生产的最差等级的土地的个别生产价格。

（2）级差地租Ⅱ

随着人口的增加和经济的发展，农业用地被非农部门大量占用且日益稀缺。农产品是许多加工业的基本原料来源，这样社会对农产品的需求越来越多，推动农业日益采用集约化经营方式。实行集约化经营，就是要在同一块土地上连续追加投资，每次投资的劳动生产率必然会有差异，只要高于劣等地的劳动生产率水平，就会产生超额利润。这种由于在同一块土地上各个连续投资劳动生产率的差异而产生的超额利润转化的地租就称为级差地租Ⅱ。

可见，由追加投资带来的超额利润是级差地租Ⅱ的实体。不论优等地还是劣等地，只要追加投资所获得的较高劳动生产率形成超额利润，在资本主义土地私有制的条件下，最终都会转化为级差地租Ⅱ，落入土地所有者手中。但转化的时间和方式与级差地租Ⅰ不完全相同。地租额的高低是土地出租时在租约中确定的。地租额一经确定，在租约有效期内，由农业资本家连续追加投资所产生的超额利润，全部落在农业资本家手里。但租约期满后，土地可能产生的级差地租Ⅱ在缔结新租约时就会全部转归土地所有者。

2. 绝对地租

在市场经济条件下，使用生产力低下的劣等地不可能产生级差超额利润，因此也不需要支付级差地租，这是否意味着土地所有者可以不要任何代价将这些土地交给使用者使用呢？答案是否定的，土地使用者仍然要向土地所有者支付地租，否则，土地所有权在经济上将得不到实现。马克思把这种只要使用所有者的土地便绝对需要支付的地租称为绝对地租。事实上，不仅使用劣等地要支付绝对地租，而且使用中等地和优等地所支付的地租中也包含着一个绝对地租。

绝对地租的实体表现为农业中的超额利润，其来源于在农业资本有机构成低于社会平均有机构成的条件下，土地产品价值高于其生产价格的差额。

由此可见，由于农业资本有机构成低于工业资本有机构成，等量资本在农业中可吸收较多的劳动力，在剩余价值率相等的条件下可产生较多的剩余价值。在工业生产中，由于在不同部门之间进行重新分配，形成平均利润率。而在农业中，由于存在土地所有权的垄断，资本的自由流动受到限制，从而导致农业部门生产的剩余价值不参与平均利润率的形成过程。这样，由于农业资本有机构成低而多获得的剩余价值就留在农业部门，构成了超额利润，即绝对地租的实体。在农业资本有机构成赶上甚至超过工业资本有机构成的条件下，绝对地租只能来源于土地产品的市场价格高于其价值的差额。

3. 垄断地租

马克思主义认为，在资本主义制度下，除了级差地租和绝对地租两种基本地租形式之外，还存在着垄断地租。垄断地租是由产品的垄断价格带来的超额利润转化成的地租。某些土地具有特殊的自然条件，能够生产某些特别名贵又非常稀缺的产品。比如，具有特殊风味的名酒就是用某些特别地块出产的原料（包括水）酿制而成的。这些产品就可以按照不仅大大超过生产价格，而且也超过其价值的垄断价格出售。这时的垄断价格只由购买者的购买欲望和支付能力决定，而与一般生产价格或产品价值所决定的价格无关。这种垄断价格产生的超额利润，由于土地所有者拥有对这种具有特殊性质的土地的所有权，因而转化为垄断地租，落入土地所有者手中。

（二）城市地租理论

1. 城市级差地租

所谓城市地租，是指城市土地的使用者，诸如住宅经营者或工商企业家，为建筑住宅、工厂、商店、银行等建筑物租用土地，而交付给土地所有者的地租。由此可见，马克思所说的建筑地段地租，实际上就是我们今天所说的城市地租。

城市地租也可分为级差地租和绝对地租两种基本形态，其中，级差地租又可分为级差地租Ⅰ和级差地租Ⅱ。除此之外，还存在垄断地租。

（1）城市级差地租Ⅰ

在市场经济条件下，所谓土地位置，实际就是土地距离市场的位置。在农业部门，土地的丰度和地理位置共同起作用，但以丰度为主，由它决定着级差地租量的多少。至于城市土地，则不是以丰度为主，而是以地理位置为主，由它决定着级差地租量的多少。究其原因，就在于城市土地地理位置的好坏直接关系到它所能带来的集聚效益的大小。

所谓集聚效益，从总体上说是指各种群体（如工厂、商店群等）和个人在地域空间上集中所产生的经济效应。集聚效益可以分成两大类：一类是企业内部的规模经济效益，它适用于单独的厂商；另一类是企业外部的集聚效益，它包括区域化经济效益和城市化经济效益两个方面的内容。

首先，城市土地位置的优劣决定着企业距离市场的远近、运输时间的长短和运费的高低。

其次，城市土地位置的优劣决定着市场容量的大小，从而直接决定着企业销售额。人口和集聚程度对商业企业具有更大的意义。商业地租是城市地租最典型的形态，商业对土地位置最为敏感。作为商业地租实体的超额利润是与商业企业所在位置所决定的顾客密度及其营业额等指标呈正相关的。

最后，城市土地位置的优劣还决定着获得其他生产要素，特别是信息等特种资源费用的高低。

（2）城市级差地租Ⅱ

首先，国家在城市市政基础设施上追加投资，这种追加投资将进一步增加追加投资区域内的级差生产力Ⅱ和级差超额利润Ⅱ。其次，企业追加投资，如企业在原有的地区或特定的区域内，不论是建造新的工厂或商店等，以扩大企业的布点，还是通过改建、扩建，以提高原有土地空间的使用效率，如通过适当增加建筑物的层次或进行建筑物的装潢等，都可以提高该土地的级差生产力Ⅱ和级差超额利润Ⅱ。

（3）城市级差地租的特点

城市级差地租和农业级差地租相比，具有以下特点：

第一，位置对城市级差地租具有决定性的影响。根据地租理论，一般决定级差地租Ⅰ的有两个条件，即土地地理位置和土地肥沃程度。但土地肥沃程度对城市级差地租影响不大，决定城市级差地租大小的关键因素是土地的地理位置。因为使用位置有利的建筑地段的企业，比如靠近销售市场，或者交通运输十分方便，或者是处于经济文化中心，市场容量大，特别是获得信息等特种资源的费用较低且容易，因此能降低成本，加快资金周转，提高利润率，获得较高的超额利润，这种超额利润可转化为级差地租。进一步说，这个位置是指经营地块离城市中心位置的距离，这个中心是指城市功能中心，城市中心的地租较高，离中心越远的地方，地租就越低。所以，与农业用地相比，城市土地不是以丰度为主，而是以地理位置和距离功能中心远近为主，由此决定着级差地租量。

第二，商业地租是城市级差地租的最典型的形态，商业对土地位置最为敏感。作为商业地租实体的超额利润是与商业企业所在位置决定的顾客密度及其营业额等指标呈正相关的，在繁华商业街区的商店较之零星散落的商店更易吸引消费者，这就是这几年各地商业步行街不断兴起的原因。

第三，城市级差地租Ⅱ的数量要比农业级差地租Ⅱ大得多。农业土地的追加投资能产生级差地租Ⅱ。但是由于农业生产受气候、技术等多方面因素的制约，农产品的产量不可能成倍地提高，因此农业级差地租一般较小。城市级差地租Ⅱ却与农业级差地租Ⅱ有很大的不同。由于城市的扩大，开发区的建立，随着市政基础设施追加投资的不断积累，再加上企业对原有用房的扩建、装修等追加投资的见效，因追加投资而增加的超额利润可能会成倍增加，由此转化成的级差地租Ⅱ也会大幅度增长。

2. 城市绝对地租

城市土地所有权由国家垄断，任何企业、单位、个人要使用城市土地，都必须向土地的所有者即国家缴纳地租，这个因所有权的垄断而必须缴纳的地租就是城市绝对地租，城市绝对地租也是农业地租调节的，确切地说是由毗邻城市或城市边缘地区的农业地租调节的。城市最低一个等级的土地即不提供城市级差地租的"0"级土地，它处于城市边缘地区，与周边的农业用地相接；相对于农业用地，它曾是农业的优等地，曾经提供农业优等地的地租；在它转为城市用地时，农村集体经济组织把土地所有权有偿出让给国家，因而国家在出让其使用权时理应向土地使用者收取地租，这个地租就是绝对地租。农业地租是城市绝对地租的基础，因而城市绝对地租不是该土地作为农业用地时的绝对地租量，而是作为农业用地时的全部地租，即绝对地租和级差地租之和。在城市的平均资本有机构成高于农业的条件下，这种绝对地租只能来源于垄断价格，也就是市场价格高于其价值和生产价格的余额。

3. 城市垄断地租

级差地租来源于个别生产价格低于社会生产价格的超额利润，绝对地租来源于社会生产价格低于社会价值的超额利润。

垄断地租的实体是垄断超额利润，它是由某块具有特殊稀有功能并且可以垄断的土地产品价格带来的。生产青岛啤酒的地下优质矿泉水提供了一种垄断价格，这个垄断价格会提供一个很大的超额利润；在土地所有权与使用权分离的条件下，这个由超额利润转化的地租，就是垄断地租。

垄断地租和绝对地租的区别和联系：垄断地租和绝对地租都与土地产品或土地上经营的商品的垄断价格有关，但是，垄断地租是由垄断价格产生的地租，而绝对地租是垄断价格产生的原因。垄断地租产生的原因是土地经营权的垄断，只不过垄断的不是一般土地的经营权，而是具有某种特殊优越条件的土地的经营权，所以垄断地租是一种特殊的级差地租，而绝对地租产生的原因则是土地所有权的垄断。

第二节 土地区位理论

一、区位的概念

具体而言，区位除了可解释为地球上某一事物的空间几何位置外，还强调自然界的各种地理要素和人类经济社会活动之间的相互联系和相互作用在空间位置上的反映。区位就是自然地理区位、经济地理区位和交通地理区位在空间地域上有机结合的具体表现。

区位主体是指与人类相关的经济和社会活动，如企业经营活动、公共团体活动、个人活动等。区位主体在空间区位中的相互运行关系称为区位关联度。区位关联度影响投资者和使用者的区位选择。一般来说，投资者或使用者都力图选择总成本最小的区位，即地租和累计运输成本总和最小的地方。

区位理论是关于人类活动的空间分布及其空间中的相互关系的学说。具体地讲，区位理论是研究人类经济行为的空间区位选择及空间区位内经济活动优化组合的理论。

二、农业区位理论

农业区位理论是一种研究农业生产类型随农业区位变化的特点和规律的理论，德国农业经济学家杜能是该理论的奠基人。

由于地域上的自然现象和经济现象是纷繁复杂的，为使其基本模式能够导出，杜能采用了当时在理论研究中广泛运用的"抽象法"（或称"孤立化法"），即把复杂具体的事物抽象化。他为了研究的方便而假设其研究地区是以这样一些条件为前提的"孤立国"：在这个与外界无联系的"孤立国"内，只有一个位于中心的城市（消费市场），环绕这个城市的是一个广阔的、自然条件一样的可耕平原（即农业用地质量相同）；在"孤立国"内由各地至中心城市的唯一运输方式是马车，且运费率一样，运输费用与农产品的重量和生产地到消费市场（中心城市）的距离呈正比关系；生产者均匀分布，素质相同；在利润最大原则的支配下，根据市场的供求关系，可随时调整生产方向（土地利用类型）而没有任何经济技术上的困难。

从这些假设的前提条件出发，杜能分析和研究了在这个"孤立国"内如何布局农业最为有利。他认为经营农业的目的在于获取利润，在什么地方配置何种作物完全以是否能获得更多利润为转移。而利润是由农产品的市场价格、生产成本和运输费地租（概数）这三个因素所决定的，即利润（P）是农产品的市场价格（V）减去农业生产成本（I）和农产品运到市场的运费（T）之后的余额。用公式表示如下：

$$P = V - (I + T) \tag{2-1}$$

显然，在市场价格（V）与生产成本（I）不变的条件下，运费（T）定额的增减将直接引起利润（P）的增减变化。

根据这一公式，杜能在进行了大量计算后得出了以城市为中心的各种农作物（农产品）组合的最合理的分布界线，并由此将"孤立国"划分为六个围绕中心（城市）的农业同心圆圈，即著名的"杜能圈"。其中：第一圈为自由农业带，紧靠城市，生产蔬菜、鲜奶等易腐食品；第二圈为林业带，为城市提供烧材与木材；第三圈至第五圈分别为轮作农业带、谷物牧草农作带和三圃式农作带，都是以生产谷物为主但集约程度逐渐降低的三个农耕地带；第六圈为粗放经营的畜牧业带；六圈以外则为未耕的荒野。

杜能在当时的历史条件下第一次从经营角度比较系统地研究了农业布局的规律性，阐述了对农业生产的区位选择进行经济分析的途径。他从级差地租（或称位置级差地租，即到市场距离不同的土地）在生产农产品中所创造的价值（呈现出级差）出发，以利润大小为转移，来论述农业土地利用类型和农业集约化程度的合理地区差别，并在此基础上建立起农业分圈带实现专业化配合的部门组合的理论，由此引申出各种农产品分布的最优区位，亦即得出了在距离市场远近不同的地区应配置不同的农产品生产以及采取不同的经营方式的结论，并指出随着对中心城市（消费市场）距离的增大，农业经营方式由集约到粗放，农业布局也随之相应变化。

这对农业的合理布局以至整个生产的合理布局的科学研究有重大影响。当然，我们也应当看到，杜能在"孤立国"中指出的农业区位理论也是不完善的。我们知道，制约农业布局和农业区域划分的因素十分复杂，其中包括自然资源和自然条件、社会经济和科学技术条件以及政府制定的有关政策的影响等许多方面，至于距市场的距离和运费仅仅是其中的一个因素。特别是随着社会的进步和经济、科技的发展，现实交通运输条件发生了巨大的变化，运输费用在农产品的市场价格中所占的比重和重要性正呈现下降的趋势，农产品的地区分布受运输条件的限制已远比 19 世纪 20 年代要小得多，按杜能模式只能打猎的地方，现在无疑也可以进行种植，而处于"杜能圈"中心附近的林业可以在离大城市几乎是任意远的地方来经营。

因此，今天如果再过分突出运费这个单一因素，显然不能正确地说明农业布局中的有关问题。此外我们还应该看到，就是在杜能所处的时代，由于在资本主义制度下土地及其他农业生产资料都是私有的，农业的布局也不可能按照一个共同的理想模式来勾画，他的农业区位论只是在学术研究上的一种假设。尽管如此，只要还存在着面向集中的消费市场（如城市）而进行的农业生产以及因距离而引起的运费差异，杜能的农业区位理论就具有一定的借鉴意义，在实践中就可能会有部分的体现。

三、工业区位理论

工业区位理论的奠基人是德国经济学家阿尔弗雷德·韦伯。其理论的核心就是通过对运输、劳力及集聚因素相互作用的分析和计算，找出工业产品的生产成本最低点，作为配置工业企业的理想区位。

（一）韦伯工业区位理论的假设条件

为了理论演绎的需要，与杜能一样，韦伯首先做了下列若干基本假设：

①研究的对象是一个均质的国家或特定的地区。在此范围内只探讨影响工业区位的经济因素，而不涉及其他因素。

②工业原料、燃料产地分布在特定地点，并假设该地点为已知。

③工业产品的消费地点和范围为已知，且需求量不变。

④劳动力供给亦为已知，劳动力不能流动，且在工资率固定的情况下，劳动力的供给是充裕的。

⑤运费是重量和距离的函数。

⑥仅就同一产品讨论其生产与销售问题。

（二）以运输成本定向的工业区位分析

以运输成本定向的工业区位分析，是假定在没有其他因素影响的条件下，仅就运输与工业区位之间的关系而言的。韦伯认为，工厂企业自然应选择在原料和成品二者的总运费最小的地方，运费的大小主要取决于运输距离和货物重量，即运费是运输物的重量和距离的函数，亦即运费与运输吨公里呈正比关系。在货物重量方面，韦伯认为，货物的绝对重量和相对重量（原料重量与成本重量间的比例）对运费的影响是不同的，后者比前者更为重要。为此，他对工业用原料进行了分类：一是遍布性原料，指到处都有的原料，此类原料对工业区位影响不大；二是限地性原料，也称地方性原料，指只分布在某些固定地点的原料，它对工业区位模式产生重大影响。

根据以上分类，韦伯提出了原料指数的概念，以此来论证运输费用对工业区位的影响。所谓原料指数，是指需要运输的限地性原料总重量和制成品总重量之比，即：

$$原料指数 = 限地性原料总重量 / 制成品总重量$$

按此公式推算，可得到在工业生产过程中使用不同种类原料的原料指数。限地性原料的失重程度越大，原料指数也越大；遍布性原料的参用程度越大，原料指数则越小。而原料指数的不同将导致工业区位的趋向不同。一般来说，原料指数>1，工厂应设在原料地；原料指数<1，工厂应设于消费地。原料指数=1，工厂可以设于原料地，也可以设于消费地，因此，只有根据原料指数在原料、燃料与市场间找到最小运费点，才能找到工业的理想区位。

（三）劳工成本影响工业区位趋向的分析

韦伯从运输成本的关系论述了工业区位模式之后，对影响工业区位的第二项因素——劳工成本进行了分析。他认为劳工成本是导致以运输成本确定的工业区位模式产生第一次变形的因素。所谓劳工成本，就是指每单位产品中所包含的工人工资额，或称劳动力费用。

韦伯认为，当劳工成本（工资）在特定区位对工厂配置有利时，可能使一个工厂离开或者放弃运输成本最小的区位，转而移向廉价劳动力（工资较低）地区选址建厂。前提是在工资率固定、劳动力供给充分的条件之下，工厂从旧址迁往新址，所需原料和制成品的追加运费小于节省的劳动力费用。在具体选择工厂区位时，韦伯使用了单位原料或单位产品等运费点的连线即等费用线的方法加以分析。同时，还考虑了劳工成本指数（即每单位产品之平均工资成本）与所需运输的原料和成品总重量的比值即劳工系数的影响。

（四）集聚与分散因素影响工业区位的分析

集聚因素如同劳工成本可以克服运输成本最小区位的引力一样，由其形成的集聚经济效益也可使运费和工资定向的工业区位产生偏离，从而形成工业区位的第二次变形。

1. 集聚因素

集聚因素是指促使工业企业向一定地区集中的因素，又可分为一般集聚因素和特殊集聚因素。它们主要通过以下两方面对工业企业的经济效益产生影响：

第一，生产或技术集聚，又称纯集聚。它对工业效益的影响主要通过两种方式：其一是工厂企业规模的扩大；其二是同一工业部门中企业间的协作使各企业的生产在地域上集中，且分工序列化。

第二，社会集聚，又称"偶然集聚"，是由企业外部因素引起的，也包括两方面：一是大城市的吸引、交通便利以及矿产资源丰富使工业集中；二是一个企业选择了与其他企业相邻的位置，获得额外利益。

韦伯认为，生产集聚是一般集聚因素，社会集聚则是特殊集聚因素。前者是集聚的固定内在因素，而后者则是偶然的外在因素。在讨论工业区位时，主要关注一般集聚因素，而不必关注特殊集聚因素。

2. 分散因素

分散因素与集聚因素相反，指不利于工业企业集中到一定区位的因素。一些工厂宁愿离开工业集聚区，搬到工厂较少的地点去，前提条件是房地产价格上涨造成的损失大于集聚给企业带来的利益，即取决于集中与分散的比较利益大小。

四、克里斯塔勒的中心地理论

中心地理论是由德国著名地理学家克里斯塔勒提出的。该理论认为，城市形成于一定数量的生产地中的中心地，是向周围区域居住的人口供应物品和劳务的地点，而且不同级别的中心地应遵循一定的等级分布规律。

（一）中心地理论有关基本概念

1. 中心地

中心地是指相对于一个区域而言的中心点，不是一般泛指的城镇或居民点，更确切地说，是指区域内向周围地域居民点的居民提供各种货物和服务的中心城市或中心居民点。

2. 中心地职能

中心地职能体现为向周围地域提供商品或服务。中心地职能主要以商业、服务业方面的活动为主，同时还包括社会、文化等方面的活动，但不包括中心地制造业方面的活动。

3. 中心性

中心性或者中心度，可理解为一个中心地对周围地区的影响程度，或者说中心地职能的空间作用大小。中心性可以用"高""低""强""弱""一般""特殊"等概念来形容。

4. 需求门槛

需求门槛是指某中心地能维持供应某种商品和劳务所需的最低购买力和服务水平。在实际中，需求门槛多用能维持一家商服企业的最低收入所需的最低人口数来表示。这里的最低人口数就称为门槛人口。

5. 商品销售范围

如果其他条件不变，消费者购买某种商品的数量，取决于他们准备为之付出的实际价格，此价格就是商品的销售价格加上为购买这种商品来往的交通费用。显然，实际价格是随消费者选择商品提供点距离的远近而变化的。距离越短，交通花费越少，商品的实际价格越低，结果该商品的需求量也就越大，否则相反。由此可以得出，商品销售范围就是指消费者为获取商品和服务所希望通达的最远路程或者指中心地提供商品和服务的最大销售距离和服务半径。

（二）中心地理论的主要内容

1. 假设条件

克氏理论的假设条件如下：

第一，研究的区域是一块均质的平原，其上人口均匀分布，居民的收入水平和消费方式完全一致。

第二，有一个统一的交通系统，对同一等级规模城市的便捷性相同，交通费用和距离呈正比。

第三，厂商和消费者都是经济人。

第四，平原上的货物可以完全自由地向各方向流动，不受任何关税或非关税壁垒的限制。

2. 正六边形市场区

在一个均质平原上，让所有人都由一个中心地提供商品和服务显然是不可能的。超额利润的存在，必然吸引其他中心地的厂商加入进来。为了避免相互竞争所引起的销售额下降，第二个中心地必须与第一个中心地相隔一定距离，一般距离不能相距太近。以后，第三个中心地、第四个中心地……都会以同样的方式加入进来。

在这块平原上，由于新的中心地厂商的不断自由进入，竞争结果是各厂商经营某类商品的最大销售范围逐渐缩小，直到能维持最低收入水平的门槛范围为止。这样，就使某类商品的供给在均质平原上最终达到饱和状态，而每个中心地的市场区都成为圆形，且彼此相切。但是，相切的圆形市场区如果不重叠，圆与圆之间必然会出现空隙，使居住在这些空隙里的居民得不到服务。实际上，在相互激烈竞争的情况下，这种现象不可能长期存在下去。各中心地都试图把这片空白区吸收到自己的市场区内。竞争的结果是，它们之间的距离进一步缩短，以致各中心地的销售范围都有一部分相互重叠。这时，居住在重叠区内的居民就有两个可供选择的区位。按照消费者在最近供应地购物的假设，重叠区就被平均分割给两个相邻的中心地。其中，位于平分线上的居民到两个相邻的中心地的距离是相等的，故这条线被称为无差别线。由于重叠区被无差别线分割，圆形的市场区即被六边形的市场区所替代，从而推导出正六边形市场区这一便于组织中心地与服务区相联系的最有效的全覆盖的理论图示。

3. 市场等级序列

根据前面的论述，中心地商品和服务的需求门槛、利润和服务范围，是与中心地规模、人口分布密度、居民收入水平及商品与服务的种类密切相关的。例如，在一个规模较小、人口密度和居民收入都很低的中心地，其每个单位面积内的商品销售量和服务需求水平也比较低。不同规模的中心地，其需求门槛和销售范围也是不同的。它们在空间地域上的这些差异，经过互相作用和人类经济活动的干扰，就将形成规律有序的中心地——市场等级体系。

就区域内各城镇而言，大城市的商业服务设施和商品种类向高级发展，多而全；中等规模的城市具有中高级或仅能维持中级水平，服务项目少而不齐全；小城市具有中低或只有低级水平，种类少而不全；一般城镇（县城、建制镇）只有基本生活性商业服务，水平很低，种类更少。就城市内部而言，市级中心、区级中心和小区级商服中心也有类似的规律。

就不同商业、服务行业而言，有些行业经营品类多，有些则少；有的以高级为主，有的以低级为主。商品的种类、级别不同，其需求门槛和服务范围也不一样，由此形成的等级序列可归并为低级商品和服务，售价低，顾客购买频率高，需要虽大，需求门槛则低，销售距离短或服务半径较小；而高级商品和服务，因质最好、耐用、更新慢，故售价高，需要量相对少，购买频率则低，运费占售价的比重小，致使其门槛高，销售距离长或服务半径大。按地域归并可以找出规律，即高级商服中心提供从高级到低级的全部商品和服务，中级商服中心提供从中级到低级的全部商品和服务，而低级商服中心只有低级的商品和服务。需求门槛和服务范围也依次由高到低，由大变小。

第三节　城市地租

一、城市地租的概念与特性

（一）城市地租的概念

城市地租是指住宅经营者或工商企业为建筑住宅、工厂、商店、银行、娱乐场所等而租用城市土地需要向土地所有者缴纳的地租。

（二）城市地租的特性

1. 城市地租在量上一般应高于农业地租

城市土地是由农业土地转化而来的。而这种转化只有当土地所有者的收益大于原来的收益时才会发生。城市作为周围农村的货物集散地和中心市场，处于区域中心地的重要地位，使城市土地的开发程度和集约利用程度远远高于农村土地，因此其地租水平也高于周围的农业用地。对于城市级差地租来说更是这样，它在数量上要比农业级差地租Ⅱ大得多。由于农业生产受气候、技术等多方面的制约，农产品的产量不可能成倍提高，农业土地追加投资所产生的级差地租Ⅱ也不可能很大。然而城市级差地租Ⅱ就不同了，由于随着技术的不断进步，新技术、新材料大量涌现，城市所能吸纳的投资也逐渐增加，同时，随着市政基础设施追加投资的落实，企业对原有营业用房的扩建、装修等追加投资的见效，其追加投资的效益会逐步提高，超额利润可能成倍增加，由此转化成的级差地租Ⅱ会大幅度增长。

2. 区位级差地租是城市地租的主要形式

地租形态有多种，但对于城市土地的利用来说，土地区位起着特别重要的作用，因为土地区位影响着土地的利用功能分布，区位也影响土地使用者的选址决策和生产效益等。因为使用有利区位建筑地段的企业，如靠近销售市场、交通运输条件好、处于经济文化中心、市场容量大、获得信息等特种资源容易而且费用较低，因此它们能大幅降低经营成本，提高效率，获得较高的超额利润。应该注意，这个位置指的是经营地块与城市中心位置的距离，这个中心指的是城市功能中心，而不是地理位置中心。

3. 商业用地地租是城市地租的典型形态

位置（土地区位）是影响城市土地利用的主要因素，城市中各类用地的利用也都以位置作为主要标准进行评价。但是，对于不同用地类型而言，位置对它们的影响是有差异的，有些用地受位置的影响大，有些用地受位置的影响小。而其中以商业用地对位置的反应最为敏感，且商业用地地租表现出从城市中心繁华地段向城市边缘地段逐渐缩减的趋势，而其他用地地租的变化则不明显，如某些工业用地从城市中心向城市边缘的地租变化表现为平行线甚至递增的变化规律。因此，商业用地地租的变化与通常所讲的城市地租的变化规律基本是一致的，或者更恰当地讲，城市地租的变化主要是以商业用地地租的变化为依据的。所以说，商业用地地租是城市地租的一种典型形态。

4. 城市地租具有相当大的垄断性

城市垄断地租主要是由占据较好的位置而形成的垄断价格产生的，这种较好的位置一般被称为"黄金地段"，如上海的南京路、北京的王府井大街等，其地租要远远高出周围地区。由于这种地段是长时期投资积累而成的，一般较难改变，且随着时间的变化，价格还呈现不断上升的趋势。因此，城市中心区土地较农业用地供需矛盾更大，地租也具有更大的垄断性。

5. 城市土地投资的地租效应具有明显的外部性

城市的开发和建设需要大量的城市基础设施建设投资和房屋建设投资，在一般情况下，对城市建设投资的增加，都会带来地租的相应增加，而且这种效益不仅限于投资所在的地块，也会影响和带动周围地区的发展和租金的上升，呈现出明显的正外部性。如从城市与周围农村的关系来看，城市的发展对其城郊、周边的农村甚至小城市都有极大的促进和带动作用。

6. 城市地租比农业地租更具有积累性

城市建设投资很大，经济效益很高，所以城市级差地租比农业级差地租增长得更快，更具有积累性。

二、城市级差地租

城市级差地租产生的条件也是土地等级的不同，而这种等级的不同主要表现为距离市中心的远近，人流量的大小，交通是否便利，配套设施是否完善等。

城市级差地租形成的原因也是土地经营权的垄断。

城市级差地租的形式也分为级差地租Ⅰ和级差地租Ⅱ。由于土地的区位不同而形成的级差地租叫城市级差地租Ⅰ，这和农业级差地租Ⅰ的条件不同。由国家和企业在同一块土地上连续追加投资所造成的边际投资效益不同产生的超额利润转化而成的地租称为城市级差地租Ⅱ。

三、城市绝对地租

由于城市土地所有权的垄断，任何企业、单位和个人要使用城市土地都必须向土地所有者缴纳的地租叫城市绝对地租。它与农业绝对地租之间既有共同点，又有不同点。共同点在于都是超额利润即劳动者所创造的剩余价值的一部分。不同点体现在以下两个方面：

①它们是由不同产业提供的，城市绝对地租是由城市的第二、三产业的企事业单位提供的。

②地租的量不同。城市劣等地绝对地租的量最低应该与面积相当的可比周边农业优等地所提供的全部地租相等，而不是该土地作为农业用地时的绝对地租的量。

四、城市垄断地租

垄断地租是指由于城市中某些特殊地块具有稀有功能，由对这些稀有功能的垄断所带来的生产经营商品的垄断价格所形成的超额垄断利润转化成的地租。它是城市级差地租和绝对地租这两种基本的地租形式之外的一种特殊的地租形式。由于垄断价格取决于购买者的购买欲望和支付能力，而与它的生产价格和价值关系不大，因此，具有这种购买欲望和支付能力的人越多，其价格也就越高，垄断地租就越多。那些由名牌名店形成的特殊地块和由名胜形成的特殊地块，如北京的全聚德烤鸭店所在地、杭州的西湖、苏州的虎丘等。许多人会慕名而来就餐或旅游，由于这些特殊地块的土地经营权被某些企业所垄断，尽管这些地方的价格是垄断价格，人们也乐意购买。这种垄断价格会给生产经营者带来可观的超额利润，由此转化成的地租就是垄断地租。

第四节　区位理论与城市房地产业

一、区位理论在城市房地产业发展中的作用

城市房地产业的发展必须遵循土地区位规律。在宏观方面，为了保证社会的整体利益及城市规划的整体实施，并迅速健康地发展房地产业，必然要使不同地区、不同地段的所有土地获得最佳用途，从而取得最优的经济效益、社会效益和生态效益。在微观方面，房地产企业为了获得最大的利润，必然寻找最佳的城市土地区位，用地、用房的企业也要购买能取得最大效益的区位土地，而事业单位、机关和居民也将寻找经济上能承受又适合于自己活动的最佳"位置"即最佳区位的房地产。可见，无论从宏观角度，还是从微观角度，土地区位理论都能对房地产业的发展起到指导作用。

从城市发展的历史来看，城市土地区位开始是自发形成的。随着工业化、城市化的发展，城市土地利用中外部因素的产生、发展及其变化，城市土地区位的形成在越来越大的程度上取决于人们的自觉行动。即城市土地区位是可变的，随着决定城市土地因素的变化而变化，其变化方向可以趋向更优的区位，也可能趋向衰退，丧失原来的区位优势。

每一宗特定区位的城市土地都可以有多种用途，但是，每一宗特定城市区位的土地都只有一个最优的用途。所谓最优用途，是指特定的城市区位土地不仅可以使微观单位获得最大的经济效益或工作效率或居住效益，而且还可以在宏观上获得最好的社会效益和生态效益。制定城市土地利用规划就是要使城市不同区位的土地实现其最优用途，并逐步调整那些使用不合理的土地用途，以达到城市土地资源的优化配置。

城市土地区位效益的实质是级差地租，而且主要是位置级差地租。对一切经济单位来说，由于存在距离和空间位置的差异，以及自然的、环境的、经济的、文化的诸区位因素的差异，进一步加剧了上述位置差异，使处于同一市场上不同区位的相同面积土地产生了极为不同的使用价值、利用方向和集约经营度，从而产生极为不同的经济效益。城市不同区位土地不同的级差地租不仅为制定城市土地利用规划、合理配置不同区位土地指明了方向，而且也成了国家从经济上运用地租优化土地资源配置的有力杠杆。

可见，区位理论在房地产业发展中的作用特别表现在两个方面：

①能够指导整个城市规划，包括土地利用及城市建设工作；

②能够指导房地产企业在开发经营过程中更好地进行区位选择，从而取得良好的经济效益和社会效益。

二、影响房地产区位的主要因素

（一）影响土地区位的主要因素

影响土地区位的主要因素可以概括为一般因素、区域因素和个别因素等。

1. 一般因素

一般因素是指对城市土地具有普遍性、一般性和共同性影响的因素。这些因素对具体地块的影响不明显，但它们决定各个地块的总体效益和基础水平，影响土地的宏观区位条件。一般因素包括人口、行政区划、地理位置和自然条件、社会经济状况、土地与住房制度、城市规划、土地利用计划和政府政策等。

（1）人口

人口因素对土地的影响主要表现为人口密度和人口素质。人口密度直接反映人、地之间的相互关系，即单位土地面积的人口数量。由于人是最活跃的因素，因此，它对土地区位的好坏产生很大影响。人口密度越高，购买力越强，越有利于促进商业中心的形成；只有达到一定的人口密度，相关部门才开始配套建设比较完善的城市基础设施和服务设施。因此，从一定意义上说，人口密度越高，土地利用的集约化程度也越高，土地的区位越好。城镇人口密度和土地区位的关系基本遵循这一规律，即城区人口密度最高，边缘区次之，郊区最少，与此相对应，土地区位也随之由城镇中心向外逐渐变差。人口的集聚效益是有一定限度的，当人口密度超过了合理的环境容量，反而会使城镇环境恶化，交通拥挤，市容混乱，从而影响土地的区位，因此也必须保持合理的人口密度，才能有利于城镇发展，使城镇土地获得最佳的经济效益。

人口素质是人口的收入水平、受教育程度、职业等条件的综合反映，直接或间接对土地的利用产生作用，影响到土地条件的变化。收入水平、受教育程度及职业直接影响到人们的消费水平、消费观念，决定人们对房地产产品标准的要求，影响到土地的利用效益。在西方国家的城市中，往往有明显的富人区和贫民区的划分，两者的差异相当大。在富人区，住房条件好，基础设施以及公有设施完备，相应的地价水平也很高；而在贫民区，除了各项设施条件差以外，还存在着严重的社会治安问题，地价水平自然不会高。

（2）行政区划

行政区划的良性变化主要有两种情况：一是行政级别的升格；二是行政界限发生变化。行政级别的升格，意味着投资环境的改善，投资机遇的增加，将有利于提高地区的地价水平；行政界限的变更，同样会增加投资的机会，有利于改善地区的投资环境。

（3）地理位置和自然条件

地理位置和自然条件也是影响土地区位的重要因素之一。地形、坡度、土地承载力、洪水淹没及排水状况以及地质构造等都会对土地区位的优劣产生影响，城市主要建筑物占地都要求地势平坦、排水良好、土方工程量小，以节省开发投资。若坡度较大，需要采取工程措施，如挖土填方、平整场地、修建挡土墙和护坡工程，而且对路网的建设和交通的营运管理也有很大的影响。城镇的各类建筑物和构筑物都要求天然地基稳固，具有较高的承载力和良好的地质条件，以降低建筑造价。相反，在地基承载力低的软土层中建设高大的楼层，必须采取强化基础的工程措施。

（4）社会经济状况

社会经济状况是一个综合性的因素，可以用政治安定状况、社会治安程度、国民收入、物价变动、利率水平、消费水平等指标来衡量。政治安定、政局稳定，则房地产投资的运转渠道正常，投资风险小，可以增加房地产投资者的信心，带动地价上升。反之，则会影响对房地产的投资。

（5）土地与住房制度

土地制度规定着土地所有者、使用者以及其他主体对土地的占有、使用、收益以及处分等权利，直接影响各个主体的经济行为。合理有效地制定规定，不仅有利于土地的合理配置，土地的有效开发与利用，获取土地最大的利用效益，也可保证各利益主体的权益，有利于社会的安定，创造良好的经济环境。我国土地使用制度由无偿使用改为有偿使用后带来了巨大的变化，诸如城市土地的高效、集约利用，土地市场机制的建立与完善等，为国民经济的发展奠定了重要基础。住房制度不仅与土地利用、经济建设相关，也关系到千家万户的住房问题，影响经济的发展，关系社会的安定。随着住房制度改革的推进，住房建设的市场化、专业化以及住房使用与分配的商品化、货币化等新的运行机制的建立，将有利于促进房地产投资的良性循环，带动房地产市场的发展。

（6）城市规划

合理安排好城镇各类用地，是城镇规划的主要内容，虽然规划涉及的土地利用是未来的目标，但土地区位的优劣在现实的土地市场中就会表现出来。例如，在城市郊区的农地，一旦被规划确定为近期开发的建设用地，地价就会急剧上升，这些土地区位自然也就变得越来越好。

（7）土地利用计划

政府的土地利用计划直接影响土地一级市场的供给状况，并对整个房地产市场的供求关系有直接的影响。合理的土地利用计划，会促进土地市场的运作，带动地价的上涨；不合理的土地利用计划会干扰市场的正常运转，阻碍市场的发展。

（8）政府政策

政府的税收政策、金融政策对房地产投资有着直接的影响作用，可以起到抑制投资或者促进、鼓励投资的作用。

2. 区域因素

区域因素是影响城镇内部不同地区土地区位条件的因素，主要包括繁华程度、通达程度、城镇设施的完备程度、环境条件和土地使用限制等。区域因素决定土地的中观区位特征。

（1）繁华程度

繁华是城市某些职能的集聚，对各企业和居民产生巨大引力的结果。繁华地区能创造高额的收益和利润，表现为在城市生活中交往最频繁、最活跃。由于商业的集聚具有很大的吸引力，而且获得的级差收益最高，因此商业服务设施的集聚程度可以用来表示繁华程度。商业服务业的集聚程度可以用商业的集聚经济效益表示。商业的集聚经济效益来源于它的互补性。在一个中心商业区里，通常集中了数百种不同类型的商店及相应的服务设施。由于商品繁多，服务项目齐全，社会需求的物品几乎应有尽有，可供选择余地大，因而具有很大的吸引力，能够形成巨大的客流量。而顾客多，又意味着收益多、利润高。商业集聚的互补性还表现在，顾客到此的目的绝非光顾一家商店，大部分人都要综合利用，这就是商业集聚中心吸引的顾客及盈利要比分散布置的商店高得多的原因。

（2）通达程度

通达程度是把通行距离和时间作为一个整体，既要求通行距离短，以节约运费，同时又要有四通八达的交通网络，把出行的时间减少到最低限度。反映通达程度的因素主要包括道路功能、道路宽度、道路网密度、公共便捷度和对外设施的分布状况。

（3）城镇设施的完善程度

城镇设施包括城镇基础设施和城镇公用设施。城镇基础设施主要指交通、能源、给水、排水、通信、环境保护、抗灾防灾等设施，它是城镇发展必不可少的物质基础，其配套程度与质量直接影响生产、生活等城镇功能的正常运转。城镇公用设施与城镇居民的正常生活和工作有密切关系，包括医疗、教育、银行、储蓄、邮政、商业服务业、行政管理机构等设施，对城镇的经济效益和社会效益也能产生间接影响。

（4）环境条件

园林绿地有净化空气、美化环境、改善城市小气候、丰富城市居民室外活动等多种功能，是城镇环境与生态系统的重要组成部分。在工业化和城市化的过程中，环境问题不仅困扰着城市的发展，危及居民的切身利益，同时也直接影响土地区位的优劣。全面提高环境质量需要开展综合环境质量评价工作，要掌握大气、水和噪声的污染情况。

（5）土地使用限制

它是指城市规划以及环境保护规划等对土地的开发、利用的各项条件的规定。

3. 个别因素

个别因素主要指与宗地直接有关的自然条件、市政设施、宗地形状、宗地长度和宽度、临街条件以及使用限制等。个别因素决定土地的微观区位，即决定地块的区位条件状况。

（1）自然条件

它主要指具体地块的地形、坡度、土地承载力、洪水淹没及排水状况以及地质构造等条件，直接影响土地使用条件和价格。

（2）市政设施

它主要指具体地块所在地的各项设施条件，影响土地的投资效益。

（3）宗地形状

一般来讲，规则的宗地要比非规则的宗地好利用，而在规则的宗地中又以长方形的宗地利用效益为最好。

（4）宗地长度和宽度

不同条件下，对所利用的宗地的长度、宽度均有一定的要求和限制，适度的长度、宽度会使宗地的利用效益最大，否则会造成浪费和低效利用。

（5）临街条件

对商业用地而言，是否临街、位于十字路口还是丁字路口、临街的宽度等，都会影响到宗地的利用效果。

（6）使用限制

它主要是指规划对土地利用的限制，包括用途、容积率、建筑高度等条件的限制。

（二）影响房屋区位的主要因素

影响房屋区位的主要因素是指在土地区位相同的情况下，具体到各个房屋（多层或高层建筑）的立体区位的差异，包括楼层、朝向等。这些因素影响房屋的使用效益，也影响房屋的利用价值。

1. 楼层

建筑物楼层的高低，不仅决定由地面到达房屋的距离的远近，也影响居住者使用房屋的方便程度和景观效果。对于不同的建筑形式，影响的效果也不同。对于多层住宅建筑，由于没有电梯设备，楼层对房屋的使用效益影响很大。以六层住宅为例，各楼层的价格变化规律为二、三层最高，四、五层其次，一、六层最低。对于高层住宅建筑，由于具有电梯设备，楼层对房屋的使用影响并不大，与多层住宅相反，楼层越高，景观效果越好，价格也越高。

2. 朝向

朝向是决定室内采光、通风、温度的主要因素，影响人们对居住环境的判断与适应，是决定房屋的使用效益及价格的重要因素。

三、房地产业的区位选择

土地区位一般包括三个层次：一是宏观层次的区位选择，即在全国范围内进行的各城市之间工业、农业、交通运输业用地的空间布局；二是介于宏观层次和微观层次之间的中观层次的区位选择，主要是指城市内部的功能分区；三是微观层次的区位选择，即各类用地者对具体的最优用地区位的选择。因房屋是建在土地上的，故房地产区位的选择其实就是土地用地区位的选择。

（一）工业用房地产宏观区位的选择

宏观区位一般只涉及工业用房地产，而工业用房地产又是由全国范围内工业的宏观空间布局决定的。工业的宏观空间布局确定了，工业用房地产的宏观区位选择也就基本确定了。要研究宏观区位的选择，就是要研究工业用房地产的宏观区位选择。决定和形成区位的因素有很多，但影响工业宏观区位选择的因素主要有资源条件、环境条件、交通条件、科学技术条件、劳动力条件以及市场条件等。因为对某种生产发展有利的条件往往并不集中分布在一个特定的地点，而是分布在不同的地点，把工厂布局在任何一个具备某些条件的地点都会有所得，也会有所失，因此，从这些地点中选择一个最优区位，就成了宏观工业布局的焦点。在这里，我们可以假设分布在不同地点的影响工业布局的条件，会同时对这种布局产生"引力"，但来自各地点的"引力"的大小是不相同的，有时甚至是悬殊的。这时，该工业就该布局在"引力"最大方向的区位，与其他地点相比，这是最优区位，这个方向称作工业部门的布局指向。工业布局指向一般包括原材料指向、能源指向、市场指向、原材料与市场双重指向、科技指向等。

原材料指向的工业，一般其产品在生产过程中，原材料失重程度大，单位产品的原材料消费虽远远高于产成品的重量，也可能是由于所使用的原材料不宜运输和储藏，因而一般要求这类工业布局在原材料产地。这类产业包括大多数农产品、矿产品的加工工业，如榨油、制糖、洗煤、选矿等工业一般都布局在原材料产地，能源指向的工业在生产过程中，单位产品能耗量大，能源消耗占总成本的比重高，如铝镁钛的冶炼、铁合金、电石、人造纤维等工业，一般要求分布在能源产地。市场指向的工业是指在生产过程中原材料失重程度小甚至增重，或成品不宜运输的工业，如硫酸、玻璃、家具、大多数食品、消费品等工业，一般都布局在消费地。科技指向的工业是指产品的科技含量高，需要得到大量科学、技术的帮助和智力支持的工业，如生物工程、计算机等高科技产业，一般分布在大专院校、科研单位比较集中的城市，以便取得科学、技术的帮助和智力的支持。

在对工业宏观区位进行布局的具体操作过程中，应通过可行性研究方法对各种方案的技术经济指标进行测算和比较，力求选出最优的实施方案。另处，对工业区位的宏观布局除需考虑技术、经济因素外，还应考虑社会生产力的平衡，在特定情况下还要考虑军事、政治、战略、国防安全等因素。

（二）城市房地产中观区位的选择

城市房地产中观区位的选择主要是在城市内部功能分区的基础上，完成各类房地产的区位选择。城市房地产一般可分为居住用房地产和非居住用房地产两大类，且非居住用房地产又可分为商业用房地产、工业用房地产、各机关事业单位用房地产等若干类别。下面就一些主要功能区分别说明它们各自的区位选择。

1. 商业区

商业区按其功能可分为中央商业区、城区商业区和街区商业区。它一般位于城市中心、交通路口、繁华街道两侧、大型公共设施周围等。商业用地在城市经济中具有非常重要的作用，因为它一方面是联结生产和消费的纽带，另一方面又是城市土地利用中经济效益最高的利用类型。

（1）中央商业区

在经济比较发达的大城市或特大城市中，一般总存在一个具有全市商业、交通和信息中心功能的区域，即城市的中央商业区。中央商业区具有以下特征：区域汇集的大公司及机构种类繁多，影响范围大，区位成本、空间成本及房地产成本高，客流量和信息流量高度集中，基础设施和各种配套设施完善等。在中央商业区又逐渐形成了中央商务区，其中心是由大银行、大保险公司和大财务公司组成的金融核心或金融中心，外边是大工业、大商业公司的总机构。再外边是为大公司及其办公机构提供会计、律师、咨询、广告、经纪、市场顾问等服务的公司。在中央商业区，可以获得更多、更全面的信息，迅速、准确地做出决策，也可以获得大量高质量、低成本的有关税收、法律、财务等方面的咨询服务，随时获得各种专家的帮助，分享交易厅、交易所等提供的种种信息，可以与全国乃至全世界的大公司建立经济联系，把生意做到全国、全世界去。英国100家最大的公司总部70%集中在伦敦市中心，就是很好的例证。

（2）城区商业区

它是城市的二级商业中心，在规模和影响力方面都次于中央商业区，是城市中某一城区的商业、交通和信息中心。

（3）街区商业区

它是城市最低一级的商业中心，其特征是以供应购买频率高的日用消费品为主，并以方便市民生活为主要功能。

2. 工业区

根据各种工业的特点，如污染状况、占地面积等，工业区可分为内圈工业区、外圈工业区和远郊工业区。内圈工业区占地面积小，主要面向当地消费市场，且要求与中央商业区中的企事业单位建立密切的联系，及时了解市场信息并获得技术支持，故其一般处于中央商业区外侧。外圈工业区一般在城市周围边缘地区，这里土地面积大、地价低、交通方便、距离居住区近，这里的工业一般要求：装配有自动生产线，机械实行平面布局，所需的仓库、厂房较大，产品多属标准化的定型产品，适于大批量生产，如以本市为销售市场的耐用品（冰箱、洗衣机、空调等）生产业；另外是污染较轻、技术要求高的工业，包括大部分轻工业和重工业中的机械制造、金属加工业。远郊工业区一般是指规模大、占地很多、污染严重的工业，如冶金、炼油、化工、重型机械、发电（原子能核电站）和造纸等工业。

3. 居住区

居住区是人们生活、休息的场所。它一般位于中央商业区与内圈工业区之间或内圈工业区与外圈工业区之间。随着生活水平的提高，人们对居住环境的要求也日益提高。居住区要求满足以下条件：交通便利，环境幽雅舒适；区内无煤气厂、化工厂、石油站，无三废，无噪声源；治安良好；文化教育设施齐备；采购、娱乐方便；人际交往方便等。

（三）城市房地产微观区位的选择

城市房地产微观区位是指每一个商业企业、工业企业、事业单位、政府、居民等选择自己所用房地产的区位或用地区位。

1. 城市房地产微观区位的选择标准

城市房地产微观区位的选择主要是房地产开发企业开发投资项目时的区位选择和工业企业的区位选择等。房地产开发企业的主要投资对象为商业用房地产和居住用房地产，下面主要就商业用房地产、居住用房地产和工业企业的微观区位选择进行探讨。

①商业用房地产微观区位的选择标准：应处在商业区，以利于利用其外部经济活动；具有较好的临街或道路状况；交通和通信便利；有足够的人口流量；有较好的增值潜力。

②居住用房地产微观区位的选择标准：周围应有幽雅、舒适、清静的自然环境，良好的社区文化环境，包括完善的文化娱乐及休息锻炼设施、淳朴的民风和良好的治安状况；交通、通信和人际交往要方便；有便利的购物、出行条件；具备齐全的生活服务配套设施；具有较高的增值潜力等。

③工业用房地产微观区位的选择标准：工业用房地产的区位选择首先取决于投资企业业务的性质，不同产业类别的投资，其微观区位选择的标准不一样，制造业工厂区位选择主要考虑的因素是接近高速公路，有较低的房地产价格，能与政府官员保持较好的联系，有较充足的熟练工人以及较低的运输成本；批发仓储区位选择主要考虑的因素是接近消费者和顾客，有较低的房地产价格，接近高速公路，有熟练工人的供应和合理稳定的设施收费率。地区总部区位选择所考虑的主要因素是有较低的房地产价格，有熟练工人的供应，接近消费者和顾客，接近主要飞机场，能与政府官员保持较好的联系。销售办事处区位选择所考虑的主要因素是接近消费者和顾客，有熟练工人的供应，有较低的房地产价格，接近主要飞机场，享受较低的营业税，高新技术产业区位选择所考虑的主要因素是紧密依托经济发达的大城市，靠近教育和研究机构，具备便捷高效的信息获取条件，拥有优美的环境条件等。

2. 微观区位的选择和土地的最佳用途

所谓土地的最佳用途，是指特定的城市区位的土地可为整个城市带来最大经济效益的用途，即它不仅要考虑微观单位获得的经济效益及环境效益，而且还要考虑宏观上的社会效益和生态效益。对于一宗具体区位的城市土地来说，虽然其用途可能有很多种，如作为工业用地、商业用地、居住用地或其他类型用地等，但在这些用途中必然存在一个最好的用途，因此，在选择微观区位时，应尽量使其达到最佳用途，实现城市土地资源的优化配置。

3. 政府对土地微观区位选择的调控

为正确引导各微观经济利益主体的行为，规范其土地利用中的市场竞争秩序，提高土地的利用效率，国家和各级地方政府应以其土地所有权者或管理者的身份实施其调控职能。具体的调控手段和途径是通过土地利用规划来约定和规范各土地使用者的选择行为，将其纳入国家宏观优化配置土地资源的轨道上；利用经济手段，主要通过地租机制或税收政策来引导各用地者的用地行为。

地租和区位理论是理解房地产经济活动的重要线索。对于地租的来源，西方经济学家普遍认为是"自然对人类的赐予"，或者是一种经济剩余。马克思科学地解释了地租产生的原因、条件和源泉，科学地把地租划分为级差地租、绝对地租和垄断地租三种形态。

第三章　房地产交易与登记

第一节　房地产买卖

　　房地产买卖是房地产交易的典型类型，房地产交易是实现房地产商品价值与使用价值的经济过程。房地产买卖不仅包含房地产占有的转移，也包含房地产处分权的转移，包括国有房地产的买卖、集体房地产的买卖和私有房地产的买卖。

　　房地产买卖是连同房地产物质载体及各类附着的土地使用权关系在房地产交换主体之间（开发者、经营者和消费者）的转移，是房地产在生产环节、流通环节和消费环节之间流动、转移的标志。因此，我国房地产买卖主要是以房地产使用权、房产所有权和房产使用权为对象的交换关系。

一、房地产转让的条件

　　《城市房地产管理法》及《城市房地产转让管理规定》规定了房地产转让应符合的条件，概括起来主要有以下几点：

　　①以出让方式取得土地使用权用于投资开发的，按照土地使用权出让合同约定进行投资开发。属于房屋建设工程的，应完成开发投资总额的25%以上；属于成片开发的，应形成工业用地或者其他建设用地条件，同时应按照出让合同约定已经支付全部土地使用权出让金，并取得土地使用权证书。

　　②司法机关和行政机关依法裁定、决定查封或以其他形式限制房地产权利的。在限制期间，房地产权利人不得转让该项房地产。

　　③依法收回土地使用权的。国家根据国家利益或社会公共利益的需要而决定收回出让或划拨给他人使用的土地后，原土地使用权人不得转让土地使用权，房屋的所有权当然也不得转让。

　　④共有房地产应经其他共有人书面同意。共同共有的，应经全体共有人同意；按份共有的，应经占2/3以上的共有人同意。

　　⑤权属有争议的。在房地产权属争议解决之前，该项房地产不得转让。

⑥未依法办理房地产登记的。房地产登记是国家依法确认房地产权属的法定手续，未经登记的，房地产权利人的权利不具有法律效力，因此不得转让该项房地产。虽然《物权法》规定了不经登记即取得物权效力的特殊情形，但在房地产交易时也应完善登记。

⑦法律、法规规定禁止转让的其他情形。

二、房地产买卖主体资格

（一）一般主体要求

依《民法通则》规定，房屋买卖双方当事人应当具有完全民事行为能力。房屋买卖行为复杂，涉及标的金额较大，限制民事行为能力人和无民事行为能力人参与房屋买卖的应经其法定代理人同意。

（二）特殊主体要求

为了维护房屋交易秩序，现行法律和政策对房屋买卖当事人设定了一定条件和限制，必须符合特定要求。在商品房现售中，房地产开发企业作为房屋出卖方必须具有法人营业执照、资质证书、土地使用权证书、土地使用批文、规划许可证和施工许可证等。在商品房预售中，预售方除具备上述条件外，还应当持有预售许可证，确定施工进度与交付日期。商品房出卖方如违反上述要求，就会被认为不符合签订房屋买卖合同的主体资格，就应当宣告合同无效，赔偿买受方因此而遭受的损失。

三、房地产买卖的流程

（一）房地产买卖的一般流程

①买卖双方建立信息沟通渠道，买方了解房屋整体现状及产权状况，要求卖方提供合法的证件，包括房屋所有权证书、身份证件及其他证件。

②如卖方提供的房屋合法，可以上市交易，买方可以交纳购房定金（交纳购房定金不是商品房买卖的必经程序），买卖双方签订房屋买卖合同（或称房屋买卖契约），买卖双方通过协商，对房屋坐落位置、产权状况及成交价格、房屋交付时间、产权办理等达成一致意见后，双方签订至少一式三份的房屋买卖合同。

③买卖双方共同向房地产交易管理部门提出申请，接受审查。买卖双方向房地产交易管理部门提出申请手续后，管理部门要查验有关证件，审查产权，对符合上市条件的房屋

准予办理过户手续；对无产权或部分产权又未得到其他产权共有人书面同意的情况拒绝申请，禁止上市交易。

④立契。房地产交易管理部门根据交易房屋的产权状况和购买对象，按交易部门事先设定的审批权限逐级申报，审核批准后交易双方才能办理立契手续。现在北京市已取消了交易过程中的房地产卖契，即大家所俗称的"白契"。

⑤缴纳税费。税费的构成比较复杂，要根据交易房屋的性质而定，比如房改房、危改回迁房、经济适用房与其他商品房的税费构成是不一样的。

⑥办理产权转移过户手续。交易双方在房地产交易管理部门办理完产权变更登记后，交易材料移送到发证部门，买方凭领取房屋所有权证通知单到发证部门申领新的产权证。

⑦对贷款的买受人来说，在与卖方签订完房屋买卖合同后，由买卖双方共同到贷款银行办理贷款手续，银行审核买方的资信，对双方欲交易的房屋进行评估，以确定买方的贷款额度，然后批准买方的贷款，待双方完成产权登记变更，买方领取房屋所有权证后，银行将贷款一次性发放。

⑧买方领取房屋所有权证、付清所有房款，卖方交付房屋并结清所有物业费后双方的房屋买卖合同即全部履行完毕。

（二）新建商品房的认购流程

1. 商品房认购书网上或书面签订程序

①房地产开发企业与认购人就可预售的房屋进行协商，拟定商品房认购书的相关条款；

②经双方当事人确认后，通过管理系统在线填写商品房认购书的内容，网上提交后，系统自动生成认购书编号；

③房地产开发企业从网上打印商品房认购书，同时联机备案，管理系统及时标明该单元（套）商品房已预订。

对于不具备网上签订条件的地区，则按照当地政府指定的版本与内容，由开发企业统一编号印刷。印刷通常要求一式三联，即客户联、开发企业联与代理中介联。

2. 签订认购书时认购人必须提供的资料

签订认购书时，认购人必须提供的资料主要有：身份证原件（外籍人士需要护照原件；港澳台人士须提供回乡证、台胞证等）、认购定金。

3. 签订从购书时应注意的事项

①网上或书面认购书备案后，签订商品房预售合同时的合同主体不得随意变更。签订

合同的买受人变为认购人，在其同一户籍内的或是预订时已明确的其他人员，不视为合同主体变更。

②认购书约定了房地产开发企业与认购人之间签订商品房预售合同的时间，通过管理系统办理商品房预售合同网上签约手续。超过认购书约定时间未签订商品房预售合同的，该套房屋的公示信息恢复显示该套（单元）商品房未预订且未预售。故销售人员在引导认购人签订认购书时，有义务提醒认购人在认购书约定的时间内办理商品房预售合同的签署，以及按揭等购房相关手续。

（三）网上签约流程

房地产开发企业应当按照国家各地方房地产行政主管部门制定、工商管理部门监制的示范文本，与购房者签订商品房预（销）售合同。房地产开发企业在制定商品房销售合同格式条款时，不得免除自己的责任，加重购房人责任，或排除购房人的合法权利。商品房预（销）售合同示范文本及格式条款应在订立合同前向购房人明示。房地产管理部门应严格执行预售合同登记备案制度，落实购房"实名制"。对房地产销售过程中实施合同欺诈、利用虚假合同套取银行贷款、偷逃税款等违法违规行为，房地产管理部门可暂停办理其商品房网上签约、合同登记备案等房地产交易手续；工商行政管理部门要加大对合同违法和侵害消费者权益行为的查处力度；构成犯罪的，移送司法部门处理。

房地产经纪人员在买卖双方办理交易手续、正式签订商品房预售合同之前，必须将交易程序、合同条款、需要提交的资料、应纳税费用明细、按揭流程、房款支付方式及时间安排等一系列问题向买受人说明清楚。

1. 商品房预售合同网上或书面签约程序

①房地产开发企业与买受人就可预售的房屋进行协商，拟定商品房预售合同的相关条款；

②经双方当事人确认后，买受人选取相应的付款方式，按照银行规定缴纳首期房款；

③首期房款缴纳后，房地产开发企业销售人员通过管理系统在线填写商品房预售合同的内容，网上提交后，系统自动生成合同编号；

④房地产开发企业销售人员从网上正式打印商品房预售合同，同时在管理系统联机备案，并下载打印商品房预售合同签约证明和预售登记申请书；

⑤楼盘房号表标识公示，即商品房楼盘房号表内应及时标明该单元（套）商品房已预售。

对于不具备网上签订合同条件的地区，则按照当地政府指定的版本与内容，由开发企业统一印刷制定。除签订的合同来源不同外，其他事项与网上签订的要求相同。

2. 签订商品房预售合同时需提供的证件

①有效身份证原件（外籍人士须提供护照原件；港澳台人士须提供回乡证、台胞证）；

②认购书原件、定金收据原件；

③总房款0.3%的买卖合同公证费（只限港澳台及境外人士，境内人士自主选择）；

④按揭银行已盖章的《按揭确认单》原件。

3. 办理按揭手续时需提供的资料

①有效身份证原件（外籍人士需提供护照原件；港澳台人士须提供回乡证、台胞证）；

②认购书原件、定金收据原件；

③加盖公司公章的收入证明一份（港澳台人士须提供薪俸纳税证明）；

④银行要求的其他资料证明，如照片、定期存单、股票对账单、其他房地产证明等。

4. 商品房预售合同无效的情况

在以下情况中，商品房预售合同无效，房地产行政管理部门不予办理预售登记手续：

①该商品房不在预售许可范围内；

②该商品房已取得房地产权属证书或取得竣工备案表超过4个月；

③该商品房已被其他买受人联机或纸面签约或已预售登记；

④房地产开发企业名称与核准预售许可的预售人名称不一致；

⑤该商品房被司法机关和行政机关依法裁定、决定查封或以其他方式限制房地产权利。

5. 预售合同解除或变更

商品房预售合同签约后，同一购房主体退房或换房的，经双方当事人协商一致，先签订解除该商品房预售合同的协议，通过管理系统填写并打印解除合同申请，并共同到房地产行政管理部门办理解除合同手续。

同一购房主体退房的，该房屋在楼盘表内及时恢复可售标识；同一购房主体换房的，双方当事人须按规定重新办理网上或纸面合同签约手续。

商品房预售合同其他条款变更的，双方当事人可签订补充协议，不再通过管理系统变更合同内容。

另外，销售人员需了解和熟悉各项手续的办理费用与条款，并向买受人进行详细说明。

四、不能买卖的房屋

①未依法取得房屋所有权证的房屋。根据《中华人民共和国城市房地产管理法》（以下简称《房地产管理法》）及《中华人民共和国物权法》（以下简称《物权法》）的规定，我国房屋所有权的取得以登记为准，房屋所有权证是房屋所有权人享有房屋所有权的唯一合法证明，因此，在未取得房屋所有权证之时，从法律上来讲，还不能确定房屋合法所有权人，这样的房屋是无法进行转让的，此种房屋一旦转让，可能会因为卖方不具备对房屋的处分权而导致买卖合同无效，或不能进行房屋的过户，从而无法实现房屋交易。

②违章建筑的房屋。违章建筑是指未经主管部门许可而擅自动工新建的各种建筑物，主要是指房屋。从违章建设人有无土地使用权的角度来讲，违章建筑大体可以分为两种情况：一是建造人未合法取得土地使用权即擅自修建房屋；二是在已取得使用权的土地上，但尚未取得建设规划许可证等相关批准文件的情况下擅自修建房屋。这两种情况下建设人均不能取得房屋的合法所有权，还可能被规划部门认定为违章建筑而令其拆除或强行拆除，因此购房者购买此类房屋时没有任何权利保障。

③所有权为共有，未取得其他共有人同意转让的房屋。房屋所有权共有意味着房屋的所有权人不是一个人，在共有的状态下，共有人对房屋均享有权利，这时如果共有人之一擅自将房屋出售，实际上是将其他人所占有的房产份额也进行了处分，那么势必侵害其他人的利益。为此，共有人要处分房屋，必须征得其他共有人的书面同意。否则，即使进行了处分，这种处分也是无效的。

④鉴定为危房的房屋。房屋一旦属于危房，不但居住会有安全隐患，而且也没有其他的利用价值。

⑤在农村集体土地上兴建的房屋（俗称"小产权房"）。根据《中华人民共和国土地管理法》的规定，我国土地所有权包括两种方式，即国家土地所有权和集体土地所有权。城市居民从事建设应当依法使用共有土地，农村居民每户可申请一处宅基地，农村土地不能用于非农业用途，因此目前大量存在的利用农村集体土地建设的房屋对外出售的"小产权房"是不受法律保护的。

⑥已经列入拆迁公告范围的房屋。通常情况下，被列入拆迁范围的户口是被冻结的，而已列入拆迁公告的房屋，房地产交易管理部门将不予办理过户。因此，如果购买了此种房屋将会面临很多风险。

⑦已经抵押，并且未经抵押权人同意出售的房屋。抵押是指债务人或第三人不转移对抵押财产的占有，将该财产作为债权的担保。债务人不履行债务时，债权人有权依照法律

规定以该财产折价或以拍卖、变卖该财产的价款优先受偿，因此将已经抵押的房产进行转让会损害抵押权人的利益。为此，《物权法》明确规定："抵押期间，抵押人未经抵押权人同意，不能转让抵押的财产，但受让人代为清偿债务消灭抵押权的除外。"

⑧依法被司法和行政机关查封、扣押或者依法以其他形式限制权属转移的房屋。国家司法机关主要指法院、检察院，行政机关如公安机关、海关等。上述机关代表国家行使司法权力和行政权力，对房屋的查封和扣押就是上述机关行使权力的表现，其目的就是限制所有权的转移。因此，房屋所有权的转移不得对抗这种公权力。

⑨已出租给他人，出卖人未按规定通知承租人、侵害承租人优先购买权等权益的房屋。根据《中华人民共和国合同法》第二百三十条规定："出租人出卖租赁房屋的，应当在出卖前的合法期限内通知承租人，承租人享有同等条件下优先购买的权利。"

五、房地产买卖的禁止行为

（一）商品房预售中的禁止行为

①禁止销售未取得预售许可证的预售商品房。购房者可在售房现场要求房地产开发企业出示预售许可证，或在网上查询该房产是否处于可售状态。

②禁止以认购（包括认定、登记、选号等）、收取预定款性质费用等各种形式变相预售商品房。

（二）房地产销售过程中的禁止行为

①禁止房地产企业发布虚假信息。对于禁止房地产企业发布虚假信息，工商部门有具体规定。企业发布虚假信息，对消费者来说属于欺骗行为。

②禁止炒卖房号。炒卖房号是常见的扰乱房地产市场的行为之一，有些是个人行为，有些则可能是企业为营造假相或其他目的而蓄意所为。

③禁止捂盘惜售和囤积房源。捂盘惜售主要是指房地产开发企业故意放慢售房速度，以待房价上涨，获取更多利润。囤积房源主要是指房地产开发企业有房不售，从本质上讲，囤积房源与捂盘惜售无太大区别，只是程度上有所区分而已。

④禁止房地产企业纵容、雇用工作人员炒作房价。实践中销售人员可能出现一些不当行为，此规定相当于给房地产企业明确责任，避免其事后推托。

（三）房地产广告中的禁止行为

①禁止未取得预售许可证发布预售广告；

②禁止广告中承诺售后包租、返本销售；

③禁止广告中有有关房地产项目名称、面积、价格、用途、位置、周边环境、配套设施等虚假信息。

（四）销售合同中的禁止行为

①禁止未按相关规定与购房者签订规范的商品房预（销）售合同。目前政府对于商品房买卖已明文规定使用标准化《商品房买卖合同》，签约过程相对公开、透明，容易出现问题的地方主要是部分开发商未与购房者进行网上签约，令购房者不能真实地了解合同的条款内容。政府应加大对于这方面违规的打击力度，这样有助于购房过程的透明化，保护购房者的利益。

②禁止房地产企业制定的销售合同格式或条款有免除自己责任、加重购房人责任或排除购房人合法权利的行为。政府加强监管将有效避免购房过程中有可能出现的损害购房者利益的行为，避免随之产生的纠纷。

第二节　房屋租赁

房屋租赁市场是房地产中介市场的重要组成部分，需要按照严格而规范的程序来完成，为消费者提供优质的服务。本章主要介绍房屋租赁的相关制度、房屋租赁的价格、房屋租赁的相关税费等基本知识。通过本章学习，房地产经纪人协理能够协助房地产经纪人完成房屋租赁的业务，也能够独立完成房屋租赁咨询业务。

一、房屋租赁概述

《城市房地产管理法》规定："房屋租赁，是指房屋所有权人作为出租人将其房屋出租给承租人使用，由承租人向出租人支付租金的行为。"

（一）房屋租赁的政策

租赁政策是指由各级人民政府制定的用于规范租赁行为的法律、法规和规范性文件。

为保证居民合法的住房利益不受影响，并使房屋管理尽快适应社会主义市场经济的客观规律，我国采取住宅用房与非住宅用房区别对待、分别管理的做法。对于住宅用房的租赁，《城市房地产管理法》规定："住宅用房的租赁，应当执行国家和房屋所在地城市人民政府规定的租赁政策。"之所以这样规定,是考虑了各地经济发展水平的不平衡和住房标准的差异,防止政策一刀切,以及由此带来的新的不平衡。对于租用房屋从事生产、经营活动的,《城市房地产管理法》规定:"租用房屋从事生产、经营活动的,由租赁双方协商议定租金和其他租赁条款。"在社会主义市场经济条件下,对于租用房屋从事生产、经营活动的,在不违背政策法律的前提下,可以由租赁双方根据平等、自愿的原则协商议定租金和其他租赁条款,而不应当由政府规定统一的租金标准,要靠市场来进行调节和制约。

房屋租赁政策在一些单行法规及地方性法规中有许多规定,在不与《城市房地产管理法》相抵触及新的法规尚未出台之时,这些政策仍将成为房屋租赁的重要依据,主要有:

①承租人在租赁期内死亡,租赁房屋的共有居住人要求维持原租赁关系的,出租人应当继续履行原租赁合同;

②共有房屋出租时,在同等条件下,其他共有人有优先承租权;

③租赁期限内,房屋所有权人转让房屋所有权,原租赁协议继续履行;

④租赁期限内,房屋所有权人转让房屋所有权,承租人有优先购买权。

(二) 房屋租赁的条件

公民、法人或其他组织对享有所有权的房屋和国家授权管理和经营的房屋可以依法出租,但有下列情形之一的房屋不得出租:

①未依法取得《房屋所有权证》的;

②司法机关和行政机关依法裁定、决定查封或者以其他形式限制房地产权利的;

③共有房屋未取得共有人同意的;

④权属有争议的;

⑤属于违法建筑的;

⑥不符合安全标准的;

⑦抵押,未经抵押权人同意的;

⑧不符合公安、环保、卫生等主管部门有关规定的;

⑨有关法律、法规规定禁止出租的其他情形。

(三) 房屋租赁合同的订立、变更、转让和终止

1. 房屋租赁合同的概念及内容

租赁合同是出租人与承租人签订的,用于明确租赁双方权利义务关系的协议。租赁是

一种民事法律关系，在租赁关系中出租人与承租人应当对双方的权利与义务做出明确规定，并且以文字形式形成书面记录，成为出租人与承租人双方共同遵守的准则。

《商品房屋租赁管理办法》规定租赁合同应包括以下内容：

①房屋租赁当事人姓名或者名称及住所；

②房屋的坐落、面积、结构、附属设施、家具和家电等室内设施状况；

③租赁用途和房屋使用要求；

④租赁期限；

⑤租金和押金数额及交付方式；

⑥房屋维修责任；

⑦房屋和室内设施的安全性能；

⑧物业服务、水、电、燃气等相关费用的缴纳；

⑨违约责任，争议协商解决办法和其他约定。

2. 租赁期限

我国合同法规定，租赁期限不得超过 20 年，超过 20 年的，超过部分无效。出租人应当按照租赁合同约定的期限将房屋交给承租人使用，并保证租赁合同期内承租人的正常使用。出租人在租赁合同届满前需收回房屋的，应当事先征得承租人的同意，并赔偿承租人的损失；收回住宅用房的，应做好承租人的住房安置。

3. 租赁用途

租赁用途是指房屋租赁合同中规定的出租房屋的使用性质。承租人应当按照租赁合同规定的使用性质使用房屋，不得变更使用用途，确需变动的，应征得出租人的同意，并重新签订租赁合同；承租人与第三者互换房屋时，应当事先征得出租人的同意，出租人应当支持承租人的合理要求，换房后，原租赁合同即行终止，新的承租人应与出租人另行签订租赁合同。

4. 租金及交付方式

租赁合同应当明确规定约定租金标准及支付方式，同时租金标准必须符合有关法律法规的规定。出租人收取房租外，不得收取其他费用。承租人应当按照合同约定交纳租金，不得拒交或拖欠，承租人如果拖欠租金，出租人有权收取滞纳金。

5. 房屋维修责任

出租住宅用房的自然损坏或合同约定由出租人维修的，由出租人负责维修。不及时修复致使房屋发生破坏性事故，造成承租人财产损失的或者人身伤害的，应当由出租人承担赔偿责任。租用房屋从事生产经营活动的，维修责任由双方当事人在租赁合同中约定。房屋维修责任人对房屋及其设备应当及时、认真地检查、维修，保证房屋的使用安全。房屋维修责任人对形成租赁关系的房屋确实无力维修的，可以与另一方当事人合修，责任人因此付出的维修费用可以折抵租金或由出租人分期偿还。

6. 租赁合同的终止

租赁合同一经签订，租赁双方必须严格遵守。合法租赁合同的终止一般有两种情况：一是合同的自然终止，二是人为终止。

（1）自然终止

自然终止主要包括：

①租赁合同到期，合同自行终止。承租人需继续租用的，应在租赁期限届满前3个月提出，并经出租人同意，重新签订租赁协议。

②符合法律规定或合同约定可以解除合同条款的。

③因不可抗力致使合同不能继续履行的。

由于上述原因终止租赁合同，使一方当事人遭受损失的，除依法可以免责的外，应当由责任方负责赔偿。

（2）人为终止

人为终止主要是指租赁双方人为因素而使租赁合同终止，一般包括无效合同的终止和由于租赁双方在租赁过程中的人为因素而使合同终止。对于无效合同的终止，《合同法》中有明确规定。由于租赁双方的原因而使合同终止的情形主要有：

①将承租的房屋擅自转租的；

②将承租的房屋擅自转让、转借他人或私自调换使用的；

③将承租的房屋擅自拆改结构或改变承租房屋用途的；

④无正当理由，拖欠房租6个月以上的；

⑤承租人利用承租的房屋从事非法活动的；

⑥公有住宅用房无正当理由闲置6个月以上的；

⑦故意损坏房屋的；

⑧法律法规规定的其他可以收回的。

发生上述行为，出租人除终止租赁合同、收回房屋外，还可以索赔由此造成的损失。

（四）房屋租赁合同登记备案

房屋租赁合同登记备案是《城市房地产管理法》规定的一项重要内容。实行房屋租赁合同登记备案一方面可以较好地防止非法出租房屋，减少纠纷，促进社会稳定；另一方面也可以防止国家税收流失。

签订、变更、终止租赁合同的，房屋租赁当事人应当在租赁合同签订后 30 日内，持有关证明到直辖市、市、县人民政府房地产管理部门办理登记手续。应当提交的证明文件包括：

①房屋租赁合同；

②房屋租赁当事人身份证明；

③《房屋所有权证书》或其他合法权属证明；

④直辖市、市、县人民政府建设（房地产）主管部门规定的其他材料。

（五）房屋转租

房屋转租，是指房屋承租人将承租的房屋再出租的行为。《商品房屋租赁管理办法》规定："承租人经出租人同意，可以依法将承租的房屋转租。出租人可以从转租中获得收益。"房屋转租，应当订立转租合同。转租合同除符合房屋租赁合同的有关规定外，还必须由出租人在合同上签署同意意见，或同意转租的书面证明。转租合同也必须按照有关部门规定办理登记备案手续。转租合同的日期不得超过原租赁合同的终止日期，但出租人与转租人双方协商一致的除外。转租期间，原租赁合同变更、解除或终止，转租合同也随之变更、解除或者终止。

二、房屋租赁价格

（一）影响房屋租赁价格的主要因素

1. 城市宏观经济环境

城市宏观经济环境是指城市的总体经济环境，如该城市的国民生产总值、国民收入、国民经济增长率等反映国民经济状况的指标；当地的消费总额、消费结构、居民收入、存款余额、物价指数等描述社会消费水平和消费能力的指标；该城市进出口增长情况、外资企业新增加数量等反映高档物业需求的指标以及当地的经济政策、财政政策、消费政策、金融政策等产业政策方面的情况等。

城市宏观经济环境情况的好坏，首先，直接决定着是否有足够的、具有一定支付能力的租户来租赁该城市的物业，包括商业物业、办公物业以及高档公寓物业、中低档居住物业等。其次，宏观经济环境的状况也是房屋租金水平高低的决定者。宏观经济形势看涨，各行各业发展迅速，市场对出租的房屋需求旺盛，必然会促使房屋租金提高；反之，房屋租金就会走低。最后，宏观经济环境的状况还是房屋租赁期限长短的重要影响因素。如果宏观经济形势看好，租户就希望通过签订一个长期不变的合同来获取某些利益，而房屋出租者则希望尽量签订短期租赁合同或增加提高租金的条款等。

2. 房屋买卖市场情况

房屋买卖市场情况包括两个方面。第一，房屋买卖市场供给情况，如待建、新建与存量待售、已售房屋的名称、地区、数量、类型、档次、配套设施、价格、物业管理单位、成交条件（预付款、贷款额和利率、偿还约束、其他附加条款等）、出售时的房龄和状况以及开发单位和调查日期等项目。第二，房屋买卖市场需求情况，包括客户资料和需求状况。就客户资料来说，主要包括客户的单位名称、职业或从事的行业、地区、收入水平、购买用途、购买心理特征、对承租房屋的看法以及对出售物业的品质、价格、地区、配套等方面的需求；市场需求状况，主要是指客户对出售房屋需求的旺盛程度以及是否需大于求等。

房屋出租市场与房屋买卖市场是密切联系在一起的。房屋买卖市场产品质量好、位置优、配套全、价格低，则必然会吸引大量消费者去购买，而租赁市场就会因此而减少一些承租客户；反之，如果房屋买卖市场没有真正适合消费者需要的房屋产品，比如价格太高、配套不全、位置欠佳等，则消费者就会转而到房屋出租市场去承租自己满意的房屋等。所以，在分析和预测房屋出租市场时，一定要注意分析房屋买卖市场，并努力把两者结合起来，这样才有可能准确地把握房屋出租市场的现况与未来发展趋势。

3. 房屋租赁政策法规环境

房屋租赁政策法规包括直接规范房屋租赁管理的政策法规规定，如《城市房地产管理法》《城市房屋租赁管理办法》，以及间接影响房屋租赁的相关政策法规规定，如《城市公有房屋管理规定》、《城市私有房屋管理条例》及《个人住房贷款管理办法》等。

房屋租赁政策法规是决定或影响城市居民或城市单位是否租赁房屋、租赁什么类型的房屋、租赁多大规模房屋以及租赁期限的主要因素。比如，若规定国有单位不能租赁私有房屋办公，则这些单位就不会租赁私有房屋等。另外，房屋拆迁管理办法也间接影响房屋租赁市场情况，如规定的拆迁补偿费标准比较低，而房屋出售市场的售价比较高，则被拆迁的住户就很有可能短期或长期租赁房屋居住而不是直接到出售市场购买住房等。

4. 商业环境

商业环境是指商业项目所在区域范围内的商业项目数量多少、整体商业发展水平及档次等众多因素相互作用下形成的某区域的商业条件的总称。显而易见，其具有一定的地缘性特征。

5. 交通条件

在古代中国，贯穿欧亚大陆的丝绸之路借由交通的繁荣带来了过往的人流和货物，并进而聚集形成最早的城市。历史的车轮前进到近代，便利的交通依然是商业兴盛的必要条件之一，在现代城市发展中，以交通最优原则布局的商业中心起初大多兴建于城市环路沿线或市区边缘高速公路旁，并且伴随着城市的发展渐渐向城市中心扩散。

在众多交通出行方式中，轨道交通无疑是对商业项目影响最为深刻的方式之一。进入21世纪以来，城市的轨道交通快速发展，为商业地产的发展提供了更加广阔的天空。在近代交通体系中，地铁的职能已不仅仅局限在发挥运输职能，承担缓解城市交通压力层面上，而是朝向更为广阔、更为深远的方向发展。首先，地铁提升了居住环境的质量，使得城市居民的生活和工作范围进一步扩大化；其次，轨道交通的繁荣促进了商业的发展，地铁沿线周边的新兴商圈"地铁经济"应运而生。

伴随着轨道交通的发展，与新兴商圈共同繁荣起来的还有一类紧临地铁并能由地铁直接进入项目的商业体，通常被业内称为"地铁上盖"商业。此类商业项目的最大优势是地铁能够为商业地产带来充足的人流量。

交通因素对于商业项目租金的影响作用是广阔而深远的，便捷的交通条件为商业地产获得较高水平的租金提供了足够的保障。

（二）房屋租赁价格

租赁价格通常称为租金，有时称为租价。在土地或以土地为主的情况下，一般称为地租；在土地与建筑物合在一起的情况下，习惯上称为房屋租赁价格，简称房租，是房屋所有权人或土地所有权人作为出租人将其房地产出租给承租人使用，由承租人向出租人支付或出租人向承租人收取的货币或实物、无形资产或其他经济利益。

房屋租金可以分为成本租金、商品租金、市场租金。成本租金由折旧费、维修费、管理费、投资利息和税金5项组成；商品租金在成本租金基础上再加上保险费、地租和利润共8项因素构成；市场租金是在商品租金的基础上，根据供求关系而形成的。

1. 折旧费

从房屋价值形态而言，就是按房屋的耐用年限计算逐渐收回建房的投资。因为房屋的长期使用，由于自然耗损和人为耗损等原因会使房屋的价值逐渐减少，而承租人依约对房屋行使占有使用权，必然应给予价值的补偿。

2. 维修费

维修费是房屋租金必需的组成部分，只有这样，才能延长和维持房屋的使用价值。维修费又包括房屋的经常维修和正常大修所需要的费用。

3. 管理费

管理费就其性质来说，是房屋流通过程中的一种费用，包括对出租房屋进行必要的经营管理费用，为住户服务的工作人员的工资及其办公业务开支等费用。

4. 税金

税金是房屋经营管理部门向社会提供积累的方式和义务。城市房地产管理部门出租的公房，大部分以租征税，即按租金收入的一定比例计征。

5. 保险费

保险费是房屋所有者为了使自己的房产免受意外损失，而向房屋承保单位支付的费用，这也是为了保证承租人更好地使用房屋，因而作为房租的构成因素。

6. 利息

利息是指建造和经营管理投资的利息。

7. 利润

房租中的利润部分，大体相当于社会上的平均利润水平，这有利于加强企业的经济核算，改进经营管理，提高经济效益。

8. 地租

地租是土地使用者向土地所有者提供的土地使用报酬。这是实行土地有偿使用制度、土地所有权和使用权分离的必然结果。

实际中的房租还可能包含着上述真正的房租构成因素之外的费用，例如可能包含家具电器使用费、供暖费、物业服务费，有的甚至包含水费、电费、燃气费、电话费等；也可能未包含上述真正的房租构成因素费用，例如出租人与承租人约定房屋维修费、管理费、保险费等由承租人负担。

房租有的按使用面积计算，有的按建筑面积计算，有的按套或幢计算。住宅一般按套或使用面积计算房租，非住宅一般按建筑面积计算房租。

房租也有日租金、月租金、年租金，也可以分为定额租金、定率租金（也称为分成租金、百分比租金，零售商业用房通常采用）等。

第三节 房地产抵押

一、房地产抵押价值评估

低信用贷款业务为其带来的风险，更倾向于接受贷款人通过抵押不动产获得相应的贷款金额。由于房地产具有不可移动性和保值增值等自然属性以及经济属性，成为最常见的贷款抵押物品。对房地产的抵押价值进行合理评估成为银行房地产抵押贷款的一个重要环节。目前，我国房地产抵押价值评估的常见方法有市场法、收益法、成本法及剩余法。

（一）市场法

市场法是房地产抵押价值评估的常见方法。该方法依据替代原理，利用市场上公开的同样或类似房地产的近期交易价格，通过直接比较或类比分析的方法估测房地产的抵押价值。市场法应用的前提条件有两个，一是被评估房地产处于公开活跃的市场；二是公开市场上有可比的房地产及其交易活动。利用市场法评估房地产通常要经过如下的程序。①收集市场资料。在公开活跃的市场上选取与被评估房地产相同或类似的可比交易案例，且案例数量不少于3个，排除个别交易的偶然性因素对评估结果的影响。②选取对房地产抵押价值影响较大的因素作为对比指标，指标的选取主要集中在交易情况、评估基准日、区域因素和个别因素这4个方面。③将可比案例与被评估房地产指标间的差异进行数值化的处理。④在各个可比案例成交价格上调整已经量化的对比指标差异，最终得出房地产的抵押价值。

由于市场法选取的房地产交易案例是真实存在的且成交价格已经经过了市场的检验，在一定程度上避免了评估人员在评估过程中对评估结论造成影响，更容易被评估报告的使用者所接受。市场法更适用于评估普通商品住宅等交易比较频繁的房地产，但是由于市场法评估的是房地产的公开市场价值，而评估目的是评估房地产的抵押价值，因此如何对房地产市场价值进行调整，得出房地产的抵押价值，还需要进一步探索。

（二）收益法

收益法是指通过估测房地产未来预期收益的现值判断其抵押价值的方法，它服从资产评估中将利求本的思路。收益法在实际运用过程中必须具备3个条件：一是评估人员可以预测被评估房地产的预期收益，且可以用货币计量；二是评估人员可以预测房地产所有者获得预期收益所需承担的风险，并可以用货币计量；三是被评估房地产的预期获利年限可以预测。利用收益法进行房地产抵押价值评估要经过以下程序。①收集大量真实有效的市场数据和风险数据。②分析并测算房地产在预测收益期内所能获得的未来预期收益。③确定折现率。折现率为被评估房地产的预期回报率，房地产评估人员应对抵押房地产预期回报率中的特有风险进行详细判定。④用折现率将被评估房地产未来预期收益折算成现值。⑤得出最终的评估结果。

收益法更注重房地产的实用价值，一般不用来评估公益性房地产，更适用于评估可以获得预期收益的商业地产的抵押价值。例如写字楼可以用每年的租金作为预期收益；酒店可以用每年的净利润作为预期收益，这样得出的评估结果更为合理。房地产评估人员要对未来可能发生的各种状况以及风险有一个相对合理的预期。采用收益法所涉及的许多经济技术参数，在一定情况下难以获得，例如折现率需要使用大量的统计分析模型，这就要求房地产的估价人员要有丰富的经验与较高的知识水平。目前，没有实际收益且不存在潜在收益的房地产不能采取这种方法进行评估。

（三）成本法

成本法是指首先估测被评估房地产的重置成本，然后估测被评估房地产已经存在的各项贬损因素，并将其从重置成本中扣除而得到被评估房地产抵押价值的一种方法。成本法必须具备3个条件：一是房地产处于继续使用状态或假定处于继续使用状态；二是应当具备可以利用的施工建设、竣工验收资料；三是形成房地产价值的耗费，这一部分需要房地产评估人员进行判定并把非正常耗费从房地产价值中剥离。利用成本法进行房地产评估需要经过以下程序。①收集房地产评估可利用的施工资料。②根据所收集的资料计算重置成本以及分析各项贬值因素。③根据以上数据得出房地产的评估价值。房地产的重新构建价格可细分为重置价格和重建价格，一般房地产适用于重置价格，但如果难以获得被评估房地产的历史资料，就采用重建价格。

成本法更像是其他评估方法的补充，评估人员在进行房地产估价时一般首先选择收益法和市场法，只有在收益法基本参数难以确定、市场法需要的评估实例难以获得的情况下，才会选择使用成本法。成本法适用于一些建设完工不久或仍处于建设阶段的房地产抵押价值评估。成本法估价比较费时费力，且不会考虑房地产所产生的未来收益，因此只采用成本法的评估结论作为参考的情况相对较少。

（四）剩余法

除了市场法、收益法、成本法之外，剩余法在房地产估价中也比较常见。剩余法是指在评估具有开发潜力的土地价值时，通过估计将其开发成房地产可以实现的预期收益，扣除为建造和销售该房地产所花费的必要成本费用，例如建筑成本、利息、税收、销售费用以及除合理利润后的剩余价值，以此作为被估土地价格的方法。剩余法主要适用于以下几种情况。一是在生地或熟地上建造建筑物然后出售或出租；二是未开发的生地经"三通三平"或"七通一平"变为熟地；三是对原有旧建筑物拆迁，重新进行土地开发。使用剩余法评估房地产抵押价值有以下步骤。①设计土地最佳利用方式。②预测开发完成后的楼价。③估算开发费用。④估算正常投资利润。⑤利用公式计算地价。剩余法主要是对土地等具有开发潜力的房地产进行评估，其应用难度相当大。使用这种方法对房地产进行评估除了要求评估人员对假设开发法应用比较熟练之外，还需要有一个良好的房地产环境。但是，当前我国的房地产法律法规不够完善，房地产业相关政策的变动也比较大，不确定性因素很多。房地产评估行业发展时间较短，房地产开发方面缺乏权威的税费清单和成本目录。虽然目前的评估工作在大数据的背景下开展，但是其中的信息良莠不齐，可以参考的数据少之又少。另外，由于我国缺少统一的产权登记体系，对土地产权的界定也存在一系列困难，因此在实际操作中，银行很少愿意办理土地抵押贷款业务。

二、房地产抵押价值评估面临的问题

（一）评估中产权关系不明晰

房地产抵押价值评估并不是对房地产实物本身的抵押价值进行评估，而是对其权利的抵押价值进行评估。在房地产抵押价值评估过程中，评估人员首先要对房地产的各项产权关系进行确认和了解。但由于我国目前并没有统一的房地产产权登记体系，产权的登记机构较分散，登记模式多样化，这就给房地产产权关系的梳理工作增添了困扰，影响了评估结果的准确性和客观性。一部分人利用产权关系漏洞获取高额的贷款，从而增加了银行房地产抵押业务的风险。

（二）估价人员的素质有待提高

我国的房地产评估行业属于朝阳行业，由于国有体制改革，该行业顺应时代的潮流，在短短的十几年内发展壮大，且近几年发展势头迅猛。房地产评估需要大量精通财务理论与房地产知识的综合型人才，这样所得到的评估结果才具参考价值。目前大多数从业人员的业务素质不高，尚不能达到行业对估价人员各项素质的要求，人员的专业知识不足和缺乏评估经验，使其提供的评估结果有待核实。

（三）评估制度不健全

我国的房地产评估行业仅发展了十几年，随着经济市场化，房地产抵押价值评估所面临的问题和出现的漏洞也日益明显。房地产抵押价值的评估费用一般由贷款人承担，这就导致贷款人为了获得更高的贷款额度，往往通过贿赂等手段让房地产估价机构和相关评估人员更改评估结论，降低了评估报告的真实性、有效性以及可参考性。另外，银行出于节约成本、提高效率的考虑，往往指定几家评估机构承接房地产抵押价值评估业务，但不会有效管理和监督这些评估机构，这些行为都干扰了市场经济以及房地产抵押贷款业务的有序进行。

三、解决方法

（一）建立统一的产权登记体系

我国的政府房地产登记部门比较分散，管理分工不明确，存在很多漏洞，给许多不法分子提供了可乘之机，多次出现重复抵押等现象，不仅损害了贷款人的利益，也对政府的公信力产生了影响。建立相对完整、统一的产权登记体系不仅可以降低银行房地产抵押贷款业务的风险，也有利于我国房地产行业的平稳发展。我国产权登记的相关规定主要集中在地方性法规和部门规章中，没有统一、完整的房地产产权登记法律规范，严重制约着我国房地产行业的发展，我国应加快产权登记立法的进度和步伐。

（二）提高估价人员的整体素质

房地产估价行业面临着前所未有的机遇与挑战，房地产评估人员要有丰富的评估经验以及较高的执业水平，因此房地产评估机构应加强对本机构人员的培训。首先，房地产估价人员应清楚地了解房地产的基础理论知识，掌握工程造价的相关原理。其次，从事房地产抵押价值评估的人员应清楚地知道银行抵押贷款的章程，便于评估人员提供有效的评估报告。再次，加强对评估人员法律法规知识的培训，使评估人员知法懂法，不会为了蝇头小利而违背评估原则，避免评估人员做出违反职业道德的事情。

(三) 完善制度和法规

为了加强对房地产评估行业的管理，我国形成公平竞争的房地产估价市场，发布了一系列法规，制定了一系列标准，在很大程度上维护了房地产评估行业的秩序。

但是关于房地产估价方面的法律法规仍存在大量空白。我国政府应加快完善房地产评估法律法规的进程，使房地产评估行业中的违法行为得到处罚和整治。行业管理部门应加大对房地产行业的监督和检查力度，针对房地产评估管控薄弱的地方设立相关的监督机制，保障各项法律法规有效实施。这样不仅可以保证房地产评估报告的有效性和可参考性，也保证了市场经济的公平与透明。

四、房地产抵押贷款的风险及防范

(一) 房地产抵押贷款的风险分析

房地产抵押贷款的风险形成的原因是多样的，主要包括以下几个方面：

1. 借款人的违约风险

贷款人的违约有两种形式：第一种是借款人在购买房产后，因实际支付能力下降或因突发事件的发生，无法继续正常向贷款人按照规定还本付息而产生的信用风险。第二种是指借款人在具备还款能力的前提下认为放弃继续还款能带来更大的收益从而放弃还贷的行为。这两种形式都会形成借款人的违约从而引起房地产抵押贷款的风险。

2. 经济周期性波动带来的风险

经济周期与房地产价格之间存在着显著的关系，而房地产价格又是房地产抵押贷款中的重要因素，因此经济的周期性波动与房地产抵押贷款风险是密切相关的。在经济扩张阶段，居民收入水平增加，借款人风险水平下降，同时房地产价格不断上升，房地产市场交易活跃，所以现实的抵押风险也在降低。在衰退阶段，一方面由于房地产需求的减少和价格的下跌，股市、房地产市场及其他市场均下跌，活跃度水平下降，金融机构通过处置抵押房地产收回贷款本息的可能性减小，即抵押物风险处于上升的态势；另一方面，居民收入水平下降，被迫违约风险和恶意违约风险越来越大。

3. 法律风险

法律风险主要出现在贷前审查和贷后管理阶段。在贷前审查阶段，主要是存在贷款申请人资格和抵押物权属以及品质问题引发的风险。一般情况下，银行不能接受无行为或限制行为能力人所提供的抵押物做贷款的抵押，但是由于法律条文的不清晰以及模糊的界定，导致一些贷款人钻了法律的空子，从而引发后期法律风险。在贷后管理阶段，主要是存在贷款合同和抵押物转让行为风险问题，如合同登记和履行期间出现的不合法或双方纠纷问题，或抵押人在合同履行期间转让抵押物，而没有经过双方协商或出现纠纷问题，都会引发银行的法律风险。

4. 银行管理风险

银行管理风险主要是存在流动性风险和操作风险。商业银行的资金来源主要是企业存款和居民储蓄存款，属于短期资金，然而房地产抵押贷款都是长期贷款，期限长，回收慢，资金的来源和应用在时间上明显不匹配，出现了"短存长贷"的现象，致使商业银行持有的抵押贷款债权不能及时足额变现而遭受利益损失，这是银行无法避免的风险。操作风险是指由于内部程序、人员和系统的不完备或失效，或由于外部事件造成损失的风险。主要包括：银行缺乏完备的房地产抵押贷款管理制度造成的风险；信贷人员或银行领导贷款审批失误造成的风险；个别人员违规操作、徇私舞弊造成的贷款风险等。

（二）抑制中国房地产抵押贷款风险的建议

1. 完善房地产抵押贷款的相关法规

完善房地产抵押贷款的相关法规，降低相关的法律风险，增强整个金融体系的经济体系抵御风险的能力，保障房地产抵押贷款业务顺利进行。

各地区可根据自己所在地区现状和特征，制定且健全有关房地产抵押贷款的具体规定，既保障办理抵押贷款时抵押双方的合法权益，又可以使银行在处分抵押物时有法可依、有章可循。

2. 金融机构要加强内部管理，规范操作程序

金融机构要做好内部的风险防范和管理工作，完善房地产抵押贷款审查和管理制度，加强对借款人、抵押物、内部人员的管理。金融机构可采取动态化的灵活的管理规则，允许银行实行多种风险评价方法，根据自身业务的复杂程度和管理水平等选择使用，提高银行的管理水平。同时加强对借款人、抵押物和银行内部人员的管理，严格实行规范的贷款准入制度，规范房地产抵押贷款的业务操作程序，严格实行内审控制制度。

3. 组建担保机制，完善担保体系

政府可引导组建政策性房地产抵押贷款担保机构，完善担保体系。一方面可为广大中低收入者申请高比例的住房抵押贷款提供担保，保障其基本的居住需求；另一方面还可以

根据房地产市场发展的客观需求，鼓励、支持、引导金融机构发展房地产抵押贷款业务，也为金融机构提供政策保障。

4. 进一步加强与保险业的合作

在房地产抵押贷款中，银行在处理抵押物时有无法弥补损失的风险，加强与保险业的合作可以使银行降低因各种灾害造成的财产损失。保险作为一种社会责任和社会保障的措施，可以使个人或机构得以用小额确定的成本来弥补大额损失。银行在开展房地产抵押贷款业务时加强与保险业的合作，既有利于保险业的发展，也可为房地产金融业务分担风险。而且由保险费所形成的保险资金数量大、来源稳、使用周期长，完全可以部分承担抵押贷款中的风险损失。

第四节　房地产登记

一、房地产登记的概念

房地产登记制度是现代物权法中的一项重要制度。房地产登记是指，经申请人申请，房地产登记机构将申请人的房地产权利和其他应当记载的事项在房地产登记簿上予以记载的行为，是将房地产权利现状、权利变动情况以及其他相关事项记载于房地产登记簿上予以公示的行为，是不动产物权的公示方式，也是不动产物权依法获得承认和保护的依据。

在我国现行行政管理体制中，土地管理部门和房屋管理部门在大部分地区是分设的，因此土地登记和房屋登记分别在土地管理部门和房屋管理部门进行，房地产登记也就分为土地登记和房屋登记。

房屋登记是指房屋登记机构依法将房屋权利和其他应当记载的事项在房屋登记簿上予以记载的行为。房屋的范畴包括国有土地上的房屋、集体土地上的房屋，以及具有独立利用价值的特定空间、码头、油库等其他建筑物、构筑物。

土地登记是指将国有土地使用权、集体土地所有权、集体土地使用权和土地抵押权、地役权以及依照法律法规规定需要登记的其他土地权利记载于土地登记簿并予以公示的行为。

二、房地产登记的意义

房地产登记是公示房地产物权的变动情况，保障房地产交易安全的一项基础性法律制度，具有十分重要的意义。

①保护房地产权利人的合法权益，这是房地产登记的根本目的和出发点。

②维护交易安全，减少交易成本。房地产登记信息的可信赖性和公开查询，使得交易相关人可以判断是否可以交易，为交易当事人提供了较大的便利，也为交易的安全性提供了保证。

③为城市建设和房地产管理服务。房地产登记能全面、准确地提供一个城市或一个地区的土地以及房屋的自然状况和权利状况，为房地产管理提供基础性工作，为旧城改造、新区建设等提供科学依据。

三、房地产登记的基本要求

①房地产登记实行属地化管理，即房地产登记由房地产所在地的房屋登记机构办理。

②房地产登记应当遵循房屋所有权和其占用范围内的土地使用权权利主体一致的原则。

③房屋应当按照基本单元进行登记；土地登记以宗地为单位，宗地是指土地权属界线封闭的地块或者空间。

基本单元是指有固定界限，可以独立使用并且有明确、唯一编号的房屋或特定空间。

国有土地范围内成套住宅，以套为基本单元；非成套住宅以房屋的幢、层、间等有固定界限的部分为基本单元。集体土地范围内村民住房，以宅基地上独立建筑为基本单元；在共有宅基地上建造的村民住房，以套、间等有固定界限的部分为基本单元。

非住宅以房屋的幢、层、套、间等有固定界限的部分为基本单元。对产权式商铺的权属登记尚无全国性具体规定，原则上分割出售首先需要经过有权批准的管理部门依法批准，同时要具备权属界限清楚、有独立使用功能、有固定界址点或隔离设施明确等要求。

④房地产登记以申请登记为原则。除法律、法规规定外，房地产登记依申请进行。

⑤房地产登记以查验申请资料并询问为主，必要时实地查看。

房地产登记机构应当查验申请登记材料，并根据不同情况询问申请人，询问结果应当经申请人签字确认。对房屋所有权初始登记、在建工程抵押权登记、因房屋灭失导致的房屋所有权注销登记以及其他法定情形，房地产登记机构应当实地查看。

⑥房屋登记机构应在规定时限内将申请登记事项记载于房屋登记簿或者做出不予登记的决定。

相关时限规定如下：国有土地范围内房屋所有权登记为 30 个工作日，集体土地范围内房屋所有权登记为 60 个工作日；抵押权、地役权登记为 10 个工作日；预告登记、更正登记为 10 个工作日；异议登记为 1 个工作日。由于特殊原因经批准后可以延长登记时限，但最长不得超过原时限的 1 倍。

国土资源行政主管部门应当自受理土地登记申请之日起 20 日内办理土地登记审查手续；特殊情况需要延长的，经国土资源行政主管部门负责人批准后可以延长 10 日。

公告时间不计入上述时限。

四、房地产登记的一般程序

房地产登记的一般程序是申请、受理、审核、记载于登记簿、发证。房屋登记机构认为必要时可以就登记事项进行公告，公告不是必经程序。

（一）申请

1. 申请人

申请人可以是自然人、法人或者其他组织。自然人应当具备完全民事行为能力，限制民事行为能力人以及无民事行为能力人由其监护人代为申请。申请人应当使用中文名称或者姓名申请房屋登记。申请人可以委托代理人申请房屋登记。委托代理的，代理人应当提交委托书和证明其身份的证明。

2. 申请材料

申请人申请房屋登记时，应当按照要求提交申请材料，并对提交的申请登记证明材料的真实性、有效性和合法性承担责任。

3. 申请的提交及撤回

申请人在房屋登记机构将申请登记事项记载于房屋登记簿之前可以撤回登记申请，撤回登记申请应以书面形式进行，有共同申请人的应由申请人共同申请。

（二）受理

房屋登记机构对申请人提交的申请登记材料齐全且符合法定形式的申请应当予以受理，并出具书面凭证。对手续不齐或权属来源不能表述清楚的申请不予受理，并告知申请人需要补正的内容。

（三）审核

房屋登记机构通过审核查阅登记簿、申请人提交的材料，核实房屋现状、权属来源，确认申请登记事项是否符合法定条件，是否属于法定不予登记的情况。

（四）记载于房屋登记簿

1. 予以登记的情形

对符合下列条件的，房屋登记机构应当予以登记并将申请登记事项记载于房屋登记簿：

①申请人与依法提交的材料记载的主体一致；

②申请初始登记的房屋与申请人提交的规划证明材料记载一致，申请其他登记的房屋与房屋登记簿记载一致；

③申请登记的内容与有关材料证明的事实一致；

④申请登记事项与房屋登记簿记载的房屋权利不冲突；

⑤不存在法定的不予登记的情形。

2. 不予登记的情形

房屋登记中有下列情形之一的，房屋登记机构应当不予登记：

①未依法取得规划许可、施工许可或者未按照规划许可的面积等内容建造的建筑申请登记的；

②申请人不能提供合法、有效的权利来源证明文件，或者申请登记的房屋权利与权利来源证明文件不一致的；

③申请登记事项与房屋登记簿记载冲突的；

④申请登记房屋不能特定或者不具有独立利用价值的；

⑤房屋已被依法征收、没收，原权利人申请登记的；

⑥房屋被依法查封期间，权利人申请登记的；

⑦法定的其他情形。

土地登记中有下列情形之一的，登记机构不予登记：

①土地权属有争议的；

②土地违法违规行为尚未处理或正在处理的；

③未依法足额缴纳土地有偿使用费和其他税费的；

④申请登记的土地权利超过规定期限的；

⑤其他依法不予登记的。

登记机构不予登记的，应书面告知申请人不予登记的原因。

（五）发证

审核并记载于房屋登记簿后，房屋登记机构根据房屋登记簿的记载，缮写后向权利人发放房屋权属证书或登记证明。

第四章 房地产经济学中的物业管理

第一节 物业管理概述

一、物业管理

物业管理起源于 19 世纪 60 年代的英国，20 世纪 80 年代初引入我国大陆的沿海地区。物业管理是在住房制度改革和房地产商品化过程中诞生的，它是围绕着物业的使用和业主的多种需求而产生的管理与服务行为。物业管理不同于房地产的开发和经营，也不同于家政服务，更有别于传统的房地产管理。

物业管理是个特殊的行业，它既不是单纯的服务，也不是单纯意义上的管理，它是集服务、管理、经营为一体的，联结不同行业，填补传统行业之间空白的行业，是现代经济社会人们工作方式的变化、生活质量的提高和需求多样化的产物。

物业管理是指业主通过选聘物业服务企业，由业主和物业服务企业按照物业服务合同约定，对房屋及配套的设备设施和相关场地进行维修、养护和管理，维护物业管理区域内的环境卫生和相关秩序的活动。

上述物业管理的概念可以从以下几个方面来理解。

①物业管理的管理对象是物业，即已建成并投入使用的房屋建筑物、配套的设备设施和相关场地。

②物业管理的服务对象是业主或物业使用人，即物业服务企业要以现代化的经营管理手段为业主服务，创造安全、方便、整洁、舒适、优美的居住环境和工作环境，使物业在增值、保值的同时，实现经济效益、社会效益和环境效益的协调统一和同步提升。

③物业管理是集管理、经营、服务于一体的综合性管理和服务。这些综合性的管理和服务是基于物业服务合同的签订而发生的，也就是说，物业服务企业接受业主委托并与之签订物业服务合同，按照物业服务合同的约定而为业主提供有偿服务。

④物业管理各方都必须依照物业服务合同的相关规定来履行各方的权利和义务，因此，在物业管理过程中，业主要按照物业服务合同约定按时缴纳物业服务费，而物业服务

企业则要合理收费，不得随意调整或变更物业服务费的数额。

二、物业管理的对象

物业管理的对象包括管理对象和服务对象两方面。

（一）物业管理的管理对象

包括硬件和软件两部分。硬件是指建筑物或构筑物实体、建筑用地及相关场地、机电设备系统、市政公用设施等一系列实体；软件是指生活环境、工作环境和服务功能等方面。物业管理的目标是不仅使各硬件系统运转正常，保证人们的正常生产和生活，还要创造优美、舒适的生活环境，使人们得到精神上的享受，提高生活和工作质量。

（二）物业管理的服务对象

是物业产权所有人和物业使用人。对于自己使用的房屋，物业产权所有人和物业使用人是一致的，物业管理面对的只是物业产权人，即业主。业主由于缺乏管理物业的经验和能力，也逐渐将自有物业委托给专门的物业服务企业进行管理，并且随着社会分工的日趋细化和生活节奏的进一步加快，这种趋势将越来越明显。

对于产权人将物业出租给使用人的情况，物业管理既要面对业主又要面对租户。物业管理受业主委托，以努力提高物业的价值和使用价值为目标，因此，物业服务企业主要是对业主负责。只有向租户提供令其满意的服务，才能搞好物业管理，才能真正为业主带来经济效益，因此，物业管理也要为承租户负责。

三、物业管理的特点

（一）社会化

物业管理的社会化主要是指它摆脱了传统体制下自建自筹的封闭式管理模式，开始实行集高度统一的管理、全方位多层次的服务、市场化经营化为一体的管理模式。而从传统走向新的管理模式主要是指两方面：一方面，物业的所有权人（业主）要到社会上选聘物业服务企业；另一方面，物业服务企业要到社会上寻找可以代管的物业。

物业管理将分散的社会分工汇集起来实行统一的管理，如房屋、水电、清洁、保安、绿化等。因此，实行物业管理犹如给业主找到了一个"总管家"，而对政府各职能部门来说犹如找到了一个"总代理"。所以，应该鼓励物业服务企业走向社会，承接管理其他房地产公司开发的物业；同时，也应允许不同地区的物业服务企业实行跨省市、跨地区接管各种类型的物业，充分发挥物业管理社会化的优越性，以取得较好的管理效果。

（二）专业化

物业管理的专业化是指由专门的物业服务企业通过物业委托合同，按照产权人和使用人的意志与要求，实施专业化的管理和服务工作。专业化具体包括以下内容。

①组织机构设置的专业化。物业服务企业要设有科学、合理的组织机构，能够满足对专业化的管理与服务的需要。

②管理人员的专业化。物业服务企业各个层次的管理人，都必须具备良好的专业知识和专业素养，能够胜任专业化的管理与服务工作。

③管理手段的专业化。物业服务企业要有专门的工具和设备，采用现代计算机等实施专业化管理与服务。

④管理技术和方法的专业化。物业服务企业要有科学、规范的管理制度和工作程序，有科学的管理理念及先进的维修养护技术和手段。

（三）企业化

物业服务企业是一种企业化的经营管理行为。按照社会主义市场经济体制的要求建立现代企业制度，实行权、责、利相结合的经营责任制，是自主经营、自负盈亏、自我发展、自我约束的独立的市场竞争主体和法人实体。

（四）市场化

物业服务企业向业主和使用人提供的服务是有偿服务，因此在物业管理过程中，业主和使用人需要向物业服务企业购买并消费这种服务，这也是一种典型的市场交换行为。物业服务企业只有面向物业管理市场，积极参与物业市场竞争，实行有偿服务、合理收费、以收抵支，才能减轻政府或单位的压力与负担，走上以业养业、自我发展的道路，最终实现企业自身的良性循环。

四、物业管理的宗旨和作用

（一）物业管理的宗旨

物业管理是为业主和使用人提供全方位、立体式的综合性管理和服务的，其宗旨概括性地讲就是"管理物业，服务业主"。通过物业管理使物业保持良好的运行状态，有效延长物业使用年限，完善物业使用功能，促进物业的保值、增值；同时，通过物业管理服务，为广大业主和非业主使用人营造一个能满足其偏好的，安全、舒适、文明、和谐的生活和工作环境。

（二）物业管理的作用

物业管理是顺应房地产的发展而发展起来的，通过多年的实践，物业管理活动在维护物业功能，为业主提供舒适、安全的服务等方面发挥着重要作用。

1. 对业主而言

物业建成后，会受到自然环境和人为因素的影响而造成不同程度的损坏。推行社会化、专业化的物业管理，确保物业在整个使用周期内功能的正常发挥，延长物业的使用寿命，充分发挥物业使用价值，才能进一步改善业主和使用人的生活和工作环境。

2. 对房地产开发企业而言

物业管理有利于房地产的开发、销售和租赁业务的发展，它是房地产开发、建设、销售、租赁的延伸。鉴于房地产（物业）的固定性、使用期长的特点，业主和使用人在选购和租赁物业时，必然会关注该物业的管理水平，因此，良好的物业管理，将可以推动房地产的销售和租赁业务的发展。

3. 对社会而言

首先，对物业的管理是社会稳定和人民生活素质提高的重要前提和保证，也是社会公德建设的一个重要内容。高质量的物业管理不仅是单纯的技术性保养和事务性管理，而且还要在此基础上为业主创造一种从物质到精神，既有现代城市风貌，又具有个性特色的工作和生活环境，形成一个以物业为中心的"微型社会"；既能充分发挥物业的功能，又能充分保障业主的合法权益的同时，增加业主的睦邻意识，创造相互尊重、和睦共处的群居关系，减少社会矛盾，促进社会和谐。

其次，物业管理有利于提高城市化、社会化和现代化水平。物业管理将分散的社会分工汇集起来，统一进行清洁卫生、治安保卫、园林绿化、水电保障和设备设施维修等工作，每个业主或物业使用人只需面对一家物业服务企业，就能将有关物业和服务的事情办妥，同时，也培养了业主和使用人的社会意识，促进了城市管理的社会化、专业化和现代化，提高了城市管理的水平。

最后，物业管理可以拓宽劳动就业领域，增加就业机会。物业管理作为劳动密集型的服务行业，涉及的范围很广，设备设施维修、治安保障、保洁绿化等都需要大量劳动力，极大地增加了社会就业机会。可见，物业管理大大发展了第三产业，为解决城乡剩余劳动力问题提供了重要的帮助。

第二节　业主与业主大会

一、业主的权利和义务

（一）业主、物业使用人及其区别

1. 业主和物业使用人

《条例》第六条规定，房屋的所有权人为业主。业主也包括与房屋相配套的设备、设施和相关场地的所有权人。

物业使用人是与业主相关的一个概念，主要指物业承租人等物业的实际使用人。

2. 业主与物业使用人的区别

物业的使用人不是业主，物业的使用人是指物业承租人和实际使用物业的其他人。业主是物业的所有权人，对物业享有占有、使用、收益和处分的全部权利；而使用人对物业只享有占有、使用或者一定条件下的收益权，没有处分的权利。

（二）业主的权利和义务

1. 业主的权利

业主的权利是法律所赋予的保护自身合法利益的必要武器，在物业管理活动中，主要包括以下几个方面：

①按照物业服务合同的约定，接受物业服务企业提供的服务；

②提议召开业主大会会议，并就物业管理的有关事项提出建议；

③提出制定和修改管理规约、业主大会议事规则的建议；

④参加业主大会会议，行使投票权；

⑤选举业主委员会成员，并享有被选举权；

⑥监督业主委员会的工作；

⑦监督物业服务企业履行物业服务合同；

⑧对物业共用部位、共用设施设备和相关场地使用情况享有知情权和监督权；

⑨监督物业共用部位、共用设施设备专项维修资金（以下简称专项维修资金）的管理和使用；

⑩法律、法规规定的其他权利。

2. 业主的义务

根据《条例》第七条规定，业主在物业管理活动中，应当履行下列义务：

①遵守管理规约、业主大会议事规则；

②遵守物业管理区域内物业共用部位和共用设施设备的使用、公共秩序和环境卫生的维护等方面的规章制度；

③执行业主大会的决定和业主大会授权业主委员会做出的决定；

④按照国家有关规定交纳专项维修资金；

⑤按时交纳物业服务费用；

⑥法律、法规规定的其他义务。

（三）业主的违法责任及物业使用人的权利、义务

1. 业主以业主大会或者业主委员会的名义，从事违法活动的责任

《条例》第六十六条规定：业主以业主大会或者业主委员会的名义，从事违反法律、法规的活动，构成犯罪的，依法追究刑事责任；尚不构成犯罪的，依法给予治安管理处罚。

可以从以下几个方面加以理解：

（1）触犯刑法

业主的违法行为性质严重，触犯了刑法的，应当依照《刑法》的规定追究刑事责任。可能涉及的罪名主要有：放火、决水、爆炸、投毒或者以其他危险方法危害公共安全罪；破坏电力、易燃易爆设备罪；消防责任事故罪；聚众扰乱公共场所秩序罪；故意毁坏财物罪；妨害公务罪等。

（2）触犯行政法律、法规

业主的违法情节严重，但尚不构成犯罪的，物业自治管理组织可以向物业管理主管部门或其他主管部门反映，如城建监察、治安、供气等部门，依照相关行政法律法规或规章的规定给予违法业主行政处罚。若业主拒绝、阻碍国家工作人员依法执行职务，但未使用

暴力、威胁方法，则按照《治安管理处罚法》进行处罚。具体表现为：

①擅自行为，指违反物业管理法规的禁为义务规范而擅自做出的行为；

②不履行法定应为义务的行为，指违反物业管理法规的作为义务规范不做出法规所要求的行为。

2. 物业使用人的权利义务

《条例》第四十七条规定：物业使用人在物业管理活动中的权利义务由业主和物业使用人约定，但不得违反法律、法规和管理规约的有关规定。

物业使用人违反本条例和管理规约的规定，有关业主应当承担连带责任。

（1）物业使用人的权利

对物业享有占有、使用以及特定条件下的收益权。

（2）物业使用人的义务

遵守管理规约；遵守物业管理区域内物业共用部位和共用设施等方面的规章制度；执行业主大会的决定和业主大会授权业主委员会做出的决定；在约定由物业使用人交纳物业费时，要按时交纳。

（四）实践中应注意的有关业主的几个问题

1. 业主与物业服务企业之间是一种平等的民事法律关系

业主与物业服务企业之间的法律关系是基于物业服务合同产生的。在物业服务合同中，合同的主体，即业主和物业服务企业是相互独立、相互平等的民事主体；物业服务合同的内容，即权利和义务是民事性质的权利和义务。合同本身是双方在自愿、平等的基础上就物业管理服务的基本内容所达成的一致协议。因此，双方对该合同均负有诚实守信、忠实履行的义务，任何一方违约都要承担相应的法律责任。

2. 业主不能放弃享有物业管理服务的权利

从民事权利的性质来讲，民事权利的权利人是可以放弃权利的。但在物业管理服务法律关系中，业主所享有的物业管理服务的权利已不仅是业主个人的权利，而具有成员权的性质，即业主基于其所有的建筑物区分所有权，已经成为公共管理中的一员。在此情况下，由于物业管理服务具有集体的公益性，业主不能通过放弃自己对公益的享有而不履行一定的公益义务。如在物业管理区域内，业主不能以自己不享受物业管理服务为由拒绝交纳物业管理费。

3. 物业占有人或使用人有违约或侵权行为，业主应承担责任

业主为物业服务合同的主体，在该合同的实际履行过程中，尽管实际履行的主体大多

数是业主，但也可能不是业主而是物业的占有人或使用人。业主与物业服务企业之间的法律关系不同于占有人或使用人与物业服务企业之间的法律关系。业主与物业服务企业之间是一种物业服务合同的关系；业主与物业的实际占有人或使用人之间可能是一种借用合同关系，也可能是一种租赁合同关系。物业的实际占有人或使用人与物业服务企业之间并不直接发生法律关系。基于合同法的基本理论，合同一方当事人仅对另一方当事人产生权利义务的约束力。因此，物业的实际占有人或使用人在使用物业的过程中，如果实施了某种侵权行为或未按照物业服务合同的要求履行义务，则针对侵权行为，受害人可请求加害人承担相应的法律后果；针对违约行为，物业服务企业只能够向业主主张权利，而无权直接向物业的占有人或使用人主张。至于业主，就物业占有人或使用人的违约行为承担责任后，他有权向占有人或使用人追偿。

二、业主大会

（一）业主大会的性质和设立目的

业主大会是全体业主为实现对物业的自我管理、为对物业管理区域内的共同事项做出决定而组成的自治组织，是建筑区划内建筑物及附属设施的管理机构。业主大会主要对物业共有部分行使共同管理的权利，并对小区内的业主行使专有部分的所有权做出限制性的规定，以维护建筑区划内全体业主的合法权益。正如《条例》第八条规定："物业管理区域内全体业主组成业主大会。业主大会应当代表和维护物业管理区域内全体业主在物业管理活动中的合法权益。"

（二）业主大会的运行形式及决定

1. 业主大会的运行方式

①业主参加大会的方式既包括亲自参加的方式，也包括委托代理人参加的方式。

②业主大会会议可以采用集体讨论的形式，也可以采用书面征求意见的形式。但是，应当有物业管理区域内专有部分占建筑物总面积过半数的业主且占总人数过半数的业主参加。详见《条例》第十二条第一款。

2. 业主大会的表决规则

①业主大会决定《条例》第十一条第五款和第六款规定的事项，应当经专有部分占建筑物总面积 2/3 以上的业主且占总人数 2/3 以上的业主同意；决定《条例》第十一条规定

的其他事项，应当经专有部分占建筑物总面积过半数的业主且占总人数过半数的业主同意。

②业主大会或业主委员会的决定对业主具有约束力。

③业主大会或业主委员会做出的决定侵害了业主的合法权益时，受侵害的业主可以请求人民法院予以撤销。

（三）业主大会会议的类型及启动方式

1. 会议类型

业主大会会议分为定期会议和临时会议。

2. 启动方式

（1）定期会议的启动方式

定期会议又称为例会，应当按照业主大会议事规则的规定定期召开。选举产生业主委员会后，由业主委员会负责召开业主大会会议，根据管理规约的规定，每年召开一次或几次。

（2）临时会议的启动方式

临时会议是指遇有紧急情形或重大事情，需要临时召开的业主大会会议。遇有下列情形时，应当召开临时会议：

①经专有部分占建筑物总面积20%以上的业主且占总人数20%以上的业主提议的；

②发生重大事故或者紧急事件需要及时处理的；

③业主大会议事规则或者管理规约规定的其他情况。

（四）业主大会会议的通知、记录和公告

1. 业主大会会议的通知

业主大会会议关系到各业主的切身利益，因此会议时间、地点、内容、议决事项等应提前通知。《条例》第十四条规定："召开业主大会会议，应当于会议召开15日以前通知全体业主。住宅小区的业主大会会议，应当同时告知相关的居民委员会。业主委员会应当做好业主大会会议记录。"

召开业主大会会议除通知全体业主外，还应同时告知相关的居民委员会。因为居民委员会是居民自我管理、自我教育、自我服务的基层群众性自治组织，同时具有准政府机构的性质。因此，居民委员会对社区的管理具有协助的义务，但并非履行行政管理的职责。

另外，召开业主大会会议时，物业所在地的区、县房地产行政主管部门和街道办事处，乡镇人民政府有指导和协助的义务，这里的指导和协助是一种被动义务。

2．业主大会会议记录

该记录由业主委员会负责，法定形式为书面形式，内容包括会议的时间、场所，议事的内容和结果等。会议记录应当有业主委员会委员的签名。会议记录作为业主大会的工作资料，应当妥善保存，以备业主查阅、监督。

3．业主大会会议的公告

业主大会会议的决定应当以书面形式在物业管理区域内及时公告。业主大会会议的决定在做出时即对业主产生约束力。

（五）业主大会议事规则

业主大会议事规则是业主大会组织、运作的规程，是对业主大会的宗旨、组织体制、活动方式、成员的权利义务等内容进行记载的业主自律性文件。《条例》第十八条规定："业主大会议事规则应当就业主大会的议事方式、表决程序、业主委员会的组成和成员任期等事项做出约定。"根据《业主大会和业主委员会指导规则》第十九条的规定，业主大会议事规则应当对下列主要事项做出规定：

①业主大会名称及相应的物业管理区域；

②业主委员会的职责；

③业主委员会议事规则；

④业主大会会议召开的形式、时间和议事方式；

⑤业主投票权数的确定方式；

⑥业主代表的产生方式；

⑦业主大会会议的表决程序；

⑧业主委员会委员的资格、人数和任期等；

⑨业主委员会换届程序、补选办法等；

⑩业主大会、业主委员会工作经费的筹集、使用和管理；

⑪业主大会、业主委员会印章的使用和管理。

第三节　前期物业管理

前期物业管理是为确保早期入住新开发小区业主的权利、促进和保障建设单位已完成房产的销售而进行的活动，所以事关建设单位、业主、物业服务企业三方的利益。因此，明确前期物业管理的内涵，正确掌握前期物业服务合同的构成要件，初步了解前期物业管理招投标的基本知识，是学习的重点。该部分内容实践运用广泛，须认真学习，并适时通过实践教学活动加以巩固消化。

一、前期物业管理及其合同的基本内容

（一）前期物业管理

前期物业管理是指在业主、业主大会选聘物业服务企业之前，由开发建设单位选聘物业服务企业实施物业管理的活动。为此，《条例》第二十一条明确规定："在业主、业主大会选聘物业服务企业之前，建设单位选聘物业服务企业的，应当签订书面的前期物业服务合同。"

该类合同具有以下三大特点：①过渡性；②由建设单位和物业公司签订合同；③以书面形式签订。

（二）物业管理前期介入的必要性

①物业管理前期介入能减少物业使用中的后遗症。物业管理的基本职能是代表和维护业主的利益，对所委托的物业进行有效管理。物业管理前期介入，使物业管理同规划设计、施工建设同步或交叉进行，这样既可以找出使专业化物业管理得以顺利实施的各种需求，又可以从业主或使用人的角度，凭专业人士的经验和以往的管理实践，发现规划设计方面的种种问题和缺陷，以优化、完善设计中的细节，减少后遗症，提升房地产开发项目的市场竞争力。

②物业管理前期介入是对所管物业的全面了解。物业管理行为的实质是服务，然而要服务得好，使业主满意，必须对物业进行全面了解。如果物业服务企业在物业交付使用时才介入管理，则无法对诸如土建结构、管线定向、设施建设、设备安装等物业的情况了如指掌。因此，必须在物业的形成过程中就介入管理，只有这样才能对今后不便于养护和维

修之处提出改进意见，并做好日后重点养护维修的记录。只有如此，物业服务企业才能更好地为业主服务。

③物业管理前期介入是为后期管理做好准备。物业管理是一项综合管理工程，通过物业管理，把分散的社会分工集合为一体，并理顺关系，建立通畅的服务渠道，以充分发挥物业服务企业的综合效能。此外，在对物业实体实施管理之前，还应设计物业管理模式，制定相应的规章制度，并协同开发商草拟有关制度，筹备成立业主委员会，印制各种证件，进行机构设置、人员聘用、培训等工作。物业管理前期介入可以在此阶段把上述工作安排就绪，使物业一旦正式交付验收，物业服务企业便能有序地对物业实体进行管理。

（三）前期物业管理的特征

相对于正常的物业管理而言，前期物业管理具有以下基本特征：

1. 建设单位的主导性

为业主提供物业服务的企业并非由业主来选择，无论是招投标方式还是协议方式，选择物业服务企业的决定权在建设单位，前期物业管理活动的基础性文件——临时管理规约的制定权也在建设单位。物业服务的内容与质量，服务费用，物业的经营与管理，物业的使用与维护，专项维修资金的交存、管理、使用、续筹，均由建设单位确定。

2. 业主地位的被动性

相对于建设单位、物业服务企业而言，业主除享有是否购置物业的自由外，其他的权利、义务均处于从属地位。如业主在签订物业买卖合同时，应当对遵守临时管理规约予以书面承诺；建设单位与物业服务企业达成的前期物业服务合同约定的内容，业主在买卖合同中不能变更；前期物业管理中，有关物业的使用、维护，专项维修资金的交存、管理、使用、续筹等方案，业主无权决定。

3. 前期物业服务合同期限的不确定性

建设单位虽可与物业服务企业在签订前期物业服务合同时约定期限，但是只要后来业主委员会与物业服务企业签订的物业服务合同生效，前期的物业服务合同就终止。

4. 监管的必要性

在前期物业管理中，建设单位、物业服务企业处于优势地位，如果对其失去监督，业主的合法权益就不能得到有效保障。《条例》及建设部与之配套的规章对建设单位前期物业管理活动的行为做了一些具体的限制性规定，如建设单位制定的临时管理规约不得侵犯买受人的合法权益，前期物业服务企业的选择要遵守《前期物业管理招标投标管理暂行办法》的规定等。

（四）前期物业服务合同的基本内容

前期物业服务合同一般应明确规定以下几个方面：①建设单位、业主、物业服务企业的权利和义务；②物业服务企业提供服务的具体内容、质量标准、考核标准以及相关责任等；③服务费收取标准、交纳方式以及相关费用的支取；④业主在物业使用过程中应遵守的事项；⑤协议的遵守和解除。

另外，为了避免因为房产买受人不是前期物业服务合同的当事人，而出现买受人权利受侵害或不尽义务的情况，《条例》第二十五条规定："建设单位与物业买受人签订的买卖合同应当包含前期物业服务合同约定的内容。"据此，买受人既可以就前期合同的条款提出自己的意见，也可以在被侵权的情况下进行投诉。当然，也必须履行前期物业服务合同所约定的义务。否则，就会平添不必要的麻烦。

（五）前期物业服务合同的期限

为防止建设单位与物业服务企业签订的物业服务合同所约定的期限过短或过长而影响后成立的业主大会自主选聘物业服务企业，《条例》第二十六条明确规定："前期物业服务合同可以约定期限；但是，期限未满、业主委员会与物业服务企业签订的物业服务合同生效的，前期物业服务合同终止。"

二、前期物业管理的招标与投标

（一）招投标的目的

为打破权责不明、"谁开发、谁管理"的旧有物业管理模式，增加透明度，减少纠纷，《条例》第二十四条第一款做了倡导性规定："国家提倡建设单位按照房地产开发与物业管理相分离的原则，通过招投标的方式选聘具有相应资质的物业服务企业。"

（二）招标方式

前期物业管理的招标方式分为公开招标和邀请投标。招标人采取公开招标方式的，应当在公共媒介上发布招标公告，同时在"中国住宅与房地产信息网"和"中国物业管理协会网"上发布招标公告，招标公告应当载明招标人的名称和地址、招标项目的基本情况以及获取招标文件的方法等事项。招标人采取邀请投标方式的，应当向 3 个以上物业服务企业发出投标邀请书，投标邀请书应当包含前款规定的事项。

招标人可以委托招标代理机构办理招标事宜；有能力组织和实施招标活动的，可以自行组织和实施招标活动。物业管理招标代理机构应当在招标人委托的范围内办理招标事宜。

（三）招标文件

招标人应当根据物业管理项目的特点和需要，在招标前完成招标文件的编制。招标文件应包括以下内容：

①招标人及招标项目简介，包括招标人名称、地址、联系方式，项目基本情况、物业管理用房的配备情况等；

②物业管理服务内容及要求，包括服务内容、服务标准等；

③对投标人及投标书的要求，包括投标人的资格，投标书的格式、主要内容等；

④评标标准和评标方法；

⑤招标活动方案，包括招标组织机构、开标时间及地点等；

⑥物业服务合同的签订说明；

⑦其他事项的说明及法律、法规规定的其他内容。

（四）备案

招标人应当在发布招标公告或者发出投标邀请书前 10 日，向物业项目所在地的县级以上地方人民政府房地产行政主管部门提交以下材料备案：

①与物业管理有关的物业项目开发建设的政府批件；

②招标公告或者招标邀请书；

③招标文件；

④法律、法规规定的其他材料。

房地产行政主管部门发现招标有违反法律、法规规定的，应当及时责令招标人改正。

（五）对招标人的有关规定

（1）公开招标的，招标人可以根据招标文件的规定，对投标申请人进行资格预审。实行投标资格预审的物业管理项目，招标人应当在招标公告或者投标邀请书中载明资格预审的条件和获取资格预审文件的方法。资格预审文件一般应当包括资格预审申请书的格式、申请人须知，以及需要投标申请人提供的企业资格文件、业绩、技术装备、财务状况和拟派出的项目负责人与主要管理人员的简历、业绩等证明材料。

（2）经资格预审后，招标人应当向资格预审合格的投标申请人发出资格预审合格通知书，告知获取招标文件的时间、地点和方法，并同时向资格不合格的投标申请人告知资格预审结果。资格预审合格的投标申请人过多时，可以由招标人从中选择不少于5家资格预审合格的投标申请人。

（3）招标人应当确定投标人编制投标文件所需要的合理时间。公开招标的物业管理项目，自招标文件开始发出之日起至投标人提交投标文件截止之日，最短不得少于20日。

（4）招标人对已发出的招标文件进行必要的澄清或者修改的，应当在招标文件要求提交投标文件截止时间至少15日前，以书面形式通知所有的招标文件收受人。澄清或者修改的内容为招标文件的组成部分。

（5）招标人根据物业管理项目的具体情况，可以组织潜在的投标申请人查勘物业项目现场，并提供隐蔽工程图纸等详细资料。对投标申请人提出的疑问，应当予以澄清并以书面形式发送给所有的招标文件收受人。

（6）招标人不得向他人透露已获取招标文件的潜在投标人的名称、数量以及可能影响公平竞争的有关招投标的其他情况。招标人设有标底的，标底必须保密。

（7）在确定中标人前，招标人不得与投标人就投标价格、投标方案等实质性内容进行谈判。

（8）通过招投标方式选择物业服务企业的，招标人应当按照以下规定的时限完成物业管理招标工作：

①新建现售商品房项目应当在现售前30日完成；

②预售商品房项目应当在取得《商品房预售许可证》之前完成；

③非出售的新建物业项目应当在交付使用前90日完成。

（六）对于投标的规定

1. 投标人

投标人是响应前期物业管理招标、参与投标竞争的物业服务企业。投标人应当具有相应的物业服务企业资质和招标文件要求的其他条件。投标人对招标文件有疑问需要澄清的，应当以书面形式向招标人提出。

2. 物业管理投标文件

投标人应当按照招标文件的内容和要求编制投标文件，投标文件应当对招标文件提出的实质性要求和条件做出响应。投标文件应当包括以下内容：

①投标函；

②投标报价；

③物业管理方案；

④招标文件要求提供的其他材料。

3. 对投标人的有关要求

①投标人应当在招标文件要求提交投标文件的截止时间前，将投标文件送达投标地点。招标人收到投标文件后，应当向投标人出具标明签收人和签收时间的凭证，并妥善保管投标文件。在开标前，任何单位和个人均不得开启投标文件。在招标文件要求提交投标文件的截止时间后送达的投标文件，为无效的投标文件，招标人应当拒收。

②投标人在招标文件要求提交投标文件的截止时间前，可以补充、修改或者撤回已提交的投标文件，并书面通知招标人。补充、修改的内容为投标文件的组成部分，并应当按照规定送达投标地点。在招标文件要求提交投标文件的截止时间后送达的补充或者修改内容无效。

③投标人禁止的行为：

a. 投标人不得以他人名义投标或者以其他方式弄虚作假，骗取中标。

b. 投标人不得相互串通投标报价，不得排挤其他投标人的公平竞争，损害招标人或者其他投标人的合法权益。

c. 投标人不得与招标人串通投标，损害国家利益、社会公共利益或者他人的合法权益。

d. 禁止投标人以向招标人或评标委员会成员行贿的手段谋取中标。

（七）开标、评标和中标

1. 开标的有关规定

（1）开标应当在招标文件确定的提交投标文件截止时间的同一时间公开进行；开标地点应当为招标文件中预先确定的地点。

（2）开标由招标人主持，邀请所有投标人参加。开标应当按照下列规定进行：

①由投标人或者其推选的代表检查投标文件的密封情况，也可以由招标人委托的公证机构检查并公证。经确认无误后，由工作人员当众拆封，宣读投标人名称、投标价格和投标文件的其他主要内容。

②招标人在招标文件要求提交投标文件的截止时间前收到的所有投标文件，开标时都应当众予以拆封、宣读。

③开标过程应当记录，并由招标人存档备查。

2. 评标

①评标由招标人依法组建的评标委员会负责。评标委员会由招标人的代表和物业管理方面的专家组成，成员人数为五人以上单数，其中物业管理方面的专家不得少于成员总数的2/3。评标委员会的专家成员，应当由招标人从房地产行政主管部门提供的专家名册中采取随机抽取的方式确定，与投标人有利害关系的人不得进入相关项目的评标委员会。

②评标委员会应当认真、公正、诚实、廉洁地履行职责。评标委员会成员不得与任何投标人或者与招标结果有利害关系的人进行私下接触，不得收受投标人、中介人、其他利害关系人的财物或者其他好处。

评标委员会成员和参与评标的有关工作人员不得透露对投标文件的评审和比较、中标候选人的推荐情况以及与评标有关的其他情况。

③评标委员会可以用书面形式要求投标人对投标文件中含义不明确的内容做必要的澄清或者说明，但是澄清或者说明不得超出投标文件的范围或者改变投标文件的实质性内容。

④评标委员会应当按照招标文件确定的评标标准和方法，对投标文件进行评审和比较，并对评标结果签字确认。

⑤评标委员会经评审，认为所有投标文件都不符合招标文件要求的，可以否决所有的投标。依法必须进行招标的物业管理项目所有投标被否决的，招标人应当重新招标。

⑥评标委员会完成评标后，应当向招标人提交书面评标报告，阐明评标委员会对各投标文件的评审和比较意见，并按照招标文件规定的评标标准和评标方法，推荐不超过3名有排序的合格的中标候选人。招标人应当按照中标候选人的排序确定中标人。中标人放弃中标或者因不可抗力不能履行合同的，招标人可以依序确定其他中标候选人为中标人。

3. 中标

招标人应当在投标有效期截止时限30日前确定中标人，投标有效期应当在招标文件中载明。招标人应当向中标人发出"中标通知书"，中标结果通知所有未中标的投标人，并返还投标书。

4. 中标后的工作

①应当自确定中标人之日起 15 日内，向物业项目所在地的县级以上地方人民政府房地产行政主管部门备案。备案资料应当包括开标评标过程、确定中标人的方式及理由、评标委员会的评标报告、中标人的投标文件等资料。委托代理招标的，还应当附招标代理委托合同。

②招标人和中标人应当自中标通知书发出之日起 30 日内，按照招标文件和中标人的投标文件订立书面合同。招标人和中标人不得再另订立背离合同实质性内容的其他协议。

③招标人无正当理由不与中标人签订合同，给中标人造成损失的，招标人应当给予赔偿。

（八）招投标的区别性规定

《条例》第二十四条第二款对住宅物业的前期物业管理招投标活动还做了以下强制性规定："住宅物业的建设单位，应当通过招投标的方式选聘具有相应资质的物业服务企业；投标人少于 3 个或者住宅规模较小的，经物业所在地的区、县人民政府房地产行政主管部门批准，可以采用协议方式选聘具有相应资质的物业服务企业。"

《条例》之所以如此规定，是因为对于规模较小的住宅物业，采用招投标的程序相对复杂、成本高；而对于投标人少于 3 个的，由于缺乏足够的竞标，进行招投标的意义不大。因此，对以上两种情况，《条例》建议都可以采取协议的方式选聘物业服务企业。

而非住宅物业是否以招投标的方式选聘物业服务企业，目前相关法律没做强制性要求。

（九）建设单位违法选聘物业公司的责任

为保护业主的合法权益，避免在业主、业主大会聘用新的物业服务企业之前，在前期物业服务过程中建设单位和物业服务企业相互勾结，侵害业主合法权益的情况发生，《条例》第五十六条规定："违反本条例的规定，住宅物业的建设单位未通过招投标的方式选聘物业服务企业或者未经批准，擅自采用协议方式选聘物业服务企业的，县级以上地方人民政府房地产行政主管部责令限期改正，给予警告，可以并处 10 万元以下的罚款。"

第四节　物业管理服务

一、物业服务企业及人员资质

（一）物业服务企业的资质

企业的资质是企业实力、规模和业绩的标志。

《条例》第三十二条规定："从事物业管理活动的企业应当具有独立的法人资格。国家对从事物业管理活动的企业实行资质管理制度。具体办法由国务院建设行政主管部门制定。"

没有资质的企业不能从事物业管理活动。另外，不同资质的物业服务企业所管理的物业类型及对从业人员的要求也不一样。

物业服务企业资质等级分为一、二、三级。新设立的物业服务企业，其资质等级按照最低等级核定，并设一年的暂定期。

（二）无资质从事物业管理的责任

当企业违反《条例》第三十二条的规定，未取得资质证书从事物业管理活动时，《条例》第五十九条规定："由县级以上地方人民政府房地产行政主管部门没收违法所得，并处 5 万元以上 20 万元以下的罚款；给业主造成损失的，依法承担赔偿责任。以欺骗手段取得资质证书的，依照本条第一款规定处罚，并由颁发资质证书的部门吊销资质证书。"

上文所指的违反《条例》的规定具体包括：①未取得资质证书从事物业管理的，即无证经营。此种情形指相关组织不具备取得资质等级的条件，因而没有取得资质证书，按照规定不能从事物业管理，但是其从事物业管理的。②以欺骗手段取得资质证书。此种情形指相关组织采取了欺骗手段，使颁发资质证书的行政机关误认为其具备领取资质证书的条件，从而为其颁发了资质证书，实质上其并不具备领取相应资质证书的条件。具体包括不具备资质条件，采取欺骗的方式，伪造了相关资料、文件等申领了资质证书；具备较低资质等级的条件，采取欺骗的手段申领了较高资质等级的证书。

（三）从事物业管理人员的职业资格

职业资格是对从事某一职业的劳动者所必备的学识、技术和能力的基本要求。职业资格包括从业资格和执业资格。

物业管理职业资格共设三个等级，分别为物业管理员（国家职业资格四级）、助理物业管理师（国家职业资格三级）、物业管理师（国家职业资格二级）。

（四）物业管理师制度的主要规定

1. 物业管理师职业的准入

（1）物业管理师是指经全国统一考试，取得《中华人民共和国物业管理师资格证书》（以下简称《资格证书》），并依法注册取得《中华人民共和国物业管理师注册证》（以下简称《注册证》），从事物业管理工作的专业管理人员。

（2）县级以上地方人民政府房地产行政主管部门和人事行政部门按职责分工实施物业管理师职业准入制度。

2. 物业管理师资格考试办法

（1）物业管理师资格实行全国统一大纲、统一命题的考试制度，原则上每年举行一次。

（2）申请参加资格考试的条件：

①取得经济学、管理科学与工程或土建类中专学历，工作满10年，其中从事物业管理工作满8年；

②取得经济学、管理科学与工程或土建类大专学历，工作满6年，其中从事物业管理工作满4年；

③取得经济学、管理科学与工程或土建类大学本科学历，工作满4年，其中从事物业管理工作满3年；

④取得经济学、管理科学与工程或土建类双学士学位或研究生毕业，工作满3年，其中从事物业管理工作满2年。

（3）考试科目为《物业管理基本制度与政策》《物业管理实务》《物业管理综合能力》和《物业经营管理》。

（4）物业管理师资格考试合格，由人力资源和社会保障部、住房和城乡建设部委托省、自治区、直辖市人民政府人事行政部门，颁发人事部统一印制，人力资源和社会保障部、住房和城乡建设部用印的《资格证书》。该证书在全国范围内有效。以不正当手段取得《资格证书》的，自没收之日起，3年内不得再次参加资格考试。

3. 物业管理师资格的注册审批

（1）取得《资格证书》的人员，经注册后方可以物业管理师的名义执业。住房和城乡建设部为物业管理师资格注册审批机构，省、自治区、直辖市人民政府房地产主管部门为物业管理师资格注册审查机构。

（2）取得《资格证书》并申请注册的人员，应当受聘于一个具有物业管理资质的企业，并通过聘用企业向本企业工商注册所在省的注册审查机构提出注册申请。从送审到批准予以注册，按规定一般需要 50 个工作日。

（3）物业管理师资格注册有效期为 3 年。《注册证》在有效期限内是物业管理师的执业凭证，由持证人保管和使用。

（4）初始注册者，可以自取得《资格证书》之日起 1 年内提出注册申请。逾期未申请者，在申请初始注册时，必须符合继续教育的要求。

（5）注册申请人以不正当手段取得注册的，注册审批机构应当撤销注册，并依法给予行政处罚；当事人在 3 年内不得再次申请注册；构成犯罪的，依法追究刑事责任。

4. 初始注册需要提交的材料

（1）《中华人民共和国物业管理师初始注册申请表》；

（2）《资格证书》；

（3）与聘用单位签订的劳动合同；

（4）逾期申请初始注册人员的继续教育证明材料。

5. 物业管理师的执业规定

（1）物业管理项目负责人应当由物业管理师担任。物业管理师只能在一个具有物业管理资质的企业负责物业管理项目的管理工作。

（2）物业管理师应当具备以下执业能力：

①掌握物业管理、建筑工程、房地产开发与经营等专业知识；

②具有一定的经济学、管理学、社会学、心理学等相关学科的知识；

③能够熟练运用物业管理相关法律、法规和有关规定；

④具有丰富的物业管理实践经验。

物业管理师应当接受继续教育、更新知识，不断提高业务水平，每年接受继续教育的时间应当不少于 40 学时。

（五）物业服务企业聘用无从业资格人员的责任

物业服务企业应聘用有从业资格的人员进行物业管理，否则，将按有关规定追究责任。

从事物业管理的人员应当按照国家有关规定，取得职业资格证书。物业管理人员的素质决定了物业服务企业的服务水平和服务质量，因此国家对从事物业管理的人员实行执业资质证书制度。

物业服务企业违法聘用未取得物业管理职业资格证书的人员从事物业管理活动时，应承担以下两种责任：

一是行政法律责任。行政机关应当责令其停止违法行为，并解聘相应的人员，重新聘用有资格的人员从事物业管理。因为聘用不具有资格证书的人员的行为本身已经构成违法，所以只要是聘用了未取得职业资格证书的人员从事物业管理，就应当处以罚款。

二是民事法律责任。本条规定的民事法律责任是对于给业主造成损失的情况而言的。物业服务企业聘用没有取得职业资格证书的人员从事物业管理，是一种违反物业服务合同约定的行为，由此给业主造成损失的，应当承担相应的赔偿责任。民事赔偿和行政处罚并不能互相代替。

二、物业管理区域及委托责任

（一）物业管理区域及其划分

《条例》第九条规定："一个物业管理区域成立一个业主大会。物业管理区域的划分应当考虑物业的共用设施设备、建筑物规模、社区建设等因素。具体办法由省、自治区、直辖市制定。"同时《条例》第三十三条也规定："一个物业管理区域由一个物业服务企业实施物业管理。"

例如，《武汉市物业管理条例》第五条做出明确规定：物业管理区域的划分，应当遵循相对集中、便于管理的原则，并考虑物业共用设施设备、建筑物规模、社区建设等因素，按照下列标准执行：

①以建设项目《国有土地使用证》宗地图用地范围线为准，一个项目视为一个物业管理区域；但规模过大，划分为一个物业管理区域不便于管理的，或者已分隔成多个自然街坊或者封闭小区的，可以分别划分为独立的物业管理区域。

②分期建设项目或者两个以上单位开发建设的项目，其配套设施设备共用的，划分为一个物业管理区域。

③已建成、共用设施设备比较齐全、相对集中的项目，划分为一个物业管理区域。

一般情况下，一个住宅小区就是一个物业管理区域，只能由一个物业公司进行管理。业主如果对物业公司不满，必须通过业主委员会进行交涉。业主不能按照自己的意愿，在没有业主委员会的情况下，擅自拒绝小区物业的统一管理。

但在实践中，有多家物业服务公司共同管理一个物业区域的现象。如建设单位选聘的公司和业主委员会选聘的公司同时为某一物业管理区域提供物业服务；有的业主委员会将物业管理区域自行划分为几个小的区域，分别委托几家公司实施物业管理，从而造成诸多混乱，业主意见极大。鉴于此，才有了本条规定。

（二）物业管理委托责任

《条例》第三十九条规定："物业服务企业可以将物业管理区域内的专项服务业务委托给专业性服务企业，但不得将该区域内的全部物业管理一并委托给他人。"

该规定有两层含义：

（1）物业服务企业可以将专项服务业务委托给专业公司，如保洁公司、保安公司、设备维修公司、绿化公司等。

（2）不能将全部的物业管理业务一并委托给他人。因为合同具有相对性，且业主需要的是专业化的物业服务，是业主根据物业服务企业的资质、业绩、履约能力等做出的选择。如果物业服务企业将全部物业服务委托给他人，势必违背了业主选择该物业服务企业的初衷，从而损害合同相对人的合法权益。

为防止某些物业服务企业出现第二种情形，《条例》第六十条专门做出规定："违反本条例的规定，物业服务企业将一个物业管理区域内的全部物业管理一并委托给他人的，由县级以上地方人民政府房地产行政主管部门责令限期改正，处委托合同价款30%以上50%以下的罚款；情节严重的，由颁发资质证书的部门吊销资质证书。委托所得收益，用于物业管理区域内物业共用部位、共用设施设备的维修、养护，剩余部分按照业主大会的决定使用；给业主造成损失的，依法承担赔偿责任。"

《条例》第六十条规定的违法行为具有双重性质，既违反了行政管理秩序，也违反了物业服务合同的约定，所以要给予处罚。

专项服务业务转委托之后，物业服务企业和业主之间仍然是物业服务合同关系，物业服务企业和专业服务企业之间属于委托服务合同关系，委托服务合同的内容不得与物业服务合同的内容相抵触，专业服务企业与业主之间不存在合同关系。但是，专业服务企业在履行委托服务合同时，应当遵守物业管理区域内的规章制度，不得侵害业主的合法权益。物业服务企业就专业服务企业提供的服务向业主负责。

第五节　物业的使用及维护

一、建筑物区分所有权及相邻关系

（一）建筑物区分所有权

1. 概念

建筑物区分所有权是将某一栋房屋特别是楼房，按其本身结构区分为各个独立的单元，每一单元均构成一个相对独立的所有权客体（独立的物），由此在一幢房屋上成立了两个以上的所有权。

《物权法》第七十条规定："业主对建筑物内的住宅、经营性用房等专有部分享有所有权，对专有部分以外的共有部分享有共有和共同管理的权利。"第七十一条规定："业主对其建筑物专业部分享有占有、使用、收益和处分的权利。"区分所有权最主要的标志是取得专有部分或独立部分的所有权。

2. 区分所有的自用部分和共用部分

①自用部分是指建筑物中区分为相对独立的、为某个所有权人所独自享有的部分。就该特定部分而言，所有权人享有完全的所有权，可排除一切自主地支配该部分。

②共用部分是指连接各个单元并且享用每个单元房屋所必不可少的部分，如楼梯、电梯、通道、走廊、楼宇、占用土地等。对于这部分，每个区分所有权人享有共同的使用权利，且这种使用权没有排他性或独占性（除非是管理规约有这样的约定），更不能排他地处置共用部分。

③业主对建筑物共用部分的使用、维护和管理。《物权法》第七十二条规定："业主对建筑物专有部分以外的共有部分，享有权利，承担义务；不得以放弃权利不履行义务。业主转让建筑物内的住宅、经营性用房，其对共有部分享有的共有和共同管理的权利一并转让。"

对公共部分的使用一般不存在纠纷，更不存在专用权。但是在费用和维护或管理义务的承担上，一般仍按照专有部分的面积进行分摊。实际上，按面积分摊义务只是为管理上的方便，它几乎不影响业主的权利。

3. 建筑物区分所有权理论的实践意义

现代建筑业的发展，高层楼宇式建筑已成为大势所趋。而且，在一些高级住宅中，还有共用的花园、游乐场所、会客场所等。在区分所有权的基础上，业主的所有权得到了明确界定，可以防止权利界限模糊所引起的权利纠纷。

①明确了业主对建筑物专有部分的所有权，防止他人对业主权利的侵害。

②明确了业主对建筑物共用部分的用益权。任何业主对共有部分的建筑物都有占有、使用的权利，任何人不得排斥其他业主对共用部分的使用。

③明确了所有业主对共用部分的建筑物都有管理、维护、修缮的义务。区分所有权明确了业主对共用部分不仅有权利，也有法定义务，从而使物业管理人在进行管理决策、收费、制定公约，甚至是进行相关处罚时都有了法律上的依据。

④是建立业主自治机构的权利基础。正是因为业主对建筑物所享有的区分所有权不是单纯的专有所有权，所以物业管理区域内的业主可以组织起来，对公共利益进行维护。业主自治机构所做出的决定，对所有的业主都有约束力，这也正是基于这种区分所有权的关系。对该决议不予赞同的业主，只要决议是合法有效的，就必须遵从。

（二）不动产相邻关系

1. 概念

不动产相邻关系是指两个或两个以上不动产毗连邻近的物业所有人或占有人、使用人，在行使物业的所有权或使用权时，应依法给予相邻人便利或接受法定限制而发生的特定的权利义务关系。

2. 相邻关系的分类

建筑物区分所有物业中的相邻关系大致可以分为三类：一是因为专有部分的使用而引起的相邻关系问题；二是因为共用部分的使用而引起的相邻关系问题；三是因为建筑距离、不可称量物侵害等而引起的相邻关系。

不动产相邻关系的实质是对物业相邻各方合法权益的保护和他方行使共同权利的限制。相邻权是从属于物业的所有权、使用权等权利的从物权，它并不能直接管理和支配物业。

3. 不动产相邻关系纠纷的种类及处理方法

《物权法》第八十四条规定："不动产的相邻权利人应当按照有利生产、方便生活、团结互助、公平合理的原则，正确处理相邻关系。"

①因通行通道引起的相邻关系纠纷。《物权法》第八十七条规定："不动产权利人对相邻权利人因通行等必须利用其土地的，应当提供必要的便利。"

②相邻用水、排水、流水、滴水纠纷。《物权法》第八十六条规定："不动产权利人应当为相邻权利人用水、排水提供必要的便利。对自然流水的利用，应当在不动产的相邻权利人之间合理分配。对自然流水的排放，应当尊重自然流向。"

物业所有人或者使用人一方在修建建筑物或开挖沟渠时，应当与相邻人的物业保持一定距离，不得使房檐流水、滴水或沟渠流水直接泄入相邻人的物业，给相邻人造成损害。否则，相邻人有权请求其排除妨碍、赔偿损失。

③相邻危险纠纷。相邻危险纠纷是指相邻物业的一方所有人或使用人在对其物业行使所有权或使用权时，对相邻他方的财产、人身造成危险而引起的相邻关系纠纷。对于相邻危险，相邻他方有要求该物业所有人或使用人及时制止危险，防止损害扩大的权利，该物业所有人或使用人应当及时采取措施，消除危险。《条例》第五十五条明确规定："物业存在安全隐患，危及公共利益及他人合法权益时，责任人应当及时维修养护，有关业主应当给予配合。"

④因建筑施工、铺设管线临时占用邻地的纠纷。《物权法》第八十八条规定："不动产权利人因建造、修缮建筑物以及铺设电线、电缆、水管、暖气和燃气管线等必须利用相邻土地、建筑物的，该土地、建筑物的权利人应当提供必要的便利。"

物业所有人或使用人因建筑施工需要临时占用相邻他方土地的，他方应给予便利，双方可以约定使用土地的范围、期限，土地权利人不得对临时用地人加以不合理的限制。临时占用方应严格按照双方的约定用地，使用完毕后应当及时清理现场，排除妨碍，恢复原状。因临时占用造成土地权利人损失的，占用方应当赔偿损失。

物业所有人或使用人不通过邻地不能安设其生产、生活需要的电线、电缆、水管、煤气管、下水道等管线时，有通过邻地的上空或地下安设管线的权利，邻地所有人或使用人应当允许安设，同时还应当保护其土地上空或地下的管线和设施。但是，安设管线应选择对相邻人损害最小的线路和方法，并应当及时恢复原状。《条例》第五十一条规定："供水、供电、供气、供热、通信、有线电视等单位因维修、养护等需要，临时占用、挖掘道路、场地的，应当及时恢复原状。"另外，管线的安设方对其安设的管线负有防止损害的义务。因安设管线造成相邻人损失的，应当依法赔偿相邻人的损失。

（三）不得擅自改变公共建筑和共用设施的用途

1. 公共建筑和共用设施的范围

根据法律规定，一定物业管理区域内，按照规划建设的公共建筑和共用设施一般包括：①小区内的道路、场地；②小区内的共用绿地；③物业管理用房；④门卫房、电话间、监控室、垃圾箱房、共用地面架空层、共用走廊；⑤物业管理区域内按规划配建的非机动车车库；⑥占用业主共有的道路或者其他场地用于停放汽车的车位；⑦建设单位以房屋销售合同或者其他书面形式承诺归全体业主所有的物业；⑧其他依法归业主共有的设施设备，如电梯、水箱等。小区公共建筑和共用设施设备的所有权归全体业主所有。

2. 公共建筑和共用设施依法改变用途的程序

《条例》第四十九条规定："物业管理区域内按照规划建设的公共建筑和共用设施，不得改变用途。业主依法确需改变公共建筑和共用设施用途的，应当在依法办理有关手续后告知物业服务企业；物业服务企业确需改变公共建筑和共用设施用途的，应当提请业主大会讨论决定同意后，由业主依法办理有关手续。"

对公共建筑及共用设施的用途加以改变属于对该建筑及设施进行事实上的处分，而进行处分必须由有处分权的人进行或者至少经其授权。物业管理区域内的公共建筑及共用设施是由全体业主根据建筑物区分所有权的规定所共有的，若必须改变这些公共建筑及共用设施的用途，则应当由全体业主共同决定。

《条例》规定，业主行使对公共部分的所有权，应当召开业主大会会议，经专有部分占建筑物总面积2/3以上的业主且占总人数2/3以上的业主同意方可进行。业主需要改变这些建筑及设施的用途时，仅需经业主大会讨论同意并告知物业服务企业。因为物业服务企业并非物业的所有人，所以其需改变这些建筑及设施的用途时，必须经业主大会讨论通过，同时要履行法定的手续。

（四）占用、挖掘公共道路、场地的程序及责任

1. 占用、挖掘公共道路、场地的程序

《条例》第五十条第一款、第二款规定："业主、物业服务企业不得擅自占用、挖掘物业管理区域内的道路、场地，损害业主的共同利益。因维修物业或者公共利益，业主确需临时占用、挖掘道路、场地的，应当征得业主委员会和物业服务企业的同意；物业服务企业确需临时占用、挖掘道路、场地的，应当征得业主委员会的同意。"

2. 占用、挖掘公共道路、场地的责任

《条例》第五十条第三款规定："业主、物业服务企业应当将临时占用、挖掘的道路、场地，在约定期限内恢复原状"。

同时，《条例》第五十一条第二款规定：公用事业单位"因维修、养护等需要，临时占用、挖掘道路、场地的，应当及时恢复原状"。

（五）公用事业设施维护责任

《条例》第五十一条第一款规定："供水、供电、供气、供热、通信、有线电视等单位，应当依法承担物业管理区域内相关管线和设施设备维修、养护的责任。"

物业管理区域内相关管线和设施设备的维修、养护责任的划分，法律、法规有规定的，依照其规定；法律、法规没有规定的，应当通过合同约定来确定；没有合同或者合同没有约定的，由当事人协商解决；如果供水、供电、供气、供热、通信、有线电视等供应价格已包含了这些管线和设施设备的维修、养护费用，责任由相应的供应单位承担。

总之，公用事业单位对物业进行维修、养护时，相关责任人应做到以下三点：

1. 物业服务企业应承担协助义务，业主不得要求物业服务企业承担直接的维修、养护义务；

2. 业主和物业服务企业不得以任何理由阻止此类施工；

3. 公用事业单位在完成维修、养护义务后，业主和物业服务企业有权要求施工单位对占用、挖掘的道路、场地恢复原状，上述单位不得以任何借口拖延或推辞。

（六）擅自行为的责任

《条例》第六十四条规定：违反本条例的规定，有下列行为之一的，由县级以上地方人民政府房地产行政主管部门责令限期改正，给予警告，并按照本条第二款的规定处以罚款；所得收益用于物业管理区域内物业共用部位、共用设施设备的维修、养护，剩余部分按照业主大会的决定使用：

1. 擅自改变物业管理区域内按照规划建设的公共建筑和共用设施用途的；

2. 擅自占用、挖掘物业管理区域内的道路、场地，损害业主共同利益的；

3. 擅自利用物业共用部位、共用设施设备进行经营的。

个人有前款规定行为之一的，处 1000 元以上 1 万元以下的罚款；单位有前款规定行为之一的，处 5 万元以上 20 万元以下的罚款。

违反上述规定，无论违法行为的主体是物业服务企业还是业主，侵害的都是全体业主的共同利益，因此，都要承担行政责任。如果是物业服务企业及业主以外的人存在这些行为，则只能按照一般的法规进行处理，而本条例不适用，因为其并没有赋予这些人以法律义务，当然也就不存在法律责任。至于这些人要承担何种责任，则要看其具体行为的违法性，轻者可能是民事责任，重者可能是刑事责任。

二、专项维修资金

专项维修资金是物业管理中一大要素，专项维修资金的交存、使用、管理和监督，每一环节都是广大业主非常关心的。作为物业管理人员，要明确专项维修资金为业主所有，用于物业保修期满后物业共用部位的维修等，不得挪作他用。

物业服务企业应该在专项维修资金的使用中发挥积极作用，提出使用方案，并组织实施使用方案等。同时要清楚，物业服务企业挪用专项维修资金需要承担相应的法律责任。

（一）专项维修资金的使用与管理

1. 相关概念

①住宅专项维修资金：专项用于住宅共用部位、共用设施设备保修期满后的维修和更新、改造的资金。

②住宅共用部位：根据法律、法规和房屋买卖合同的规定，由单幢住宅内业主或者单幢住宅内业主及与之结构相连的非住宅业主共有的部位，一般包括住宅的基础、承重墙体、柱、梁、楼板、屋顶以及户外的墙面、门厅、楼梯间、走廊通道等。

③共用设施设备：根据法律、法规和房屋买卖合同的规定，由住宅业主或者住宅业主及有关非住宅业主共有的附属设施设备，一般包括电梯、天线、照明、消防设施、绿地、道路、路灯、沟渠、池、井、非经营性车场车库、公益性文体设施和共用设施设备使用的房屋等。

④大修：对共用部位、共用设备设施的大规模维修。

2. 专项维修资金的交纳和所有权

《条例》第五十三条第一款规定："住宅物业、住宅小区内的非住宅物业或者与单幢住宅楼结构相连的非住宅物业的业主，应当按照国家有关规定交纳专项维修资金。"

业主交存的住宅专项维修资金属于业主所有。

从公有住房售房款中提取的住宅专项维修资金属于公有住房售房单位所有。

（二）专项维修资金的使用、管理

1．相关条例规定

《条例》第五十三条第二款、第三款规定："专项维修资金属于业主所有，专项用于物业保修期满后物业共用部位、共用设施设备的维修和更新、改造，不得挪作他用。

"专项维修资金收取、使用、管理的办法由国务院建设行政主管部门会同国务院财政部门制定。"

2．专项维修资金的使用

业主大会成立前，要想使用专项维修资金，首先要经住宅专项维修资金列支范围内专有部分占建筑物总面积 2/3 以上的业主且占总人数 2/3 以上的业主讨论，并通过使用建议；然后向所在地直辖市、市、县人民政府建设（房地产）主管部门申请，经批准才可以使用维修资金。若经法定程序后，相关部门不予办理，可以依法提起诉讼。

业主大会成立后，专项维修资金的管理、使用应由业主大会决定。根据《条例》和相关规范的规定，专项维修资金的所有权属于业主，业主有权决定对其使用，而业主行使权利的主要方式是通过业主大会进行表决。因此，只有经过业主大会进行表决，决议通过后，才可以使用专项维修资金。总之，要让专项维修资金真正发挥其应有的功用，而不是被闲置。

具体使用办法如下：

①物业服务企业提出使用方案，使用方案应当包括拟维修和更新、改造的项目、费用预算、列支范围、发生危及房屋安全等紧急情况以及其他需要临时使用住宅专项维修资金的情况的处置办法等。

②业主大会依法通过使用方案。

③物业服务企业组织实施使用方案。

④物业服务企业持有关材料向业主委员会提出列支住宅专项维修资金；其中，动用公有住房住宅专项维修资金的，向负责管理公有住房住宅专项维修资金的部门申请列支。

⑤业主委员会依据使用方案审核同意，并报直辖市、市、县人民政府建设（房地产）主管部门备案；动用公有住房住宅专项维修资金的，经负责管理公有住房住宅专项维修资金的部门审核同意；直辖市、市、县人民政府建设（房地产）主管部门或者负责管理公有住房住宅专项维修资金的部门发现不符合有关法律、法规、规章和使用方案的，应当责令改正。

⑥业主委员会、负责管理公有住房住宅专项维修资金的部门向专户管理银行发出划转住宅专项维修资金的通知。

⑦专户管理银行将所需住宅专项维修资金划转至维修单位。

3. 对专项维修资金的管理

2007年12月建设部、财政部第165号令颁布了《住宅专项维修资金管理办法》，其中对专项维修资金的单位管理规定如下：

①业主大会成立前，商品住宅业主、非住宅业主交存的住宅专项维修资金，由物业所在地直辖市、市、县人民政府建设（房地产）主管部门代管。主管部门应当委托所在地一家商业银行，作为本行政区域内住宅专项维修资金的专户管理银行，并在该行开立住宅专项维修资金专户。

开立住宅专项维修资金专户，应当以物业管理区域为单位设账，按房屋户门号设分户账；未划定物业管理区域的，以幢为单位设账，按房屋户门号设分户账。

②业主大会成立前，已售公有住房住宅专项维修资金，由物业所在地直辖市、市、县人民政府财政部门或者建设（房地产）主管部门负责管理。管理部门应当委托所在地一家商业银行，作为本行政区域内公有住房住宅专项维修资金的专户管理银行，并在该行开立公有住房住宅专项维修资金专户。

开立公有住房住宅专项维修资金专户，应当按照售房单位设账，按幢设分账；其中，业主交存的住宅专项维修资金，按房屋户门号设分户账。

③商品住宅的业主应当在办理房屋入住手续前，将首期住宅专项维修资金存入住宅专项维修资金专户。

已售公有住房的业主应当在办理房屋入住手续前，将首期住宅专项维修资金存入公有住房住宅专项维修资金专户或者交由售房单位存入公有住房住宅专项维修资金专户。

公有住房售房单位应当在收到售房款之日起30日内，将提取的住宅专项维修资金存入公有住房住宅专项维修资金专户。

④未按《住宅专项维修资金管理办法》规定交存首期住宅专项维修资金的，开发建设单位或者公有住房售房单位不得将房屋交付购买人。

⑤专户管理银行、代收住宅专项维修资金的售房单位应当出具由财政部或者省、自治区、直辖市人民政府财政部门统一监制的住宅专项维修资金专用票据。

⑥业主大会成立后，业主大会应委托所在地一家商业银行作为本物业管理区域内住宅专项维修资金的专户管理银行，并在该行开立住宅专项维修资金专户，以物业管理区域为单位设账，按房屋户门号设分户账。

业主委员会应当通知所在地直辖市、市、县人民政府建设（房地产）主管部门；涉及已售公有住房的，应当通知负责管理公有住房住宅专项维修资金的部门。上述部门在收到通知之日起 30 日内，通知专户管理银行将该物业管理区域内业主交存的住宅专项维修资金账面余额划转至业主大会开立的住宅专项维修资金账户，并将有关账目等移交业主委员会。

⑦住宅专项维修资金划转后的账目管理单位，由业主大会决定。业主大会应当建立住宅专项维修资金管理制度。开立的住宅专项维修资金账户，应当接受所在地直辖市、市、县人民政府建设（房地产）主管部门的监督。

4. 不得从住宅专项维修资金中列支的情况

①依法应当由建设单位或者施工单位承担的住宅共用部位、共用设施设备维修、更新和改造费用；

②依法应当由相关单位承担的供水、供电、供气、供热、通信、有线电视等管线和设施设备的维修、养护费用；

③应当由当事人承担的因人为损坏住宅共用部位、共用设施设备所需的修复费用；

④根据物业服务合同约定，应当由物业服务企业承担的住宅共用部位、共用设施设备的维修和养护费用。

5. 专项维修资金的投资规定

《住宅专项维修资金管理办法》第二十六条规定：在保证住宅专项维修资金正常使用的前提下，可以按照国家有关规定将住宅专项维修资金用于购买国债。但需要做到以下几点：

①利用住宅专项维修资金购买国债，应当在银行间债券市场或者商业银行柜台市场购买一级市场新发行的国债，并持有到期。

②利用业主交存的住宅专项维修资金购买国债的，应当经业主大会同意；未成立业主大会的，应当经专有部分占建筑物总面积 2/3 以上且占总人数 2/3 以上的业主同意。

③利用从公有住房售房款中提取的住宅专项维修资金购买国债的，应当根据售房单位的财政隶属关系，报经同级财政部门同意。

④禁止利用住宅专项维修资金从事国债回购、委托理财业务或者将购买的国债用于质押、抵押等担保行为。

第五章　房地产市场

第一节　房地产市场概述

一、房地产市场的含义

房地产市场是指房地产商品交换的领域和场所。房地产作为商品生产出来以后，必须通过流通领域进行市场交换，才能进入消费领域。从房地产再生产过程来看，房地产市场属于房地产流通领域。同时，房地产商品的交换又必须在一定的场所内进行，例如在售楼处或房地产交易中心，买卖双方签订成交协议，办理相关手续。从这个意义上说，房地产市场也是房地产商品交易的场所。

简单地说，房地产市场是使房地产的买卖双方走到一起，并就某宗房地产的交易价格达成一致的任何安排，它同样包括一般市场的四重含义。与一般市场相同，房地产市场也是由买卖双方、房地产商品以及价格等市场要素按一定的交易方式构成的。

房地产市场是房地产经济运行的载体，是整个国民经济市场体系中的重要组成部分，也是一个活跃的、具有显著特性的专门市场。在市场分类中，它在产品市场和要素市场都占有重要地位。即住房作为人们必需的消费资料，在产品市场中占有极其重要的位置；土地和各类非居住用房——厂房、仓库、商店、写字楼、酒楼、宾馆等各种楼宇，是各行各业进行生产或经营活动所不可缺少的物质条件，在要素市场中占有举足轻重的位置。

二、房地产市场的分类

房地产市场与一般商品市场、金融市场、劳动力市场、技术市场等一样，是一个完整的市场体系中不可或缺的重要组成部分。同时，房地产市场本身又是一个相对独立的系统，有自己的体系结构。房地产市场体系可以从不同的角度进行划分。

（一）按市场运行层次划分

房地产市场常被划分为一级市场、二级市场、三级市场，但这种划分方式并不是统一的。有的将国家出让土地给房地产开发公司的土地出让（批租）市场作为一级房地产市场，将房地产开发公司与房地产消费者之间的房地产交易市场作为二级房地产市场，将房地产消费者之间的交易市场作为三级房地产市场。有的将商品房买卖作为一级市场，将旧房买卖作为二级市场，将房屋出租作为三级市场。按照层次来划分造成的不统一、不规范，给研究房地产市场问题带来了诸多不便和混乱。随着市场的成熟，除国家控制的土地出让市场外，房地产市场一律是统一的，不管交易人还是转手次数，都遵守相同的市场规律，而不再分级管理、分级开放。

土地上未建房屋及其他附属设施的，其交易活动称为土地市场；土地上建有房屋及其他附属设施的，其交易活动称为房地产市场。两类市场应区别称谓。

（二）按市场交易客体划分

房地产市场可以分为土地市场、房产市场、房地产金融市场和房地产中介服务市场等。房地产中介服务市场又包括房地产评估、房地产经纪、房地产咨询、房地产信息服务市场等。

（三）按用途划分

房地产市场可以分为住宅市场、写字楼市场、商业楼房市场、工业厂房市场、仓库市场、特殊用途房地产市场。每一类又可以进一步细分，如住宅市场可细分为普通住宅市场、高级公寓市场、别墅市场等；写字楼市场可细分为高档写字楼市场、普通写字楼市场。

（四）按覆盖（影响）范围划分

房地产市场可以分为国际性、全国性、地方性房地产市场。不同类型房地产市场的覆盖（影响）空间范围是有差别的。一般来讲，房地产的档次越高，市场空间范围就越大。例如，别墅市场的影响范围就大于普通住宅市场。东京写字楼市场与上海写字楼市场，其市场需求都具有国际性，可以看作国际性房地产市场；北京王府井商业楼房与上海南京路商业楼房市场等，则可以看作全国性房地产市场。

（五）按发育程度划分

房地产市场可以分为房地产萌芽市场、发育市场、成熟市场。衡量房地产市场发育程度的指标有城镇住房私有化率、居民家庭住房消费支出占总消费的比重、房价与家庭年收入的比值、房地产金融资产与国民生产总值的比值、私人投资占房地产市场总投资的比例、有偿使用土地面积占应该有偿使用土地面积的比例、年竣工商品住房面积占年竣工住房总面积的比例。

另外，我们还可以按交易对象划分为房屋土地实体交易市场，与房地产有关的资金、劳务、技术、信息等服务交易市场；按供货方式划分为现房市场、期房（楼花）市场；按权益让渡方式划分为买卖、租赁、抵押、典当、置换、联营、入股等类型房地产市场；按法律原则划分为合法房地产交易市场、非法房地产交易市场（隐形市场）；按供求状况划分为买方市场、卖方市场。

必须指出，在房地产经济运行过程中，房地产市场是一个有机整体。对房地产市场的划分，目的在于更全面地反映它，更深刻地认识它，为我们认识问题提供更全面的角度。

三、房地产市场的构成要素

房地产市场的基本构成主要包括市场主体、市场客体、组织形式三个要素。

（一）房地产市场的主体

房地产市场的主体即房地产市场的参与者，主要由市场中的买卖双方以及为其提供支持和服务的人员与机构组成。这些参与者分别涉及房地产的开发建设过程、交易过程和使用过程。每个过程中的每一项活动，都是由一系列不同的参与者来分别完成的。

房地产市场的主体主要包括：土地所有者或当前使用者，开发商，政府机构，金融机构，建筑承包商，房地产中介机构，企事业单位及个人。

（二）房地产市场的客体

房地产市场的客体是指房地产交易的对象，即房地产商品，包括土地、房屋（含附属设施设备）及其相关服务，它是房地产市场的交易对象和物质基础。由于房地产商品在流通过程中，流通或转移的不是商品实体自身，而是房地产的产权和权利，所以，房地产产权在市场运行中的变换，就构成了房地产市场的客体。

（三）房地产市场的组织形式

房地产市场组织形式分为"有形"的房地产交易所和"无形"的场外市场两种。

四、房地产市场的特点

（一）不动产市场的特性及其原因

不动产市场有如下几点特性：只是针对待售财产总供给量的一部分而言，产品位置的固定性；产品的非标准化和异质性；影响不动产交易的特别法律条例；对当地供求状况的依赖性；绝大多数交易是高额交易；习惯上采用信贷方式来补充多数买者有限的自有财产；普通买者不经常参与不动产市场交易；广泛的经纪人服务。

不动产市场不像其他商品市场那么有效率，其原因如下：

①一般商品市场，交易的商品或劳务本质上是同质产品，彼此容易替代；但在不动产市场，每宗土地都是唯一的，且位置固定，彼此不易替代，即使某些土地具有替代性，但是因其位置的固定性，其市场无高效率。

②一般商品市场，市场参与者众多，自由竞争充分，较难形成垄断；但在不动产市场，在一定时间内，只有少数买者和卖者，每一类型土地只在某一价格范围和地域内互动，且因价值较高而需要较强的购买力。

③一般商品市场，价格相当一致且稳定，商品价格经常是买卖双方决策的主要依据；但在不动产市场，因价值较高，一般很难以自有资金购买，因此，提供融资的类型、可用抵押贷款额、利率、定金支付条件及还款期限等都会影响投资决策。

④一般商品市场，自我规范，公平竞争，限制很少；但在不动产市场，政府的法律法规限制很多。

⑤一般商品市场，因竞争而易形成均衡；但不动产市场的均衡大多只是理论上的，在现实中则由于适合特定用途的不动产供给相对于市场需求调整较慢，而难以实现均衡。

⑥一般商品市场，买卖双方对市场和商品有较充分的了解；但在不动产市场，进出较难且复杂耗时，市场因不可预知因素而变化较大，参与者较难适应市场变化。

⑦一般商品市场，商品易被消费，也易迅速供给和适应；但不动产属耐久产品，且位置固定，因而其供给相对无弹性。

（二）房地产市场区别于一般商品市场的特点

与一般商品市场相比较，房地产市场具有以下特点：

1. 地区性强

房地产的实体由土地及地上建筑物构成，土地的不可移动性决定了房地产实体是不可移动的。各地区的房地产市场在出现供过于求或供不应求时，不可能通过对其他地区进行调剂来达到供求均衡。不同地区之间的房地产价格水平、供求状况、交易数量等，相对于一般商品而言有极大的差异，这是由房地产市场的地区性决定的。因而房地产市场具有很强的地区性。

2. 垄断竞争性

由于土地的稀缺性，国家垄断土地一级市场，使房地产市场具有强烈的垄断性，所以能进入房地产市场从事开发投资的只能是少数开发商，从而导致房地产市场供给主体间的竞争不充分、不广泛。同时，由于房地产交易额巨大，房地产商品使用周期长，因而普通民众一般不经常参与房地产交易活动，所以，房地产市场的需求主体在数量上是有限的，也使房地产市场竞争的广泛性和充分性受到很大限制。

由于房地产空间的固定性和质量的异质单件性，在市场上交易的房地产在区位、质量、新旧、价格上存在较大的差异，且房地产交易价格及交易信息多为非公开的，所以房地产买卖双方较难了解到真实的市场行情。

因此，房地产市场与完全自由竞争市场的四个条件（信息充分、商品同质、厂商买者自由出入、交易双方数量众多）相去甚远，房地产市场是一个竞争不充分的市场。

3. 供给调节的滞后性

一方面，土地资源一般不可再生，土地的自然供给无弹性，经济供给弹性较小，土地的用途一旦确定就难以改变。另一方面，房地产开发周期较长，从申请立项到建成销售，需要短则一年、长则数年的时间，因而当市场出现供不应求时，供给的增加往往需要相当长的时间。而由于房地产使用的耐久性，又决定了在市场供过于求时，多余的供给也需要较长的时间才能被市场消化，因而，相对于需求的变动，房地产供给的变动存在着滞后性，房地产市场的均衡有着不同于一般商品市场的特殊形式。

4. 市场供给缺乏弹性

由于房地产具有位置固定、数量稀缺、产品不可替代及建设周期长的特点，土地自然供给没有弹性，所以，房地产开发商很难在短期内增减市场供给总量，导致市场供给缺乏弹性。

5. 交易的复杂性

首先，房地产交易形式多样，不仅有土地使用权的出让、转让，还有房地产买卖、租赁、抵押、典当及其他让渡方式。其次，房地产交易从有初步意向到交易完成，需要进行寻找买方或卖方、现场考察、产权产籍资料查阅、讨价还价、签订契约、产权转移登记等活动，持续时间较长。最后，完成一宗房地产交易通常需要中介人如律师、估价师、经纪人、金融机构、行政管理部门等的参与。因而，房地产市场的交易复杂，费用高昂。

6. 与金融的关联度高

可以说，房地产市场和金融市场是一对孪生兄弟，二者紧密联系，相互作用。由于房地产的价值量大，不仅房地产的开发需要大量的资金，而且对于一般的购房者而言，购买房地产也需要一笔庞大的资金，所以不论是房地产的投资者、开发者，还是房地产的消费者，对于信贷的依赖性都很强。没有金融的支持，房地产交易的规模将受到极大的限制。而金融政策、市场利率的变动，也会对房地产交易的数量、价格等产生很大影响。

7. 政府的干预性强

政府对房地产市场的干预较之于一般产品市场来说更强，这是由房地产的稀缺性、房地产对国民经济发展的特殊重要性、房地产利用结果的巨大社会性所决定的。无论何种社会制度的国家，政府都以社会管理者的身份，一般通过金融政策、财政政策、土地利用计划、城市规划以及环境保护等手段，来鼓励或限制房地产开发，对房地产市场进行干预和调节。

8. 投机性

房地产市场的地区性、供给调节滞后性、垄断竞争性都决定了房地产投资具有很强的投机性，使房地产成为一种很好的投机对象。从各个国家和地区的房地产市场发展历史来看，房地产市场的投机性仅次于金融市场，房地产的投机性又同金融业密不可分。

9. 交易的权利主导性

由于房地产商品具有地理位置上的不可移动性，它既不能移至特定的交易场所进行交易，成交后也不能携带和移动，在流通过程中，流通或转移的不是商品实体，而是房地产的产权和权利。每一次交易行为都是对房地产权利的重新界定，因而必须以契约、产权证书等法律文件为依据。权利的界定只有在法律的保护下才有效力，才能充分体现权利主导性。从这个意义上说，房地产市场是房地产产权权利的交易市场。

第二节　房地产市场供求分析

一、需求与供给的基本含义

（一）需求的含义

需求是指在一定的时期内，一定的价格水平下，消费者愿意而且能够购买的商品和劳务。如果消费者愿意购买而没有支付能力就不能称其为需求，这仅是消费者的一种需要或欲望。

按目前的购买量继续购买时，对一定数量的商品所愿意支付的价格，就是需求价格。在通常情况下，价格上升，需求量减少，价格下降，需求量增加。这种价格与需求量之间的反比关系，称为需求规律。

（二）供给的含义

供给是指在一定的时期内，一定的价格水平下，生产者愿意而且能够提供出售的商品或劳务。生产者在一定的时期内，提供一定数量的商品时所愿意接受的商品价格，称为供给价格。通常情况下，商品的价格越高，生产者愿意提供的商品数量越大，因此供给量随价格升降而增减。这种价格与供给量之间的正比关系，称为供给规律。

二、房地产需求

房地产供给和需求是房地产市场构成的两大要素，分析房地产市场运行必须从此开始。房地产市场供给和需求之间存在着互相制约、互相促进的辩证关系，由于满足需求是房地产供给的目的，在供求关系中处于决定性的地位，下面首先分析需求。

（一）房地产需求的含义

房地产需求这一概念应该从微观和宏观两个角度理解。从微观角度看，房地产需求是指消费者在特定时期，在某一价格水平上愿意而且能够购买的房地产商品或劳务的数量，也可以叫作房地产市场需求，也即房地产的有效需求。从宏观角度看，房地产需求是指房地产总需求，即某一时期全社会房地产需求的总量。

通常，在一个特定价格下，消费者愿意且能够购买的房地产数量，称为房地产的需求量。影响某一种（类型）房地产需求量的因素有：该（类）房地产价格、消费者的收入及偏好、替代房地产价格、预期房地产价格的变动趋势。消费者在某一特定时期内对某一房地产的需求量，随着价格的降低而增加。在价格固定不变的前提下，消费者的收入增加（减少）、对该房地产的偏好提高（降低）、替代房地产价格上升（下降）、预期房地产价格上升（下降）都会导致房地产需求数量的增加（减少），这样就形成新的需求曲线。

按照需求的性质，房地产需求可分为生产性需求、生活性需求、投资性需求和投机性需求。生产性需求是国民经济各产业部门为了满足生产经营需要产生的需求，如工业厂房、商业店铺、写字楼等。在此，房地产产品是生产资料。生活性需求是居民为了满足生活需要而产生的需求，主要是住宅，如普通住宅、公寓、别墅等。在此，房地产产品是生活资料。投资性需求和投机性需求是投资者或投机者为了资产保值增值或获取差额利润而产生的需求。在此，房地产是投资和投机的工具。随着房地产市场的逐步发育成熟，会有越来越多的投资人和投机者参与房地产市场，这一方面使市场更具活力，另一方面也造成市场波动。过度的投机会对房地产市场产生巨大危害。

（二）房地产需求的特点

1. 区域性

由于空间的固定性，房地产位置不可移动，这就决定了房地产需求的地区性强。这主要表现在两方面：一方面，一定地域或一个城市房地产市场需求绝大部分来自本地区或本区域内的工商企业和居民，即使外地居民或海外居民有购房需求，也必须迁移到该地区才能形成实际需求，不像彩电、冰箱等一般商品可以运输到凡是有需求的全国各地甚至海外销售；另一方面，在同一城市的不同地段，房地产市场需求也可以有很大差异，如在市中心地区、次中心地区和城市郊区，人口密集度、地区级差和房价等不同，都会形成不同的房地产需求。这种明显的区域性，要求房地产企业在投资决策时，要认真分析本区域的房地产市场需求，使供给与地区需求相适应；同时，也要求地区政府在处理供求关系时，必须根据地区市场需求，实现区域内房地产供给和需求的总量平衡。

2. 多样性

房地产需求的多样性首先是由房地产本身的多样性造成的。房地产商品属于特殊商品，即由于位置、楼层、朝向、户型、功能等的差异，房地产具有多样性。其次，由于不同消费者收入水平、文化程度、职业、年龄、生活习惯等不同，形成了不同的兴趣、偏好，对房地产的需求进一步形成了多样性。房地产需求的多样性要求房地产市场研究者必须重视这一特点，进行市场细分。

3. 整体性

这是由地产和房产需求的不可分割性所决定的。由于房地产是地产与房产的结合体和统一物，土地是房屋的物质载体，而房屋是地基的上层建筑，二者不可分割，因而房地产需求既包含了对房产的需求，也包含了对地产的需求，是对房地产统一体的需求，绝不可以也不可能把二者分离开来。这就决定了房地产商品空间的固定性、效用的长期性和价值量的巨大性，由此引发房地产需求的特殊性和对房地产市场需求分析的复杂性。

4. 双重性

双重性是指房地产既可以作为消费品也可以作为投资品的特点，即可以分为房地产消费需求和房地产投资需求两大类。一方面，房地产可分为住宅等消费品以及商业、工业用房等投资品两大类，对前一类房地产的需求属于消费性需求，对后一类房地产的需求则属于投资性需求（生产性需求）。另一方面，具体到住宅等消费品的需求，实际上也包括消费性需求和投资性需求两个方面，前者购买住宅是以自住为主，当然也要考虑住宅的升值因素；后者购买住宅则是以投资（租赁、买卖）为主，以获取收益为最终目的。因此，研究房地产需求应该分不同物业类型进行，而住宅商品投资性需求的重要性也是显而易见的。

5. 可替代性

可替代性可以从以下三个方面理解：

①在一定区域内，在同一供需圈内，尽管没有完全相同的两个房地产，但是房地产商品在一定程度上是可以相互替代的。当然，这种替代性与其他普通商品相比要有限得多。

②特别需要注意的一点是，房地产的租赁和买卖，也即我们通常所说的买房和租房是可以相互替代的。当购买力不足或者不需要购买（如短期暂时居住）时，就可以考虑租赁房地产而不是购买。这样，出租的房地产与出售的房地产之间就有较强的可替代性，在成熟的市场经济中，房地产的买卖价格和租赁价格之间有一个合适的比例。

③从房地产的投资需求看，房地产作为一种投资工具，如果其投资收益下降，那么投资者可以转向股票、债券、期货等其他投资工具。从投资角度看，房地产商品与其他商品之间是可以替代的。

（三）影响房地产市场需求的因素

在市场经济条件下，有多种主客观因素影响房地产市场需求，分析这些因素，对于扩大市场需求、正确进行投资决策、积极组织供求平衡有重要意义。

1. 国民经济发展水平

一国或一个地区的经济发展水平是影响房地产需求的决定性因素。一般来说，房地产需求水平与国民经济发展水平呈正相关，即一个国家或地区经济发展水平高，相应地会促使其房地产需求的水平也比较高，反之亦然。一个国家或地区某一时期国民经济发展速度快，这一时期房地产需求增长也比较快，反之亦然。国民经济发展水平对房地产需求的影响主要来自两个方面。一是投资规模。投资规模扩大，会拉动生产经营性用房需求增加，从而扩大对工业厂房、商铺、办公用房等的需求。二是国民收入水平。随着经济发展，国民收入增加，企业的扩大再生产能力提高，个人的可支配收入增长，必然会增大对房地产的生产性需求和消费性需求。改革开放以来，我国国民经济快速增长，使各类房地产需求激增，由此推动了现阶段中国房地产业的繁荣局面。

2. 房地产价格水平

房地产市场中的价格仍然是影响房地产需求数量及结构的重要因素。在正常的房地产市场上，价格偏高就会限制一定收入水平需求者的需求，而价格降低就会增加需求量。尽管政府在土地一级市场上有垄断者的地位，但除了直接的行政干预外，还可利用价格的涨落调节市场对土地的需求。三级市场是竞争型市场，价格波动会很明显地影响市场需求。

3. 城市化水平

城市化是社会经济发展的必然趋势。城市化包括城市数量的增加、城市规模的扩大和城市人口的增多等。城市化水平的高低也是影响房地产需求的重要因素，主要体现在以下三个方面。一是伴随城市数量的增加和规模的扩大，必然要加快城市建设，例如，盖更多的工厂，办更多的商店、银行、学校、医院，以及大力进行基础设施建设，从而对各类房地产提出更多、更大的需求。二是城市人口的增多，既增加了对城市住宅的巨大需求，又增加了安排就业对生产经营性房地产的需求。三是城市建设的发展，需要进行旧区改造和实施重大建设工程，由此必然要进行旧城区的动拆迁，引致动拆迁户的大量住房需求。大量农村人口进城就业和生活，房地产市场的潜在需求很大，必将带动中国房地产业长期持续发展。

4. 国家有关政策因素

政策因素对生产性需求和消费性需求都有重要影响，对生产性需求影响尤为直接。政策是国家对房地产业进行宏观调控的必要手段，对房地产供求的总量平衡和结构优化有极强的控制调节作用。从宏观上讲，产业发展政策决定房地产业在整个国民经济中的地位及与其他相关产业发展的关系。与产业发展政策相关的财税、计划、金融、投资等政策措施，大体上框定了投资的总量和结构，是投资约束机制和激励机制的重要组成部分。同时，国家可以通过调节生产性需求的价格、税收、利息率和折旧率等，刺激或抑制微观经济组织的投资行为。其中，货币金融政策和利率的调整是影响生产性需求最重要、最有力的杠杆。任何房地产开发经营企业都要学会对这些政策的效应做出迅速反应，接受政策对生产性需求的规范，减少投资的盲目性。

与消费者需求有关的政策，主要有住房政策以及相关的各项优惠政策。对经营性需求来说，主要有房地产二、三级市场的管理法则，相应的倾斜或约束性政策措施。

5. 消费者对未来的期望

消费心理对房地产需求的影响带有主观的色彩，但在一定程度上也反映了对房地产价格和需求的科学预测。其中主要是对未来经济发展形势的预测。若预测乐观，对房地产需求就会增加；反之，对房地产需求就会减少。同时，它也取决于对未来房价变化的预测，一般消费者都存在"买涨不买跌"的心理，当房价上升时，若消费者预期房价还会上涨，即使目前价格偏高，但今后存在上升空间，未来收益会促使消费者需求提前释放，形成现实需求增长。这种情况在投资性需求方面表现得尤为明显，因为投资性购房者的目的是投资获利。而当房价下跌时，若消费者预期还会下跌，则他们往往会持币待购，迟迟不肯入市，导致延期消费。此外，还有一种消费心理即"负债消费"观念也会影响房地产需求。例如长期以来的"即期消费"观念，使人们对难以接受住房消费信贷，会因购房支付能力的不足而影响住房需求；而当树立起"负债消费"的现代消费观念后，在未来收入预期的基础上，人们敢于"用明天的钱圆今天的住房梦"，便会借助住房抵押贷款进入房市，从而扩大住宅市场的需求。

以消费为目的的住宅需求者与投资者有所不同，他们更关心近期投入的最小化，而非远期收益的最大化。需求者对价格涨落的预期是影响现实市场需求量的重要因素。当他们预期价格还会下跌时，尽管市场价格跌幅很大，他们仍会继续持币观望，使现实性需求作为潜在需求暂时沉淀下来。

三、房地产供给

房地产供给也是房地产市场的另一大要素，它依存于房地产需求，同时又对需求的实现和扩大产生积极的促进作用。

（一）房地产供给的含义

房地产供给这一概念可以从微观和宏观两个角度理解。从微观角度看，房地产供给是指生产者在某一特定时期，在某一价格水平上愿意而且能够提供的房地产商品或劳务的数量，也可叫作房地产市场供给。从宏观角度看，房地产供给是指房地产总供给，即某一时期全社会房地产供给的数量，既包括以公顷、幢、平方米等为单位的房地产实物总量，也包括以元、万元等为单位的房地产价值总量。

准确地理解房地产供给，需要注意以下两点。①在一个成熟的市场经济国家，一般来说，其宏观的房地产总供给应该是微观房地产供给的总和。但是对于我国这样处于转轨时期或过渡经济时期的国家而言，房地产市场还是双轨制，那么微观的市场供给概念很明确，即商品房的供给以及出让或转让土地的供给，但是宏观的房地产总供给概念就比较模糊，不仅包括市场供给，还应包括福利分配的住房以及划拨的土地。②房地产供给概念的外延与房地产概念的界定密切相关。一般而言，广义的房地产供给不仅包括住房（住宅）供给、非居住用房（如工业用房、商业金融用房、写字楼等）供给，还包括土地供给；而狭义的房地产供给则仅指住房供给和非居住用房供给，不包括土地供给。

房地产供给要具备两个条件：一是出售或出租的愿望，主要取决于以价格为主的交易条件；二是供给能力，主要取决于房地产开发商的经济实力和经营管理水平。两者缺一不可，但在市场经济条件下，以价格为主的交易条件是主要的。

（二）房地产供给的特点

由于房地产本身具有特殊性，与一般商品供给相比，房地产供给具有一些显著特点，可以归纳为以下几个方面。

1. 缺乏弹性

与一般商品供给相比，房地产供给缺乏弹性，也即通常所说的房地产供给的刚性。首先，城市土地是指作为城市房地产基础的土地，它的供给分自然供给和经济供给两类。自然供给是指自然界提供的天然可利用的土地，它是有限的，所以是刚性的。经济供给是指在自然供给的基础上土地的开发利用和多种用途的相互转换。土地的经济供给，由于受自然供给刚性的制约，其弹性也是不足的。因此，从总体上说，城市土地的供给是有限、刚性的。

中国城市土地属于国家所有，国家是城市土地所有权市场的唯一供给主体，因此城市土地一级市场是一种垄断性市场。

房地产供给的这一特点，决定了其受土地供应量、供应方式和供应结构的制约特别明显。国家把住土地供应的龙头，便可以达到有效调节房地产供给总量和供给结构的目的，因而土地供应也就成为政府实施宏观调控的重要手段。

2. 层次性

房地产供给具有层次性。房地产供给的层次性是由房地产开发、建设的长期性所造成的。房地产开发建设的周期比较长，在市场的一个时点上，即从截面上看，就存在着不同层次的房地产供给。房地产供给一般可分为三个层次：

①现实供给层次，即已进入流通领域，可以随时销售或出租的房地产，又称房地产上市量，其主要部分是现房，也包括期房。这是房地产供给的主导和基本的层次。

②储备供给层次，即可以进入市场但是房地产生产者出于一定考虑（如房地产开发商或销售商的市场营销手段和策略）暂时储备起来不上市的这部分房地产。需要注意的是，这种储备供给层次的房地产与通常所说的空置房不同。

③潜在供给层次，即已经开工建造的或者已竣工而未交付使用的未上市房地产，以及一部分过去属于划拨或福利分配的但在未来可能进入市场的房地产。

房地产供给的三个层次处于动态变化和转换过程中。认真分析这三个层次，对于科学地把握供给状况和预测未来供给都具有重要意义。

3. 滞后性

房地产商品的价值量大而且生产开发周期长，短则一两年，长则数年。较长的生产周期决定了房地产供给相对于需求的变化存在着滞后性，短期内房地产供给是固定的，长期来看房地产供给的弹性也有限，远跟不上需求的变化。一方面，房地产供给的滞后性导致了房地产投资的高风险性。房地产生产者往往依据现时的房地产市场状况制订开发计划，但当房屋建成投入市场时，市场则很可能已发生变化，由此造成积压和滞销。因此，对未来宏观经济形势和房地产市场变化的预测非常重要，对房地产市场调查以及可行性研究的要求也很高。另一方面，房地产供给的滞后性也是引起房地产市场周期性变化的重要原因。

4. 时期性

房地产供给的时期一般可分为特短期、短期和长期三种。

特短期又称市场期，是指市场上房地产生产资源固定不变，从而房地产供给量固定不变的一段时期。

短期是指在此期间，土地等房地产生产的固定要素不变，但可变要素是可以变动的时期。因此，所谓短期是可以对房地产供给产生较小幅度影响的一段时间。

长期是指在此期间，不但房地产行业内所有的生产要素可以变动，而且可以与社会其他行业的资本互相流动，从而对房地产供给产生较大幅度影响的一段时期。在长期内，土地供应量与房屋供应量变动更大。

（三）影响房地产市场供给的因素

从长期供给趋势来看，影响房地产总供给的主要因素是房地产产业政策及与产业政策相关的货币金融政策和投资体制。产业政策是解决房地产在整个国民经济中的地位和在发展战略实施过程中作用的依据；货币金融政策是保证产业政策得以实施的前提条件；投资体制是产业政策实施的具体形式。概括起来，影响房地产供给的因素包括以下几个方面。

1. 房地产价格

房地产价格是影响房地产供给最重要的因素。按照供给定理，房地产供给与房地产价格正相关，即房地产价格与供给量之间存在着同向变动的关系，在其他条件不变的情况下，供给量随着价格的上升而增加，随着价格的下降而减少。因此房地产供给曲线与一般商品的供给曲线一样，是一条向右上方倾斜的曲线。

2. 土地价格和城市地产数量

土地价格是房地产成本的重要组成部分，中国城市中目前土地费用约占商品房总成本的30%。土地价格的上涨，将提高房地产的开发成本，对此房地产开发商一般会采用两种可选对策：一是增加容积率，使单位建筑面积所含的地价比重下降，消化地价成本的上升，从而有利于增加房地产供应；二是缩小生产规模和放慢开发进度，从而引起房地产供给的减少。

城市房地产的供给能力在很大程度上取决于能够供给城市使用的土地数量。一般来说，一个国家经济发展水平越高，特别是农业生产力水平越高，则可提供给城市使用的土地就越多。换言之，城市土地的供给水平必须与经济发展水平特别是农业发展水平相适应。改革开放以来，中国农业发展迅速，为城市土地的扩大创造了条件。但也应看到，中国人多地少，人地矛盾十分尖锐，对于不恰当地过多占用耕地的现象，必须加以制止。

3. 资金供应量和利率

由于房地产的价值量大，开发建设必须投入大量资金，除房地产开发商自有资本金投入外，还需要银行等金融机构开发贷款的支持。据统计，房地产开发资金中直接和间接来自银行贷款的约占60%，依存度很高，所以国家的货币政策对房地产供给的影响极大。若货币供应量紧缩，对企业的开发贷款减少，建设资金紧缺，必然导致房地产供给量下降；反之，若货币供应量扩张，对企业的开发贷款增加，建设资金充裕，则房地产供给量上升。同时，房地产开发贷款利率的高低也会对房地产供给带来重大影响。若银行的贷款利率提高，会增加开发商利息成本，在销售价格不变的情况下势必减少利润，影响其开发积极性，导致供给量减少；反之亦然。所以，银行的信贷政策是调节房地产供给的重要因素。

4. 房地产交易条件

房地产作为商品进入流通领域后，其交易程序复杂，操作技术性强。因此，房地产供给的最终实现需要完备的交易条件，包括完善的市场功能，健全的法律体系，便捷的市场设施和有效的信息传递手段，相当数量和富有经验的中介组织以及高效率公正的市场管理、仲裁机构等。

从某种意义上讲，进入市场的限制性条件中，市场竞争及其规范程度和激烈程度对供给有重要影响。进入市场的限定性条件少，当地投资回报率预期较高时，会使社会资金及各类经济组织迅速转入房地产市场，为房地产开发提供必要条件，竞争作为市场机制，为实现房地产供给的资源最优配置提供了动力要素。完备合理的交易条件可以使供需双方减少交易成本，加快交易进程，使房地产市场储备量和潜在供应量顺利进入市场供应层次，进而增加市场的房地产供应量。

5. 政策因素

政府的有关政策如房地产政策、产业政策、税收政策等，都是影响房地产供给的重要方面。政府往往根据房地产市场的运行状况，采取各种宏观调控手段，对房地产开发经营活动进行引导和约束，从而引起房地产供给数量和结构的变动。例如，如果实行优惠税收政策，减免基本房地产税收或纳税递延，则会降低房地产开发成本。开发成本的降低，既使得同量资金的房地产实物量供给增加，又会提高开发商赢利水平，从而将更多的资金吸引到房地产部门中来，导致房地产供给量增加。反之，如果房地产税费增加，则会直接增加房地产开发成本，降低开发商赢利水平，最终导致房地产供给减少。

6. 房地产开发商对未来的预期

这种预期包括对国民经济发展形势、通货膨胀率、房地产价格、房地产需求的预期，以及对国家房地产信贷政策、税收政策和产业政策的预期等，其核心问题是房地产开发商对赢利水平即投资回报率的预期。若预期的投资回报率高，开发商一般会增加房地产投资，从而增加房地产供给；若预期的投资回报率低，开发商一般会缩小房地产投资规模或放慢开发速度，从而减少房地产供给。

第三节 房地产市场体系的运行

一、房地产市场体系的内涵

房地产市场体系是指多种房地产市场相互联系、互相制约所形成的市场集合体和系统。

这个定义的具体内涵包括三个方面：

（1）房地产市场体系是多种房地产市场集合形成的有机统一体。按房地产市场结构分类，可以分为土地市场、房产市场、中介服务市场、房地产金融市场和物业管理市场等。房地产市场体系不是指其中某一种市场而是多种房地产市场的总称，反映了市场结构具有整体性。

（2）房地产市场体系是多种房地产市场之间密切联系的市场竞争统一体。每一类房地产市场既有相对独立性，但又不是孤立存在的，它们之间存在着密切的联系。例如土地是房屋的物质基础，而房屋又是建筑地基的上层建筑，土地市场与房产市场密不可分；再如土地市场、房产市场又离不开房地产中介服务市场和金融市场等。这种多种房地产市场之间互相联系、互相制约的辩证关系，体现了它们相互之间的联系性。

（3）房地产市场体系是一系列房地产市场构成的系统结构。房地产市场体系是整个社会主义市场体系的重要组成部分，是其中的一个支系统。它与生产资料市场、消费资料市场、劳动力市场、金融市场、技术市场、信息市场、资本市场并列存在，构成一个大系统。同时房地产的相对独立性又使其内部在多种房地产市场的互相联系、互相制约中形成一个具有系统结构的支系统。

房地产市场体系是房地产经济运行的载体。建立和健全房地产市场体系，对于完善市场机制、充分发挥市场在房地产经济资源配置中的基础性作用、有效实现宏观调控目标、提高资源配置效率都有着十分重要的作用和意义。

二、房地产市场体系的结构

房地产金融市场对于支持房地产开发特别是住宅建设、提高购房能力、扩大住宅消费、改善居住条件发挥着十分重要的作用。同时，房地产金融市场也是国家实施宏观调控的重要手段。国家通过金融市场贯彻货币政策，运用货币供应量、贷款规模、利率等手段调节房地产市场全面协调和持续健康发展。

（一）土地市场

1. 土地市场的含义

土地市场又称为地产市场，是土地这种特殊商品在交易领域及流通过程中发生的经济关系的总和。

土地市场流通的土地主要是城市土地。建筑地块一般是脱胎于土地的自然状态，经过人类开发、加工、改造，凝结了人类的劳动，因而是由土地物质和土地资本结合在一起的土地商品。

土地市场交换的内容，是由国家的法律和政策决定的。中国实行土地国家所有和集体所有两种形式并存的社会主义土地公有制，因此，土地市场的内涵包括两个方面：

①集体土地所有权和使用权的转移。集体土地所有权的转移，是由国家向集体征用土地，支付土地补偿费，然后再转移土地使用权。在集体经济内部，农民承包地也可通过转包实行土地使用权的流动和转移。

②国家土地使用权转移。由于我国的城市土地归国家所有，所以只能转让土地使用权。这里有两种情况：一种情况是国家作为土地所有者有偿、有期限地把土地使用权出让给土地使用者；另一种情况是国家作为土地所有者有偿、有期限地把土地租赁给土地使用者。

2. 土地市场的特点

土地本身的特性以及土地制度决定了土地市场不仅具有一般商品市场的特征，而且具有自身的特殊性。从土地本身的特征看，土地是一种稀缺的不可再生资源，土地的自然供给完全无弹性，经济供给弹性也比较小，土地的这种较小的供给弹性，使得土地价格受需求的影响巨大。从土地制度看，土地所有权制度对土地市场影响极大，由此产生的土地市场也有显著的特点。中国土地市场的主要特点可以概括如下：

（1）土地市场的区域性

土地位置的固定性，使土地市场具有明显的区域性特点。在各区域性市场中，土地供给需求状况各不相同，其价格水平也有很大差异，因此，土地交易一般也只限于在各自的区域市场内进行。同时，土地的固定性也决定了土地市场区域之间的不平衡不能通过价格机制的自动调节而改变。

（2）土地市场的权利主导性

由于土地的位置是固定的，所以土地在市场上交换的只是土地权属。每一次交换行为都是对土地权利的重新界定，权利的界定只有在法律保护下才是有效的，因而必须以地契等法律文件为依据。这样，土地市场实际上是土地权利和义务关系的交换及重新确定的场所或领域。

（3）土地市场的低流动性

一方面由于土地实体流动的困难性，不可能将土地迁移到获利水平最高的地方去；另一方面由于土地变现能力较小，即转换一宗地产为现金的过程费时、费钱又费事，这也阻碍了土地的流动，从而使土地市场的流动性与其他商品相比是相当低的。

（4）土地市场的垄断性

土地市场的垄断性，一方面是由于土地所有权的存在，另一方面则是由于土地资源的稀缺性及其位置的固定性。土地所有权的存在使得与其相联系的各种权利义务关系复杂而繁多。某一部分所有者（指其拥有不完整的所有权）要行使自己权利的同时，势必会影响到其他人或者其他部分所有者的利益。这样为了协调所有者之间以及所有者同其他相关市场主体之间的关系，必须由政府对其进行充分的管制，从而限制了进入市场的竞争者数目，使土地交易带有垄断性特征。此外，市场的地域性分割导致地方性市场之间竞争的不完全性，加上地产交易金额巨大，使进入市场的竞争者较一般市场要少得多，也使土地交易容易出现垄断。

3. 土地市场的作用

土地是重要的基本生产要素，建筑地块是城市各类房屋建筑不可缺少的基础载体，因此，土地市场在房地产市场体系中占据基础地位。土地市场的重要作用在于：

（1）有利于制止非法地产交易和进行公开、有序、合法的地产交易

在过去的很长时期内，由于没有形成合法的地产市场，致使非法地产交易大量存在，违法转让土地使用权的现象频繁发生，造成了经济秩序混乱、侵蚀耕地严重和国有资产大量流失。有了土地市场，就能有效抑制非法地产交易，将土地交易纳入法制轨道。

（2）有利于提高土地使用效率

有了土地市场，就可以在全社会范围内合理配置现有土地资源，实现土地资源要素和其他生产要素的优化组合，就可以利用市场机制和价格杠杆盘活存量土地，调节土地利用方向，提高土地的利用效率。

（3）有利于房地产业的持续发展

有了土地市场，可以实现土地的有偿使用、有偿转让，可以及时收回城市建设资金和土地开发投资，这样才能促使房地产业进入良性循环的轨道。

（4）有利于房地产经济的宏观调控

土地市场是垄断竞争型市场或有限竞争型市场。因此，土地市场的顺利运行，既要依靠市场机制的自我调节功能，又需要政府的必要调控和政策引导。政府可以通过国家对城市土地资源所有权的垄断及其他手段，来建立土地市场的宏观调控机制。当然，政府的宏观调控和政策引导必须是科学、有效的，因此必须完善土地市场的调控机制，这样才能强化土地的使用管理，提高土地使用效率，推动城市规划的实现，使土地市场进入良性运行状态，把土地市场的发展与城市的健康发展及人民群众的利益有机结合起来。

（二）房产市场

1. 房产市场的含义

房产市场是以房产作为交易对象的流通市场，也是房屋商品交换关系的总和。房产市场流通的房产是有一定的房屋所有权和使用权的房屋财产。狭义的房产是指已经脱离了房屋生产过程的属于地上物业的房屋财产；广义的房产是指房屋建筑物与宅基地作为一个统一体而构成的财产，亦包含相应的土地使用权在内。

2. 房产市场的细分及其特点

从交易对象来划分，房产市场可划分为住宅市场与非住宅市场两大类。住宅市场是房产市场的主体，根据住宅的档次，可细分为豪华型、舒适型、经济适用型和保障型四个不同层次的市场。非住宅市场可细分为办公、商用、厂房、仓库等具体市场。房产市场具有以下一些重要特点：

①房产市场供给和需求的高度层次性和差别性。由于人口、环境、文化、教育、经济等因素的影响，房产在各个区域间的需求情况各不相同，房产市场供给和需求的影响往往限于局部地区，所以，房产市场的微观分层特性也较为明显。具体表现在，土地的分区利用情况造成地区及一个城市的不同分区，不同分区内房产类型存在差异，同一分区内建筑档次也有不同程度的差异存在。

②房产市场交易对象和交易方式的多样性。房产市场上进行交易的商品不仅有各种各样不同用途的建筑物，还包括与其相关的各种权利和义务关系的交易。交易方式不仅有买卖、租赁，还有抵押、典当与让渡。

③房产市场消费和投资的双重特性。由于房产可以保值、增值，有良好的吸纳通货膨胀的能力，因而作为消费品的同时也可用作投资品。

④房产市场供给和需求的不平衡性。房产市场供求关系的不平衡状态是经常发生的。

虽然价格和供求等市场机制会发挥调整供求之间的非均衡状态的作用，但随着诸多市场因素的发展变化，原有的均衡状态将不断被打破。因此，房产市场供求之间的不平衡性将长期存在，而均衡始终只能是相对的。

3. 房产市场的作用

房产市场是房地产业进行社会再生产的基本条件，并可带动建筑业、建材工业等诸多产业发展。房产市场通过市场机制，及时实现房产的价值和使用价值，可提高房地产业的经济效益，促进房产资源的有效配置和房产建设资金的良性循环。房产市场能引导居民消费结构合理化，有利于改善居住条件，提高居民的居住水平。因此，房产市场是房地产市场体系中最有代表性、最重要的部分，处于主体地位。

（三）房地产中介服务市场

1. 房地产中介服务市场的含义

房地产中介服务市场是服务于房地产交易和经济活动的场所，是这种服务商品在交易中发生的一切经济关系的总和，是市场经济发展的产物，是房地产商品生产、流通和消费不可缺少的媒介和桥梁。

房地产中介服务市场主要包括房地产经纪、房地产估价和房地产信息咨询三大部分。从事房地产中介服务的机构，包括房地产咨询机构、顾问公司、房地产代理策划或营销公司、房地产中介或置换公司、房地产估价所和房地产交易中心或交易所等。房地产中介服务市场所提供的服务既包括增量房地产的代理策划、代理营销、出租和中介咨询，也包括存量房地产的估价、咨询、中介置换，还包括法律咨询、人才培训和信息交流等。

2. 房地产中介服务市场的作用

为了能充分把握未来市场发展趋势，生产适销对路的房地产商品和加快实现销售，房地产商品经营者需要房地产中介企业为其提供房地产专业知识和政策法律知识的服务，市场信息和市场研究的服务，投资顾问、可行性论证和项目评估等的服务。房地产中介企业可以提供从选定目标市场、整体项目策划、营销策略制定到楼盘促销代理的全面服务，因此可以有力地推动增量房地产商品的出售和出租。房地产中介企业对存量房地产提供的估价、咨询和中介置换服务等，在促进房地产二、三级市场联动中发挥着至关重要的作用。从一定意义上说，只有存量房地产能够顺利有效地流通，才有可能推动增量房地产市场的租售。根据国际经验，为居民住房消费提供专业化、综合性的中介服务，是刺激有效需求，促进住房消费，对个人和社会都有利的必要经营。

由此可见，房地产中介服务市场对于加快房地产商品的交易，理顺流通环节，拓展房地产市场，有着其他房地产市场不可替代的作用。因此，房地产中介服务市场是整个房地产市场体系中不可或缺的部分，在房地产市场体系中占据着显著位置。发达的中介服务是房地产市场成熟的重要标志。

3. 房地产中介服务市场的培育

房地产中介服务市场是房地产市场发展的加速器和润滑剂。在中国，这一市场还处在发展初期，成熟性和规范性不足，需要通过下列途径逐步培育。

①大力发展中介结构，构建大型房地产中介企业。增加中介服务机构的数量和品种，形成产业化服务体系。通过市场化运作和资产经营，进行产业重组、企业整合。培育房地产中介行业的主导骨干企业，发展房地产中介机构的网络经营。

②规范管理，提高中介机构服务质量。健全法律、法规，完善管理机制，强化房地产中介服务行业的自律管理，以促进房地产中介服务市场规范、有序和公正地运行。

③加强人才培训，使从业人员的专业素质、敬业精神和行业的整体实力及形象不断得到提高、增强和改善。

④加强现代化建设，提高经营管理水平。特别是要建立和完善房地产信息网络系统，进一步发展网上交易、电子商务。

（四）房地产金融市场

房地产金融市场既涉及整个金融业又是房地产市场体系中的一个重要组成部分。房地产金融市场是指与房地产开发、生产、流通、消费相联系的资金融通活动的领域和场所。它是房地产业与金融业互相融合和渗透的产物。房地产金融市场的具体业务包括：房地产生产性开发贷款、证券（股票、债券）融资、房地产信托、住房消费信贷即购房抵押贷款、住房公积金和房地产保险等方面的资金融通活动。

房地产金融市场对于支持房地产开发特别是住宅建设、提高购房能力、扩大住宅消费、改善居住条件发挥着十分重要的作用。同时，房地产金融市场也是国家实施宏观调控的重要手段。国家通过金融市场贯彻货币政策，运用货币供应量、贷款规模、利率等手段调节房地产市场全面协调和持续健康发展。

（五）物业管理市场

1. 物业管理市场的概念

市场，是指商品交易的场所或商品行销的区域，它"至天下之民，聚天下之货"，使人们得以"交换而还，各得其所"。市场即在一定的时间、一定的地点进行商品交换的场所。这是对市场的狭义理解，是对市场局部特点和某种外在表现的概括，它仅仅把市场看作流通行为的载体。

按照马克思主义政治经济学关于市场的广义理解，市场是指商品交换和商品买卖关系的总和。它不仅包括作为实体的商品交换的场所，更重要的是，它包括一定经济范围内商品交换的活动。生产者与消费者就是通过市场形成相互联结的纽带。

列宁指出：哪里有分工和商品生产，哪里就有市场。随着分工的扩大和商品生产的发展，市场也在发展。它不仅表现在市场主体的增加、市场客体数量和种类的增加、市场规模的扩大和市场场所的增多，而且表现在不同职能市场的出现。从市场发展的历史轨迹来看，先有消费商品市场，再有生产资料市场；随着简单商品经济发展到扩大商品经济，便出现了劳动市场、资本市场。由于生产要素全面商品化，在商品市场中又派生出各种特殊的市场，如技术市场、信息市场、产权市场、文化市场、房地产市场、物业管理市场等等。在各种各类市场中，又可以根据交换客体的形态，将市场分为有形的商品市场和无形的商品市场两大类。

2. 物业管理市场的特点

由于物业管理市场交换的是无形的管理服务，是市场细分的结果，因此它有着与其他商品市场不同的特点：

（1）非所有权性

物业管理服务必须通过服务者的劳动向需求者提供服务，这种服务劳动是存在于人体之中的一种能力，在任何情况下，没有哪种力量能使这种能力与人体分离。因此，物业管理市场交换的并不是物业管理服务的所有权，而只是这种服务的使用权。

（2）"生产"与消费同步性

物业管理服务是向客户提供直接服务，服务过程本身既是"生产"过程，也是消费过程，劳动和成果是同时完成的。例如保安服务，保安员为业主提供值岗、巡查等安全保卫服务，当保安员完成安全保卫服务离开岗位时，业主的安全服务消费亦同时完成。

（3）品质差异性

物业管理服务是通过物业管理企业员工的操作，为业主直接服务，服务效果必然受到员工服务经验、技术水平、情绪和服务态度等因素的影响。同一服务，不同的操作，品质的差异性都很大。如不同的装修工程队，装修的款式及工艺就有很大的差异，即使是同一工程队，每一次服务的成果质量也难以完全相同。

（4）服务综合性与连锁性

物业管理服务是集物业维护维修、治安保卫、清扫保洁、庭园绿化、家居生活服务等多种服务于一体的综合性服务。这种综合性服务的内容通常又是相互关联、相互补充的。业主或使用者对物业管理服务的需求在时间和空间及形式上经常出现相互衔接，不断地由某一种服务消费引发出另一种消费。例如，业主在接受汽车保管的同时，会要求提供洗车及维修服务。

（5）需求的伸缩性

业主或使用者对物业管理服务的消费有较大的伸缩性，客户感到方便、满意时，就会及时或经常惠顾；感到不便或不理想时，就会延缓，甚至不再购买服务。特别是在物业管理的专项服务和特色服务上，如代购车、船、机票，代订代送报刊等，客户可以长期惠顾，也可以自行解决或委托其他服务商。

三、房地产市场的运行

房地产市场的功能是通过房地产市场运行机制对房地产生产、流通和消费的调节作用表现出来的。

（一）房地产市场运行机制的内涵

机制一词原指机器的构造和动作原理，引申到生物学和医学领域，是指有机体内各器官之间的相互联系、作用和调节方式。市场机制是指市场体系内各个要素相互联系、互为因果、相互制约、共同发挥功能的有机联系形式。或者说，市场机制是指市场在运行过程中，发挥其应有的功能所凭借的作用机理和调节方式。由于市场机制是在市场机体的运行中发挥功能的，所以，市场机制也就是市场运行机制。

房地产市场是房地产交易关系的总和。要使房地产交易关系得以形成，必须具备下列三个要素。一是房地产交易主体，包括供给主体（卖方）和需求主体（买方）。供给主体即从事房地产交易的卖方当事人，包括国有土地使用权的法定代表人、房地产开发商、建筑商、中介商，以及与房地产交易有关的一般企业、金融机构和居民等。需求主体即房地产买方当事人，包括购买生产经营性用房和购买居住用房的消费者。二是房地产交易客体——土地或物业。三是房地产交易法规及其监督者、市场管理者。房地产市场运行机制，就是市场有机体互相联系、互相制约，调节市场交易主体和客体，促使其规范运行的形式和手段。

（二）房地产市场运行的特征

①单元类型、质量、规模大小、位置相近的房地产，以相近的价格出售。

②如果房地产供求均衡则价格稳定。

③如果供过于求，则形成买方市场，价格下降，开发项目减少；如果供不应求，则形成卖方市场，价格上涨，开发项目增加。

④市场利率下降，房地产开发信贷成本降低，房地产开发量可能增加，同时消费、信贷成本也下降，消费者的购房支付能力提高，房地产需求也随之增加；反之，市场利率上升，房地产开发量减少，房地产需求也随之减少。

⑤同一般的商品市场一样，房地产市场的良好运行，需要维持适量的房地产"存货"，即维持适量的空置房地产。这个"适量"的大小，因时间、地区、房地产类型而异。

房地产市场通过供求、竞争、价格机制及其相互作用，起到了几方面作用：一是在政府的政策、法律制度的约束下，合理调节配置房地产资源，以使其得到最有效的利用；二是联结房地产的生产者和消费者，并随着经济和社会的发展，不断调整房地产的数量和质量，保证房地产经济系统的正常运行；三是为房地产开发商和消费者提供市场需求信息、供给信息、价格信息，以调节房地产开发、消费行为。四是调控资金流向、家庭财产构成和金融市场。

第四节　房地产市场营销分析

一、房地产市场营销概述

（一）市场营销概述

市场营销是指在以顾客需求为中心的思想指导下，企业所进行的有关产品生产、流通和售后服务等与市场有关的一系列经营活动。

市场营销是英文 Marketing 的汉译："营"指筹划、组织；"销"指出售。产品或劳务经过调查研究、再组织进行全面销售，这就是市场营销。市场营销的含义包括三个方面：

①市场营销是一种企业活动，是企业有目的、有意识的行为。

②满足和引导消费者的需求是市场营销活动的出发点和中心。企业必须以消费者为中

心，面对不断变化的环境，做出正确的反应，以适应消费者不断变化的需求：包括现在的需求以及未来潜在的需求。现在的需求表现为对已有产品的购买倾向，潜在需求表现为对尚未问世产品的某种功能的愿望。企业应通过开发产品并运用各种营销手段，刺激和引导消费者产生新的需求。

③实现企业目标是市场营销活动的目的。不同的企业有不同的经营环境，不同的企业也会处在不同的发展时期，不同的产品所处生命周期里的阶段亦不同，因此，企业的目标是多种多样的，利润、产值、产量、销售额、市场份额、生产增长率、社会责任等均可能成为企业的目标，但无论是什么样的目标，都必须通过有效的市场营销活动完成交换，与顾客达成交易方能实现。

（二）房地产市场营销

1. 房地产市场营销的概念

房地产市场营销就是企业在房地产市场上进行的营销活动。可将其概念具体定义为：房地产市场营销是指房地产开发经营企业开展的创造性适应动态变化着的房地产市场的活动，以及由这些活动综合形成的房地产商品、服务和信息，从房地产开发经营者流向房地产购买者的社会活动和管理过程。

作为一个人为构造的开放系统，它主要表现在：

①房地产市场营销系统是由一系列相关要素构成的。

②房地产市场营销系统的运行也是由输入、过程及输出三个部分构成，这又包括两个方面的内容：房地产市场营销系统运行中资源的输入、过程、输出和房地产市场营销战略的输入、过程、输出。

③房地产市场营销具有特定目标：首先是通过房地产市场营销使房地产购买者的需求或欲望得到满足；其次是以营利为目的，即房地产市场营销活动的参与者都是以追逐近期或长期利益为目的。

④房地产市场营销系统具有环境相关性。

2. 房地产市场营销的特征

房地产市场营销的特征如下：

（1）房地产市场营销是市场营销的一个分支

房地产市场是我国社会主义市场经济的重要组成部分，房地产市场营销是市场营销的一个分支。市场营销的一般原理可以适用于房地产市场领域。

（2）需要企业间的协同合作

单独的房地产企业无法完成全部的房地产市场营销工作，需要不同企业的协同配合，比如工程咨询、市场调研、项目策划、建筑设计、建筑施工、销售推广、物业服务等企业的合作。

（3）房地产市场营销中政府的调控作用居于重要地位

在我国目前的房地产制度中，房地产开发企业和房地产权利人只拥有有期限的土地使用权，土地管理部门可以通过多种形式对房地产用地进行调控；建设部门可以通过城市规划调控房地产开发的强度；中央银行可以通过金融政策调控房地产开发商和购房者的融资难度和大小。诸如此类的政府政策，是影响房地产市场营销的重要因素。

（4）房地产商品的营销方法各不相同

房地产市场上没有两种完全相同的产品。房地产市场营销中，各个楼盘之间的营销方法和策略都会有所不同。

（5）房地产市场营销与法律制度紧密相连

在法律上房地产的使用权和所有权可以分离，所有权可将使用权以出租的形式让第三者使用，因此，房地产市场营销在流通形式中除买卖外，租赁也是常见的形式。此外，房地产经济活动中，房地产商品的使用权和所有权还可用于抵押、典当、信托等，在房地产权属登记、转移等方面，都需要法律提供保障，所以房地产市场营销与法律制度有密切的联系。

二、房地产市场营销环境分析

（一）房地产市场营销环境的概念

1. 营销环境的含义

企业营销活动成败的关键，在于企业能否适应不断变化着的市场营销环境。现代企业是社会经济组成的成分之一，是个开放的系统，它在营销活动过程中必然与社会的其他系统、所处的市场环境的各个方面发生着千丝万缕的联系。环境因素必然对营销活动有重大影响。这些营销环境对企业的营销管理来说是不可控制的变数，营销管理者的任务就在于适当安排营销组合，使之与不断变化着的营销环境相适应。许多企业的发展壮大，就是因为善于变化而适应市场。而在市场经济发展中也有部分企业，往往对市场环境变化的预测不及时，或者预测到而没有对策，结果造成企业极大的被动，重者破产倒闭，轻者经济受损。

市场营销环境是由企业营销管理职能外部的因素和力量所组成，这些因素和力量影响营销管理者成功地保持和发展同其目标市场顾客交换的能力。通俗地讲，营销环境就是企业的生存环境，是独立于企业之外而又同时影响、制约企业生存和发展的外部环境的总和。

2. 房地产市场营销环境的含义

房地产市场营销环境是房地产企业职能外部的不可控制的因素和力量，这些因素和力量是与企业营销活动有关的影响房地产企业生存和发展的外部条件。

现代营销学认为，企业经营成败的关键就在于企业能否适应不断变化着的市场营销环境。"适者生存"既是自然界演化的法则，也是企业营销活动的法则，如果企业不能很好地适应外界环境的变化，则很可能在竞争中失败，从而被市场所淘汰。强调企业对所处环境的反应和适应，并不意味着企业对于环境是无能为力或束手无策的，只能消极地、被动地改变自己以适应环境，而是应从积极主动的角度出发，能动地去适应营销环境。或者说运用自己的经营资源去影响和改变营销环境，为企业创造一个更有利的活动空间，然后再使营销活动与营销环境取得有效适应。

3. 房地产市场营销活动与市场营销环境

现代营销观念认为，企业营销活动必须与其所处的外部和内部环境相适应，但营销活动绝非只能被动接受环境的影响，营销管理者应采取积极、主动的态度能动地去适应营销环境。也就是说，企业在必要的时候，应该运用资源去影响和改变环境，创造出一个有利于企业活动的空间，积极挖掘市场机会，取得市场竞争的优势。房地产市场营销活动与营销环境的关系如下：

①房地产市场营销环境通过其内容的不断扩大及其自身各因素的不断变化，对企业营销活动发生影响。首先，市场营销环境的内容随着市场经济的发展而不断变化。其次，市场环境因素经常处于不断变化之中。因为环境因素也是受不同因素制约而变化的，它们的变化从而带动环境因素的变化。同时，因为外界条件的变化环境因素之间的主次地位也在发生变化。

②房地产营销环境是房地产企业营销活动的制约因素，营销活动依赖于这些环境才得以正常进行。首先，房地产营销管理者虽可以控制企业的大部分营销活动，但必须注意营销决策对环境的影响，不得超越营销环境的限制。例如，房地产企业必须遵循国家的法律法规和房地产政策，不能违背政策。其次，房地产营销管理者虽能分析、认识营销环境提供的机会，但是无法控制所有有利因素的变化，更无法有效地控制竞争对手。最后，由于

营销决策与环境之间的关系复杂多变，营销管理者无法直接把握企业营销决策实施的最终结果。

（二）房地产市场营销环境的特征

房地产企业营销管理环境是一个多因素、多层次且不断变化的综合体。一般来说，具有以下特点：

1. 差异性与同一性的统一

房地产市场营销环境的差异性不仅表现在不同房地产企业受不同环境的影响，而且同样一种环境因素的变化对不同房地产企业的影响也不同。由于外界环境对房地产企业作用的差异性，使房地产企业采取的营销策略各有其特点。房地产市场营销环境的同一性表现为在同一国家中，不同的房地产企业所面对的市场营销环境又有其共同性，如同处在一定的政治、经济、文化、科技、行业规划和产业政策等背景下。市场营销环境的同一性，使房地产企业有了一个公平竞争的前提和保证。

2. 动态性与相对稳定性的统一

营销环境是企业营销活动的基础和条件，这并不意味着营销环境是一成不变的、静止的。构成房地产企业市场营销环境的因素是多方面的，每个因素都会随着社会经济的发展而不断变化。比如，随着社会经济的发展和消费者生活水平的提高，人们对房屋的要求也不仅仅满足于能居住即可，对房地产项目要求功能齐全、设计合理、动静分工、小区绿化好、物业配套设施好等。当然，市场营销环境的变化是有快慢、大小之分的。一般来讲，科技、经济、政治与法律因素的变化相对其他因素变化要比较快一些和强一些，它们对房地产企业市场营销的影响就相对较短且跳跃性较大。而人口、自然、社会因素的变化则相对较弱、慢一些，但它们对房地产企业市场营销的影响则相对较长期和稳定。市场营销环境相对稳定性的特点，为房地产企业对调查其现状和预测其变化并采取相应的对策提供了可能。

3. 不可控性与可影响性的统一

因为房地产市场营销环境是动态的，不断发展变化的，所以房地产企业一般不可能控制市场营销环境因素及其变化，比如少数企业是不可能改变国家的大政方针、政策法令和社会风俗习惯的，更不能控制人口的增长等。房地产企业虽然对所处的市场营销环境不可控制，但企业可以通过对内部环境要素的调整与控制，在变化的市场营销环境中寻找新机会，主动调整市场经营战略，并可能在一定条件下转变市场营销环境中的某些可能被改变的因素，来对外部环境施加一定的影响，最终促使某些环境要素向预期的方向转化。许多企业在逆境中充分发挥主观能动性，破釜沉舟，抓住机遇，结果不仅求得了生存，而且使企业有了更好的发展。充分发挥企业对市场营销环境认识的主观能动性，有利于企业积极主动地适应市场营销环境，甚至在可能的条件下改变它，从而为企业创造出一个良好的外部环境。

4. 相关性与其相对分离性的统一

房地产企业市场营销环境不是由某一个单一的因素决定的，它要受到一系列相关因素的影响。比如，房地产价格不但受到市场供求关系的影响，而且还受到科技进步及财政金融政策和税收政策的影响。然而，在某一特定时期，从某些特定市场营销环境因素的特殊变化去考察，我们又会发现市场营销环境中的某些因素彼此相对分离，而且这些彼此相对分离的市场营销环境因素对企业市场营销活动的影响程度也不同。正是这种相对分离性为企业分清主次环境威胁或机遇提供了可能。比如，在某一特定时期，各国或各地区科技、经济的发展与其政治制度并没有强相关联系，科技主要影响企业产品的质量及其更新换代的速度，而产业政策则主要影响企业的投资方向和投资结构。所有这些都使得企业市场营销活动受到影响，使企业可能从此走向衰落或走向辉煌。

市场营销环境的特征决定了它对企业的生存与发展、营销活动及决策过程产生着有利的或不利的影响，产生着不同的制约作用和效果。

（三）房地产市场营销环境的分类

房地产市场营销环境是房地产企业赖以生存的空间，它的影响因素多种多样，对房地产企业的营销活动的影响也不同。

1. 按照对房地产企业的影响方式分类

房地产市场营销的微观环境是指与房地产企业紧密相连，直接影响和制约房地产企业营销活动的各种因素，也称为直接营销环境，包括企业、供应商、营销中介机构、顾客、竞争者和公众。房地产企业为了满足市场的需求，组成了市场营销系统的核心链"供应商—企业—营销中间商—顾客"，但仅仅这一条核心链是不够的，要想把房地产企业的产品顺利地交到消费者的手中，还需要借助竞争者和公众的力量，他们对企业的营销活动也起着直接的影响。

房地产市场营销的宏观环境是指间接影响房地产企业微观环境的一系列巨大的社会力量，对房地产企业的发展和经营有较大影响力的各种客观因素的总和，也称为间接营销环境，包括人口环境、经济环境、自然环境、技术环境、政治和法律环境及社会和文化环境。微观环境要制约于宏观环境，宏观环境通常以微观环境为媒介影响房地产企业的市场营销活动。

2. 按照对房地产企业影响的时间长短分类

房地产市场营销长期环境：对房地产企业市场营销活动影响的持续时间较长的营销环境。房地产市场营销短期环境：对房地产企业市场营销活动影响的持续时间较短的营销环境。

企业是在一定的市场营销环境中运作的，市场营销策略的制定和执行必然会受到市场营销环境的制约。企业要想使自己的市场营销策略取得良好效果，必须对市场营销环境进行系统的考察，以便制定和执行适用的市场营销策略。

房地产市场营销环境是指影响企业营销活动的所有参与者及其行为。它是房地产企业的生存空间，是企业营销活动的基础和条件，一般分为微观环境和宏观环境两大类。

第六章 房地产投资、金融与税收

第一节 房地产投资及环境分析

一、房地产投资概述

（一）房地产投资构成

房地产投资的构成包括两个方面含义：房地产投资主体的构成和房地产投资的资金构成。

1. 房地产投资主体构成

投资主体是指直接从事房地产投资活动的投资者，即直接投资者。它是相对于间接投资者而言的，例如一般房地产股票、债券的持有者，房地产投资信托资金的存入者，房地产信贷资金的发放者等都不视为投资主体。

（1）政府

当前在我国，政府仍是重要的投资主体，也是特殊的投资主体。一方面，大量的投资行为是国有企事业单位进行的；另一方面，重大的房地产投资项目中，很多是政府投资。从另一角度来看，作为投资主体的政府一般并不以政府的面目出现，而是以有关行政管理部门组织的某种投资机构或相关的企事业单位的形式出现。

（2）企业

企业是房地产投资的主要主体。在我国，房地产投资企业包括许多事业性质的投资单位在内。从经济成分来看，房地产投资企业包括全民所有（即国有）、集体所有、个体所有、外资所有、股份制形式混合所有等几种。我国目前专业的房地产投资企业不多，投资活动主要由房地产开发企业承担。其他企业也有从事此行业的，但多数为自用投资建设，只有少数企业在房地产市场利润可观时，才涉足房地产开发等投资形式，并以此作为企业投资构成的一部分。企业与政府作为投资主体的主要差别在于：企业是纯营利性的，而政府则是把全局利益和政治需要放在首位。如近几年政府投资的"安居工程""廉租住房工程"等，就是政府通过投资以扶助中低收入家庭实现"居者有其屋"的目的，同样的低利对于企业是绝对不能采用的。

（3）个人

个人作为投资主体一般只能从事房地产买卖。由于房地产买卖需要巨额资金投入，国家又以契税、土地增值税等经济手段对房地产买卖加以限制，以前从事这种方式投资的公民并不多，但近年来，随着房地产市场的空前繁荣，以及中国房地产金融政策与制度的不断优化，个人投资房地产的现象和规模不断扩大。另一方面，自然人从事房地产开发等投资活动实际上又是被禁止的，所以即使是个人想做投资主体，也必须先注册为企业法人。法人从事投资活动，必须受各种法规约束，同时也受法规保护。

2. 房地产投资资金构成

房地产投资资金需要量巨大，一般投资者难以负担，所以，利用各方面的资金是投资者的惯用做法。另外，利用他人资金可获取巨大的杠杆效益和经济收益，只要内部收益率大于贷款利率，投资者就有利可图。

（1）企业自有资金

企业自有资金包括企业自我积累的资金、主管部门拨入的资金和联合经营的单位提供的资金三部分。对于这些资金，房地产开发商可以自行支配、长期拥有，因而称为自有资金。《城市房地产管理法》规定，房地产开发企业的注册资本与投资总额的比例应当符合国家的有关规定，一般认为这个比例不低于30%（不同房地产市场环境下适当调整这个比例已成为政府宏观调控房地产市场的手段之一）。这一规定是为了防止企业资金不足而使所投资的项目延误、中断、夭折，造成重大损失。

（2）信贷资金

房地产投资者向银行或非银行金融机构借入的资金即信贷资金。它包括短期透支贷款、存款抵押贷款、房地产抵押贷款、担保贷款等。对于这类资金，房地产投资者必须按期还本付息。

（3）集资

集资是指房地产投资者通过吸引社会闲散资金筹集到的房地产投资。它包括发行企业债券、发行企业股票、外单位取利或取息投资。对于这些资金，房地产投资者必须出让部分利润才能得到。

（4）利用外资

外资是指房地产投资者吸引的外国投资、境外财团或个人投入的资金。外资投入的形式多种多样，包括合资、合作、入股、贷款、债券及股票等。

（5）财政资金

财政资金是国家作为投资主体投入的资金。中国目前作为房地产投资的财政资金一般是以贷款形式发放的，使用单位收回后要加利偿还，资金使用方向是特定的。还有一部分是无偿的，如国防、科研、公益用房等投资。

（6）预售收入

预售收入是指房地产投资者利用房地产建成之前预先收取的销售收入，作为后期房地产投资的那部分资金。它是房地产投资者所需投资的主要来源（就此种开发方式而言）。利用这部分投资，开发商付出的代价仅仅是得到一部分销售收入就使得房地产在市场上脱手。

（7）承包商垫资承包

承包商带资是指承包商以垫付部分工程款为代价，获得房地产开发项目的施工任务，从而形成的房地产投资。

（二）房地产投资方式

所谓房地产投资方式，是指投资于房地产的可能选择。这可以从两个方面来讨论：①各种引导资金进入房地产市场的方法；②可作为房地产投资的各种类型的房地产。前者可称为房地产投资的资金方式，后者可称为房地产投资的资产方式或房地产投资开发的对象。

1. 房地产的资金投入方式

目前在我国，由于房地产市场的发育程度仍不足，房地产投资工具相对较少，下面只介绍几种常见的房地产资金投入方式。

（1）房地产投资信托

房地产投资信托采用股份公司的形式，将被动的股东投资者的资金吸引到房地产中来。简而言之，房地产投资信托就是一家致力于持有，并在大多数情况下经营那些收益型房地产（如公寓、购物中心、办公楼、酒店、工业厂房和仓库）的公司。符合规定的房地产投资信托不需要交纳公司所得税和资本利得税，但其资产构成、收入来源和收益分配均需符合一定的要求。房地产投资信托同其他信托产品一样，如果信托的收入分配给受益人的话，信托是不需要交税的。房地产投资信托免交公司所得税和资本利得税，但股东要对自己所得的分红按照自己的适用税率交纳所得税和资本利得税。

房地产投资信托和其他房地产公司的一个主要区别在于：房地产投资信托收购和开发物业，必须是为了经营这些物业，将其作为组合投资的一部分，而不是在开发完毕后卖掉这些物业。房地产投资信托分为收益型、按揭型和混合型三种类型。

（2）房地产辛迪加

辛迪加组织近似于企业组织中的合伙式。而合伙一般有两种：一般合伙形态和有限合伙形态。在一般合伙的情形下，每一合伙人的地位是相同的，利益或损失由每个合伙人依其投入资金的比例或事先的约定参与分配或分摊，而且每一位合伙人具有参与管理和投资决策的权利。但房地产辛迪加很少采用这种方式，通常采用后一种形式，即有限合伙方式。有限合伙辛迪加通常由主要合伙人和有限合伙人组成。主要合伙人负责整个辛迪加资金的投资运用与经营管理，并须负无限清偿辛迪加负债的责任。相应地，有限合伙人无权过问辛迪加的各项投资管理活动，但也不需要负无限清偿辛迪加所积欠的债务。

（3）房地产抵押贷款和房地产抵押贷款证券化

投资于房地产抵押贷款或房地产抵押贷款证券，都可以获得良好的流动性，而且债务清偿责任有限。但是这两种投资不能享有其他房地产投资的好处，诸如赋税减免等。从本质上讲，这两种投资与债券投资的性质很接近，因此具有债券投资的优点和缺点。

（4）直接购置房地产

这种方式在国内已比较普遍。它与普通购置的区别在于：普通购置的目的在于消费或作为生产资料，而投资性购买的目的是保值增值。这种投资方式可以克服或减少其他间接投资方式中因代理人的疏忽或不负责任而导致的损失，而且自己可以直接操持投资等。但其缺点是明显的：①投资者须完全负担投资风险，而且负无限责任；②比其他投资方式承担更多的流动性风险；③投资金额需求较大，个人投资往往因资金有限而无法实现或仅能投资于少量房地产而无法实现风险的分散。

2. 房地产投资开发的对象

一般而言，可作为投资对象的房地产类型包括：

（1）未开发的土地

作为房地产投资对象的土地有两类：旧城区和新区。旧城区投资的土地属于房地产的二次开发，是由于原有城区因使用性质改变或城市老化，房屋陈旧、破损或基础设施改造而进行的投资建设。旧城区开发的主要经济活动有拆迁安置和改造建设两个方面。新区开发是指城市郊区新征土地的投资开发，其主要经济活动是征用农村集体所有的土地，并进行土地改造和基础设施建设。新区开发的土地拆迁安置的负担并不高，地价也相对便宜得多，因而新区开发的投资成本相对较低。不过，新区开发将受到农田保护的限制。

（2）住宅

住宅历来是房地产投资的主要对象。随着城市化及城镇化的进展及居民对改造居住条件的强烈愿望，在今后相当长一段时期内，住宅将始终保持为房地产投资的首选对象。住宅投资可分为两类，即出租性住宅和销售性住宅。出租性住宅是指那些由开发商经营，将住宅的使用权分期出租给承租人的住宅；销售性住宅是指那些通过一次性付款或分期付款将住宅产权让渡给购房人的住宅。住宅还可分为普通住宅、高级住宅及别墅等，其区分的主要因素有装修的档次、设备、面积、功能、材料和设计标准等。住宅投资成败的关键是市场定位是否准确，配楼设施是否完善，价格定位是否合理，营销力度是否到位等。

（3）办公楼宇

办公楼宇通常被称为写字楼。随着城市经济的发展，尤其是那些新兴城市，将会吸引大量新的企业来开设办事处或分公司，将需要大量办公场所，这就是办公楼宇成为一些城市房地产投资热点的关键。然而，写字楼投资的风险较大，主要是因为它一般是租赁经营，租赁效益的高低主要取决于楼宇的使用率的高低。另外，写字楼市场与宏观经济环境及区域经济环境关系最为密切，受经济景气循环状况影响较大。

（4）商场、酒楼、旅店

商场、酒楼、旅店的投资回报较高，通常是房地产投资的热点，但由于这类物业无明确的租约保障，无固定的消费对象，竞争往往激烈，投资风险很大。这类投资对象经营收益的高低不仅取决于自身的环境条件、经营方略，还取决于区域经济发展状况，商业、旅游及经济情况的波动将直接影响消费需求水平，进而影响收益。

（5）工业厂房和仓储性物业

这类物业用地的决定因素可分为两大类：成本因素和非成本因素。对不同因素的偏重，不同的产业间有着极为显著的不同。就成本因素而言，有两种成本必须考虑：①取得生产原料的成本，包括直接成本和间接成本；②转换成本，包括人工成本及各种所需服务成本。值得强调的是，工业厂房和仓储性物业的投资风险是相当高的。一是工业厂房和仓储性物业的需求受经济状况的影响很大，特别是区域经济因素；二是工业厂房和仓储性物业可以分为两类：多用途的和单一用途（为某特定制造业设计）的。后一种的风险非常高。尤其是中国，目前处于产业结构调整之际，不确定性很大，风险很高。这类物业的投资者，在中国当前状况下，大多数同时又是这类物业的使用者，以出售或出租为目的的还比较少。

（6）休闲性物业

休闲性物业是指那些具有娱乐、休闲性的房地产，如健身中心、游乐场、剧院、电影院、养老院、保健医院以及各种俱乐部性质的网球馆、高尔夫球场等。休闲性房地产需求并非人类的基本需求，所以该类房地产投资时既要重点考虑当地人口的收入水平、教育水平及年龄层等人口统计变数，又要考虑所投资房地产的区位因素、社会可达性等。

二、房地产投资环境分析

（一）房地产投资环境要素分析

1. 房地产投资环境的含义

房地产投资环境，是房地产项目生存发展所必须依赖的经济、社会、文化、科技等外部条件的总称。房地产投资环境主要是指现在和未来影响房地产投资的风险和收益的政策、制度和行为环境。

对房地产投资环境进行分析，是房地产投资和开发的第一步，只有确认了投资环境的健康和稳定，此后的市场研究和地块选择才能开始。

2. 房地产投资环境要素及其分析

正确判断和评估投资所在地的投资环境，从而选择最佳投资点，已成为投资者决策前的重要一环。影响投资环境的因素广泛，几乎包含一个城市（或地区）的所有情况，但一般把投资环境因素划分为六大类，即政治、经济、基础设施和配套设施、法律、社会文化、自然地理，而每种因素又包含大量的子因素。

一般地，从投资环境表现的形态可将投资环境分为硬投资环境和软投资环境。硬投资环境是指房地产项目所在地及周边区域的自然地理条件、基础设施和配套设施（其中包括市政、办公、商业、娱乐、休闲、餐饮等），也就是投资区域的物质条件。良好的硬环境是项目成功的物质条件。软投资环境就是该项目运作的非物质条件，如政治、经济、法律、文化等。软环境的好坏难以定量分析，其方向性、程度和可控性比硬环境更难以把握。下面按照硬环境和软环境的分类对投资环境要素进行阐述。

（1）硬环境要素

从房地产市场来看，硬环境的改善能够对房地产需求产生较大的拉动作用，促进客群聚集，活跃房地产市场。硬环境主要包括：

①基础设施。美国《现代经济词典》把基础设施定义为：社会的间接资本，支撑一国的经济基础（运输、通信系统、电力设备和其他公共服务设施），还可以包括人们受教育的水平、社会风尚、生产技术以及管理经验等无形资产。

一般来讲，城市基础设施主要包括六大系统：城市能源系统；城市水资源和供水排水系统；城市交通运输系统；城市邮电通信系统；城市生态环境系统以及城市防灾系统。这六大系统构成了城市基础设施的整体，它们相对独立，又互相协调，从而保证了城市生产和生活的顺利进行。

完备的市政基础设施是区域房地产市场健康发展的基础。市政基础设施在成熟区域很少出现问题，而对于快速成长的中小城市和大城市的边缘地带，问题则比较复杂且频繁。例如，在我国一些中小城市，城市长期以来只在一个很小的核心区域生长，市政基础设施只在这一中心地区比较完善。而近年来随着城市化进程加快，城市核心区已经不能满足其空间要求，迫切需要开拓新的土地用于城市建设，但却遇到了市政基础设施条件严重缺陷的瓶颈。这对于异地开发房地产项目的开发商是最应该谨慎对待的问题，必须事先调查清楚，避免已经开始开发才发现没有热力管线、没有煤气等。这样的失误在目前是较为常见的。因此，分析房地产投资环境时，必须将市政基础设施作为一个非常重要的影响因素加以考虑。

②生活配套。生活配套主要指项目周边区域的生活设施，如商场、饭店、娱乐场所、邮局、银行、医院、学校等。生活配套完善与否决定了该区域生活氛围的优劣，对项目定位和开发策略有较大影响。生活配套的水平和数量，反映了区域消费群体的层次和特点。在一个生活配套数量不足、经营规模小、层次低、缺少品牌店的区域，如果要开发高档社区，难度就比较大，而且难度大小与项目规模呈反比。

因此，进行房地产开发，必须认真考虑周边生活配套，不仅是要依据调查结果调整自己的物业配比，同时也要保证生活配套的水平和质量与所开发项目定位保持一致。

③商务设施。商务设施的成熟度对房地产需求的影响是非常明显的。一个繁荣的商务中心，其内部和周边的写字楼市场、公寓市场和商铺市场都有较高的价格和旺盛的需求。典型的实例是北京 CBD 等地的房地产市场发展情况。

④其他因素。除了上述以外，还有一些配套设施或公共设施会对房地产投资环境和市场产生有利或不利的影响，也应该特别注意。诸如工厂、传染病医院、发电厂、垃圾中转站等如果在项目周边，对地块开发有不利的影响。繁忙的铁路线也会严重破坏社区的生活环境（主要是噪声污染），影响产品品质的提高。

（2）软环境要素

硬投资环境对房地产投资活动固然重要，软投资环境同样也不可忽视。一般地，软环境要素主要包括：

①社会文化环境。社会文化环境是指一个地区在社会与文化等方面所具有的基本条件。它的内容比较广泛，主要包括民族语言、文字、宗教信仰、风俗习惯、文化传统、价值观念、道德准则、教育水平及人口素质等。

②政治环境。政治环境是指拟投资地区的政治制度、政局稳定性、社会安定性、信誉度、政策连续性以及是否存在战争风险等方面的基本条件。众所周知，房地产开发需要涉及的环节和接触的层面是一般产业投资所无法相比的。政治环境的变化、土地、房产等法律法规的变化都将对项目开发产生影响，甚至是至关重要的影响。

③经济环境。在影响房地产价格变动的市场因素中，经济周期变动，或称景气的变动，是最重要的因素之一，它对投资效率和安全性的影响极大。因此对经济周期与房地产投资的关联性是开发企业不能忽略的。经济周期包括衰退、萧条、复苏和繁荣四个阶段。一般来说，在衰退时期，房地产价格逐渐下跌；到萧条时，房地产跌至最低点；在经济复苏开始时，房地产价格又逐渐上升；到繁荣时，房地产价格上涨至最高点。经济周期的变化，影响着房地产市场的供求关系和房地产价格的走势，使其也呈现出周期性的变化。通过对经济周期变化的研究，能够指导和提高人们对房地产市场行情变化规律的认识。

④法制环境。市场经济在一定意义上来说是法制经济。只有加强法制建设，才能保护投资企业在市场竞争中的平等、有序、有效，才能保护投资企业的自主权和利益。因此，加强法制建设，为投资企业和开发企业创造良好的法制环境，能够对保证投资安全和开发过程的顺利进行起到促进作用。对于房地产开发企业来说，法制环境对房地产影响最大的是土地政策及房地产法律法规，还包括国家和当地对于规划建设条件的规定，这些政策的变化常常导致房地产开发方向、开发重点和盈利模式的重大转变。

⑤金融环境。金融是房地产开发投资前必须重点考察的因素，这是由房地产项目投资的特殊性和现实性决定的。房地产投资与普通项目投资相比，一个突出的差别就是资金需求量大、占用时间长，对资金和融资的依赖性更强。因此，金融政策和融资渠道的变化强烈影响着房地产开发活动。

（二）房地产投资环境的分析评估

1. 房地产投资环境的评估方式

投资环境的分析评估是一项复杂的涉及面十分广泛的工作。全面评价一个地区的投资环境，不仅要考虑经济因素和经营条件，还要认真研究政治、法律、自然资源等诸方面的因素。一般来说，并非每个企业都拥有上述所有领域的专家，这就要求评估者根据自身的条件和被评估的情况，选择适当的评估方式，对投资环境进行科学客观的评估。

（1）专家实地论证

为了解某地区的投资环境，投资者可以派遣一个专家组前往当地进行实地考察和评价。专家组对该地区投资环境进行实地考察论证时，所获得的资料、信息的来源是影响评价结论的一个重要因素。采用专家实地论证方式评估投资环境，可以增加评价者的感性认识，获得许多从官方公布的统计资料中无法获得的第一手资料，有利于对该地区投资环境做出比较客观的评价。

（2）问卷调查评价

问卷调查评价是指用函询调查方式，将影响投资环境的因素及其重要程度编写成几个意见征询表寄给有关的投资者、政府官员和专家，并要求用书面回答且寄回，然后用统计方法来归纳、整理调查结果，最后得出对投资环境的评价。采用调查问卷方式评价投资环境，一般包括两个方面的内容：①对各个投资环境因素的重要性进行评估；②评价各个投资环境因素的现状。由于投资者对各因素的重视程度各不相同，这就要求在评价投资环境时，应区别各个因素的重要程度，并在问卷调查表中予以反映。选择适当的评价者是问卷调查评价成败的关键。最后，还应对调查结构进行统计归纳和处理。

（3）咨询机构评估

同其他研究工作一样，咨询机构的评估工作也有一定的程序，大体可分为评估前的洽谈、评估阶段、评估报告三个阶段。

2. 房地产投资环境的分析方法

对投资环境分析方法的研究始于20世纪60年代末，到目前为止，已经形成了多种广为采用的评价方法，主要包括冷热对比法、等级尺度法、道氏评估法、多因素与关键因素评价法、相似度法及综合评价法。此外，部分学者尝试了其他方法，如将层次分析法、灰色系统理论等引入到房地产投资环境比较分析中。

第二节　地产投资外在效应及方案

一、房地产投资外在效应分析

（一）房地产投资外在效应分析概述

1. 外在效应的含义

当人们从事经济活动时，有时会给不参与同一经济活动的其他人造成影响（有利的影响和不利的影响）。经济学上把这种由某种经济活动所产生的没有被市场承认的对不参与同一经济活动的其他人造成的影响称为经济的外在效应（外在经济效应）。

在存在外在效应的情况下，当事者不必承担负外在效应所造成的损失，也无法从正外在效应中得到报酬。正因为这样，这种经济活动的私人成本和私人利益与社会成本和社会利益就发生了不一致。这时，对于个人或者企业来说是最优的决策，却不一定是社会的最优决策。这也就是为什么在有外在效应的情况下，完全竞争并不能达到最佳效率的资源配置的原因。

2. 房地产投资外在效应分析的内涵

房地产投资外在效应分析，是指对项目为实现国家和地方的各项社会发展目标所做的贡献和影响，以及项目与社会的相互适应性所进行的一种系统的调查、研究和分析。

房地产投资外在效应分析的目的是使项目与社会相互适应，相互协调，避免投资的社会风险，保证项目顺利实施，以提高投资效益；同时，采取措施增加项目的外在效益，减少或消除项目的外在成本，以维护社会稳定，促进社会进步与发展，从而使项目投资决策建立在可行的科学分析的基础之上，促使项目顺利实现，并促进社会经济协调发展，走可持续发展道路。

3. 房地产投资外在效应分析的特征

房地产投资外在效应分析的主要特征为以下两个方面：

（1）外在效应分析定量难

社会发展目标是可以用货币或者实物来定量衡量的，但是房地产投资对社会发展目标所做出的贡献与影响有许多是不能通过定量的方法加以衡量的。近年来，国外对投资项目进行外在效应分析时，也采用一些综合定量法，运用较普遍的是多准则分析法，它主张对社会发展目标的贡献和影响利用权重和评分的方法进行定量化，但这种方法也有一定的缺点，如主观偏好强，费时费力，不能客观地予以详细、具体描述，让决策者自己判断选择最佳方案。因此，房地产投资分析需要采用定量与定性分析相结合的方法，其中定性分析在外在效应分析中占据重要地位。

（2）外在效应分析具有多面性

社会发展目标是根据社会发展确定的，因而房地产投资外在效应分析需要从全社会这一宏观范围考察项目的实施为社会所做的贡献。外在效应分析是研究项目的社会效益和影响，是针对国家、地方和当地社区多层次的社会发展目标的。国家、地方和当地社区的社会发展目标是根据国家、地方和社区发展战略与发展任务制定的。虽然并非每一项目为社会所做出的贡献和影响都涉及社会的各个领域，然而由于社会的发展目标涉及范围很广，所以对每个房地产投资项目外在效应分析的角度都应包括各个方面。

4. 房地产投资外在效应分析的原则

房地产投资外在效应分析涉及的内容多、难度大，需要花费大量的时间和精力进行较多的价值判断。在外在效应分析过程中，应遵循以下原则：

（1）客观性原则

外在效应分析是整个房地产投资分析的重要组成部分，分析的结果将直接影响整个项目效益水平的评价质量。因此，为了准确、全面地反映项目的效益水平，外在效应分析应建立在科学的基础上，分析方法要有科学依据，从而在客观上成为项目取舍的衡量标准。同时，在现阶段要结合中国国情进行项目的外在效应分析，而不能对国外的经验和方法生搬硬套。

（2）可比性原则

比较择优而取是判断优劣的一般方法，也是进行项目外在效应分析的目的所在。在外在效应分析过程中由于受到可采用的方法及数据的制约，所以更应注意可比性。在对公平目标的分析中，一般来讲，不求公平目标的全面性，只求适用性和项目之间的可比性，即只需考虑公平目标中某一个或某几个因素。总之，在外在效应中，应十分重视研究相互比较指标在内涵、单位、范围、时间及基础条件等方面的一致性，尽可能把不一致的指标改造成具有可比性的指标。

（3）统筹兼顾，从全局出发的原则

房地产投资建设是一个复杂的开放的系统工程，它既有内在的联系和运动，又有外在的联系和运动。项目投资建设过程本身就是一个不断受到内外因素影响和制约的复杂过程，因而，在进行外在效应分析时，应采用系统的方法，即用联系的观点来看待事物，要从全局出发，高瞻远瞩，不仅要从事物的相互联系中研究事物和事物的变化规律，还要正确处理不同利益主体间的关系，把握影响全局的最主要的未来的利益所在，以满足社会整体、未来的需要。

（4）定性与定量分析相结合原则

定量分析是对项目中能直接或间接量化的部分进行定量计算和分析。其基本原理是运用社会费用-效益分析理论，进行费用-效益分析。定性分析则是对不能量化部分进行分析和评价。定性分析应客观、全面，防止主观片面化，应采用德尔菲法、评分法等现代方法，使定性指标定量化。由于房地产投资的外在效应分析涉及范围广、内容繁杂、难度大，因此应尽可能多采用定量分析，最好以定量分析为主。

5. 房地产投资外在效应分析的内容

房地产投资开发要占用土地资源、资金、劳动，消耗大量的建材、能源与水资源，直接为人们提供生产、生活或休闲的房屋或房屋设施。房地产开发必然会破坏原来的植被、地形地貌，改变环境条件；城市房地产开发还会带来拆迁问题及城市景观和历史文物遭受破坏问题，所以房地产投资外在效应分析极为重要。

但另一方面，房地产投资有其自身的规律和特殊性，其外在效应分析与一般项目的分析有所区别。下面讲述房地产投资各个阶段外在效应分析的主要内容。

（1）投资机会研究阶段的外在效应分析

投资机会研究是在项目建设周期中，在可行性分析之前，为寻找投资机会，选择项目地址，确定项目类别、功能与规模等所进行的调查研究阶段。这一阶段外在效应分析的主要内容包括以下四个方面：

①调查研究拟开发建设地点所处地域的社会经济状况，明确项目目标与当地社会经济发展目标是否一致或相适应。要调查研究地域社会经济发展水平、产业政策、居民收入水平、同类房地产的市场状况等，然后研究该项目对当地社会经济发展的贡献、对该地域城建的影响、该项目可享受的优惠政策、该项目的大致市场定位等，初步确定项目的基本目标。

②预测和分析拟开发项目可能产生的主要社会效益及其影响。调查分析项目的受众，如住宅的未来住户或租户、写字楼的未来租户、厂房的未来业主等，了解他们的基本需要以及对该项目的态度；调查分析主要受影响群体，如拟拆迁安置户、拟选地址所在社区群众等，了解他们的要求和对项目的态度。在上述基础上，初步预测项目的可能外在影响。

③分析受众对项目的接纳能力。接纳是指受众对项目的认同，包括对项目的认可和对项目外在效应的适应及承受能力。

④估计项目的外在效应风险，判定项目是否可行。根据前面所获得的资料及初步分析，对项目开展外在效应分析，对于那些符合当地社会经济发展需要、适应受众需求、没有较严重的消极影响、能被受影响群体接受的项目，可判定为外在效应分析可行项目，可进入项目建设周期的下一阶段工作，即可行性分析阶段。同时，还可判定以后的阶段有无进行深入分析外在效应的必要。

相反，那些与当地社会经济发展目标不适应或不一致、受众的需要不旺、受影响群众有较大的抵触情绪的项目，如果估计外部性风险较大，且难以消解，就需否决该项目，否则，进入下一阶段进行详细分析。

（2）可行性分析阶段的外在效应分析

凡是前述阶段确定需进一步进行外在效应分析的项目，在可行性分析阶段，可结合可行性分析，全面而深入地研究与评价项目的外在效应及项目与社会的适应性。

①深入研究受众和受影响群体。在前面一个阶段初步、粗略的外在效应分析基础上，更深入地调查研究项目拟建地域的受众或当地社区受影响群体的各子群体。详细研究受众的需求、消费倾向、承受能力等，详细研究项目所在地域的社会文化、风俗习惯、历史、文物、自然景观等，并将这些调研结果形成对项目规划设计有影响的意见，在项目规划设计中反映受众的要求，如住宅的户型、建筑风格、绿地等，并与当地社区环境、自然景观协调一致。

详细调查研究项目影响群体的状况、社会阶层、项目可能带来的影响及程度和受影响各子群体对这些影响的承受能力及可能的态度，特别是城市贫民、孤寡老人对拆迁的承受能力，知识分子阶层和老年群体对项目施工阶段噪声的承受能力等。要使这些调研结果形成对开发建设项目方案的明确意见，并真正影响方案。

②鉴别外在效应风险，并提出规避或消减风险的措施。根据详细调查结果，分析和鉴别该项目可能存在的外在效应风险，并分析其程度。例如，在立项时会否遭到群众或有关组织的抵制；在拆迁时，会否受到"钉子户"等的抵制；在施工时，会否因环境污染而遭受抵制等。通过对上述的详细而深入的分析，提出规避或消减这些风险的措施。

③投资实施阶段的外在效应分析。一般地，项目可能产生的负外在效应，在可行性分析阶段被详尽考虑到了，而且也确定了化解措施，不会有什么问题。但是，项目的实施是一个动态的过程，不确定性因素很多，所以，在项目实施阶段，外在效应分析的功能在于构建一套监测信息系统，及时发现问题，并尽快确定解决对策。

④营销或经营阶段的外在效应分析。营销侧重于明确如何使项目被受众接受、购买或承租。这一阶段，外在效应分析的着眼点在于让受众明确项目的正外在效应以及项目负外在效应的可接受性等，将社会效益和影响与受众的需求对接起来。

经营阶段，包括出售房地产的售后服务（包括物业服务）和出租性房地产的物业服务等，这一阶段外在效应分析的主要内容有：

①关于房地产设施功能及其维护状况的分析。房地产设施指房屋建筑物的各种设施，如通信、给水、排水、供电、供暖等；住宅区内的配套设施，如配电、绿化、道路等。

②关于房地产环境质量的分析。例如，小区内的卫生状况、噪声控制状况、空气质量状况、安全状况等。

③关于社区服务质量的分析。对于写字楼、商厦之类的项目，社区服务质量应主要包

括通信服务、保安服务、卫生服务及生活、娱乐、休闲服务等。住宅小区的服务包括对社区内老人生活的护理服务、家政服务，各类退休人员的休闲服务等。不同类型房地产服务项目有差别，但都应以满足受众需要为目标。

④关于社区文化等的分析。房地产的功能主要是供人居住、生活、工作或休闲、购物等，因而在使用阶段要特别关注"人"，营造一种祥和、舒适的人际关系氛围。建设优质、健康的社区文化应该是物业服务追求的目标。

6. 房地产投资外在效应分析的程序

外在效应分析虽然因项目类型、规模、性质不同而有所差异，但从总体上来看，大致上遵循一定的基本工作程序。这个工作程序一般可以归纳为筹备计划、调查研究、分析评价、总结报告四个阶段。对于一般大中型房地产开发项目，在可行性研究阶段，进行外在效应分析时，具体工作可以分为筹备与计划；确定项目目标与分析范围；选择分析指标；调查预测，确定分析基准；制订备选方案；进行分析评价；选出最优方案；专家论证；评价总结，编制"项目外在效应分析报告"等九个步骤。

（1）筹备与计划

项目外在效应分析一般由独立的咨询单位选派外在效益分析专家和若干熟知外在效应分析的工作人员组成一个外在效应分析小组来承担。一旦外在效应分析小组组成后应着手进行分析的准备工作，如熟悉项目的基本情况，确定分析小组成员的分工，确定调研地点，制订分析工作计划等。工作计划应包括九个步骤的工作安排与进度。工作计划论证通过后，即可实施。

（2）确定项目目标与分析范围

①确定项目目标。房地产投资的社会目标取决于项目类型、性质和规模。一般地，工业项目（如厂房、仓储等）及社会公益性项目（公共品或半公共品）注重于当地投资的改善，生活服务性项目（如住宅区、商业大厦等）注重于生活环境的改善，办公用项目（如写字楼）注重于工作环境的改善，等等。从另一角度来看，大中型项目关注国家或地区、宏观或中观的外在影响，小型项目则主要关注局部社区的社会环境影响。对于较大型的住宅小区项目，其直接目标就是提供住宅的套数及配套服务设施，其直接的成果是项目的开发建设面积和预计销售收入。

②确定分析范围。分析范围包括项目影响所直接波及的空间范围与时间范围。空间范围一般是项目所在的社区、县（市）。时间范围一般是指项目的经济寿命，对于中国的房地产项目而言，主要取决于土地使用权出让年限。

（3）选择分析指标

根据国家或地方的社会发展目标与社会政策，由分析人员结合项目的类型、性质、规模等具体情况，找出项目可能产生的外在效应与影响、项目与社会相互适应的各种因素，选出项目外在效应分析的指标。

（4）调查预测，确定分析基准

外在效应分析，重要的是要进行广泛深入的社会调查，包括社区调查，并预测项目经济寿命或影响时限内的社会变化，作为分析的基本资料。调查预测主要解决以下问题：

①调查分析的基线情况。基线情况是指没有拟开发项目情况下的基本情况。要采用各种必要的调查方法，收集项目影响区域现有社会经济状况，以及项目分析指标涉及的有关社会环境、自然资源、自然环境等方面的资料，并采用科学预测方法预测项目影响时限内可能的变化，作为分析的基线。

②调查预测项目所在社区和受影响社会的基本社会经济情况及其在项目影响时限内可能的变化，作为社区影响分析的基线情况及分析项目与社区相互适应性的基本资料。

③调查社区各群体对项目的反应与要求，作为分析项目与社区相互适应性的资料。

④调查社区参与项目活动的可能性及程度，作为制订参与规划的基本资料。

（5）制订备选方案

根据项目的拟建地址、类型、规模、规划设计、开发方案、市场定位等，提出若干可供选择的方案（或财务分析中已提出的不同方案等）。

（6）进行分析评价

根据调查预测资料、事先确定的分析指标，对每一备选方案进行定量与定性分析，其步骤为：

①对各备选方案计算各项外在效益和外在影响能够定量的指标。通过运用调查预测资料、各种有关的评价参数、对历史资料的分析以及同类项目历史经验等资料，对比"有"和"无"项目实施的不同情况，从而计算出各项定量指标的数据，并评价其优劣。

②对各种不能定量的效益与影响，可采用德尔菲法或其他方法，予以定性化。判断各种定性分析指标对有关社会发展目标与当地社会环境相互影响的程度，并找出项目实施期间当地社区各群体将因项目带来的社会变化发生什么社会问题，揭示项目可能存在的外在效应风险。

③分析判断各种定量与定性指标对项目实施与社会发展目标的重要程度，进行各种效益与影响的权重排序，并对若十重要指标特别是不利影响的指标进行深入的分析研究，制定减轻不利影响的措施，研究存在的外在效应风险的性质与重要程度，提出防止和消减风

险的措施。

④对各备选方案进行综合分析评价。

（7）选出最优方案

根据各备选方案的综合分析结果进行比较分析，从中选出最优方案。值得注意的是，不仅要比较综合评价结论或评出的总分数，还要比较方案中重要的关键指标，并要注意比较各方案存在的外在效应风险。

选择最优方案应与项目的财务分析结果结合起来研究，选择财务效益好、外在效益好、不利影响最少、受损群众最少、社会补偿措施费用最低、外在效应风险最小的方案为最优方案。如果财务分析和外在效应分析最优方案有矛盾，一般另选方案或对有关方案的各项经济、技术因素进行调整。总之，应根据项目的具体情况，解决方案的财务和外在效应方面存在的矛盾，对最优方案的不利影响及存在的外在效应风险提出补救措施与解决办法，并估算各项补偿费与措施费，计入项目总投资中。

（8）专家论证

根据项目的不同情况，召开不同规模的专家论证会，将选出的最优方案提交专家论证。必要时，根据专家意见对方案予以修改、调整与完善。

（9）评价总结，编制"项目外在效应分析报告"

将上述调查、预测、分析、比较的结果，推荐最优方案的过程，分析、论证方案中的重要问题与有争议的问题，最优方案中尚存在的问题，特别是尚存在的外在效应风险问题以及采取的措施所涉及的费用等，写成书面报告，提出项目的外在效应分析的优劣，并从外在效应方面分析项目是否可行的结论和建议，形成"项目外在效应分析报告"，作为项目投资分析报告的组成部分。

（二）房地产投资外在效应分析方法

房地产投资外在效应分析涉及的内容比较广泛，面临的问题比较复杂。因此，遵循外在效应分析的原则，依据分析程序，能够量化的一定要进行定量分析，不能量化的要根据国家方针、政策及当地的具体情况和房地产本身特点进行定性分析或者采用德尔菲法等方法对其实行定性化，然后进行分析。

1. 定量分析法

由于房地产的特性，决定了其不能像一般建设项目那样，通过确定外在效应价格，然后衡量项目的费用与效益，再采用有关方法进行外在效应分析。一般采用如下几种方法：①生态经济损失的估算方法；②文物古迹经济损失估算方法；③水污染经济损失估算方法；④噪声污染经济损失估算方法。

2. 定性分析法

定性分析方法基本上是运用逻辑推理，采用文字描述，说明事物的性质。但定性分析与定量分析的区别不是绝对的，定性分析也可能引用数据资料说明问题的性质和趋势，定量分析法也离不开理论分析与说明。关键是分析结论来源于何方。如果结论来源于经验、推理或判断，则称为定性分析；如果结论来自运算结果，则称为定量分析。

在外在效应分析中，科学的定性分析，要求与定量分析一样，首先确定分析评价的基准线；其次，在可比的基础上进行"有"项目和"无"项目的对比分析；再次，制定定性分析的调查提纲，以利于调查与分析的深入；最后，在衡量影响重要程度的基础上，对各种指标进行权重排序，以利于综合分析评价。

二、房地产投资方案的比较与选择

房地产投资方案的比较与选择是寻求合理的经济和技术决策的必要手段，也是房地产投资分析工作的重要组成部分。房地产投资决策工作的实质是选择最佳方案以取得最好的投资效益，实现利润（价值）最大化的目标。

（一）房地产项目投资方案的类型

一个房地产开发项目假如可以接受的方案很多而资金有限，则如何进行方案选择，以使有限的资金得到最佳的利用呢？值得注意的是，方案之间的关系不同，则方案选择的指标和选择的结果将有很大的不同。为了正确地进行多方案选择，首先必须搞清方案之间的关系，即方案的类型。依据方案之间的关系，可以分为独立方案、互斥方案和混合方案。

1. 独立方案

独立方案是指一组方案中，各个方案间互不干扰，即一个方案的执行不影响另外方案的执行，在选择方案时可以任意组合，直到资源得到充分运用为止。例如想投资开发几个项目时，这些方案之间的关系就是独立的，可以同时存在。

就一组完全独立的方案而言，其存在的前提条件是：①投资资金总量无限制；②投资资金无优先使用的排列；③各投资方案所需的人力、物力均能得到满足；④不考虑地区、行业之间的相关性及其影响；⑤每一投资方案是否可行，仅取决于本方案的经济指标。

更严格地讲，独立方案的定义是：若方案间加法法则成立，则这些方案是彼此独立的。

2. 互斥方案

互斥方案是指在若干个方案中选择其中任何一个方案，则其他方案就必须被排斥的一组方案。例如在某一个确定的地点有建商场、办公楼、住宅等方案，此时选择其中任何一个方案时其他方案就无法实施，方案具有排他性，因此这些方案间的关系就是互斥型的。

与独立方案相对应，互斥方案存在的主要前提是：①投资资金总量有限制；②投资资金有优先使用的排列；③各投资方案所需的人力、物力不能同时得到满足；④需要考虑地区、行业之间的相关性及其影响。

3. 混合方案

混合方案是上述独立型与互斥型的混合结构，具体说是在一定条件（如资金条件）制约下，有若干个相互独立的方案，在这些独立方案中又分别包含着几个互斥型的方案。

（二）投资方案比选的必要性

房地产投资方案的比选是寻求合理的经济和技术决策的必要手段，也是房地产投资分析工作的重要组成部分，其必要性包括：

①投资方案比选是实现资源合理配置的有效途径。房地产投资者进行决策时，必然受到预算线的制约。房地产投资者手中有限的资源如何实现以较小的投入获取尽可能多的收益，是必须考虑的问题。房地产投资方案的合理比选就是实现途径之一。

②投资方案比选是实现投资决策科学化和民主化的重要手段。当前，中国尚处于市场经济初级阶段，房地产领域中公有企业仍占有一定比例，还有一些私有小企业的老板素质不高，决策时受传统思想惯性影响仍较严重，强调投资方案比选工作尤其具有重大意义。投资方案比选是一种科学的定量分析方法，通过对拟开发房地产项目各个方案的分析、比较和排队，选出最优方案，可以为房地产投资决策提供可靠的依据，实现投资决策的民主化和科学化。

③投资方案比选是寻求合理的经济和技术决策的必然选择。在房地产投资过程中，影响投资决策的因素是多方面的，经过多方案的比选才能得出正确的结论。就某一拟开发房地产项目而言，不同的投资方案采用的技术经济措施不同，其成本和效益会有较大的差异，因此，拟开发房地产项目的建设规模、建材类型、设计要求等，都需要根据实际情况提出各种可能的方案，从中筛选出最佳方案。

第三节　房地产投资不确定性及风险分析

一、房地产投资不确定性分析

（一）房地产投资不确定性分析的含义

房地产投资不确定性分析是分析不确定因素对项目可能造成的影响，并进而分析可能出现的风险。不确定性分析是房地产项目经济评价的重要组成部分，对房地产项目投资决策的成败有着重要的影响。房地产开发项目不确定性分析可以帮助投资者根据房地产项目投资风险的大小和特点，确定合理的投资收益水平，提出控制风险的方案，有重点地加强对投资风险的防范和控制。

房地产投资不确定性分析主要包括敏感性分析、临界点分析和概率分析。可进行不确定性分析的因素主要有租售价格、销售进度、出租率、开发周期、项目总投资、土地费用、建安工程费、融资比例、融资成本等。

（二）敏感性分析

1. 敏感性分析的概念

敏感性分析是通过预计房地产项目不确定性因素发生的变化，分析对项目经济效益产生的影响。通过计算这些因素的影响程度，判断房地产项目经济效益对于各个影响因素的敏感性，并从中找出对于房地产项目经济效益影响较大的不确定性因素。敏感性分析包括单因素敏感性分析和多因素敏感性分析。

①单因素敏感性分析。单因素敏感性分析是敏感性分析的最基本方法。进行单因素敏感性分析时，首先假设各因素之间相互独立，然后每次只考察一项可变参数的变化而其他参数保持不变时，项目经济评价指标的变化情况。

②多因素敏感性分析。多因素敏感性分析是分析两个或两个以上的不确定性因素同时发生变化时，对项目经济评价指标的影响。由于项目评估过程中的参数或因素同时发生变化的情况非常普遍，所以多因素敏感性分析也有很强的实用价值。多因素敏感性分析一般是在单因素敏感性分析基础上进行的，且分析的基本原理与单因素敏感性分析大体相同。但需要注意的是，多因素敏感性分析必须进一步假定同时变动的几个因素都是相互独立

的，且各因素发生变化的概率相同。

进行房地产项目敏感性分析时，可以采用列表的方法表示由不确定性因素的相对变动引起的评价指标相对变动幅度，也可以采用敏感性分析图对多个不确定性因素进行比较。

2. 敏感性分析的步骤

房地产开发项目敏感性分析主要包括以下几个步骤：

①确定用于敏感性分析的经济评价指标。通常采用的指标为内部收益率，必要时也可选用其他经济指标。在具体选定评价指标时，应考虑分析的目的，显示的直观性、敏感性以及计算的复杂程度。

②确定不确定性因素可能的变动范围。

③计算不确定性因素变动时评价指标的相应变动值。

④通过评价指标的变动情况，找出较为敏感的变动因素，做出进一步的分析。

（三）临界点分析

临界点分析是测算一个或多个不确定性因素变化时，房地产项目达到允许的最低经济效益时的极限值，并以不确定性因素的临界值组合显示项目的风险程度。不确定性因素临界值的分析计算可以采用列表或图解的方法。通常可进行临界点分析的因素有：

1. 最低售价和最低销售量、最低租金和最低出租率

售价和销售量是房地产项目重要的不确定性因素，能否在预定的价格下销售出预想的数量，通常是房地产开发项目成败的关键。最低售价是指房地产产品售价下降到预定可接受的最低盈利水平时的价格，售价低于这一价格时，项目盈利水平将不能满足预定的要求。最低销售量是指在预定的房屋售价下，要达到预定的最低盈利水平所必须达到的销售量。最低售价与预测售价之间的差距越大，最低销售量与房地产产品商品量之间的差距越大，说明房地产开发项目抗市场风险的能力越强。

当房地产产品以出租为主时，可相应进行最低租金和最低出租率的分析。

2. 最高土地取得价格

土地费用是影响房地产开发项目盈利性的重要因素，也是重要的不确定性因素。最高土地取得价格是指房地产开发项目销售额和费用不变的条件下，保持预期收益水平所能承受的最高土地费用。当土地费用超过这一价格时，项目将无法获得足够的收益。最高土地取得价格与实际估测的土地价格之间差距越大，房地产开发项目承受土地使用权价格风险的能力就越强。

3. 最高工程费用

最高工程费用是指在预定销售额下，满足预期的项目收益要求所能承受的最高工程费用。当土地开发工程量不大时，最高工程费用是指最高建筑安装工程费用。最高工程费用与预测的工程费用之间差距越大，说明房地产项目承受工程费用增加风险的能力越强。

（四）概率分析

1. 概率分析的概念

概率分析又称为风险分析，是使用概率研究预测不确定性因素对房地产开发项目经济效益影响的一种定量分析方法，通过分析不确定性因素的变化情况发生的概率，计算在不同概率条件下房地产开发项目的经济评价指标，说明房地产开发项目在特定收益状态下的风险程度。

2. 概率分析的步骤

概率分析的一般步骤为：

①列出需要进行概率分析的不确定性因素。

②选择概率分析使用的经济评价指标。

③分析确定每个不确定性因素发生的概率。

④计算在给定的概率条件下的经济评价指标的累计概率，并确定临界点发生的概率。

二、房地产投资风险分析

（一）房地产投资风险的含义

风险的一般定义为：风险是某一项事业预期后果估计较为不利的一面。这里指的较为不利是相对于人们预期达到的目标而言的。事实上，风险表示一种观点，即用考虑到各种可能性的统计的观点来观察、研究事物，因此可以使人们考虑得更全面，决策更合理。

房地产投资风险就是指由于投资房地产而造成损失的可能性。这种损失包括投入资本的损失和预期的收益未达到的损失。在房地产投资活动中，风险的具体表现形式有：①高价买进的房地产，由于种种原因只能以较低的价格卖出；②尽管卖出价高于买入价，但是卖出价低于预期价格；③垫支于房地产商品的货币资金由于某种原因遭受损失，投资的资金没有按期收回或不能收回；④由于财务等方面的原因，在违背自己意愿的情况下抛售房地产。

就房地产开发商而言，投资各个阶段的风险表现是不同的，它伴随着各个阶段主要工作的发生而产生。例如在论证设计阶段，主要的风险是市场研究与项目评估分析和预测的准确性；在资金筹措阶段，资本结构的变化会对未来收益产生很大的影响；在项目建设阶段，承包商的项目控制与管理能力、通货膨胀及不可预料事件的发生都对投资者投资目标的实现构成威胁。

房地产投资对于投资者来讲具有一种诱惑力，风险利益会使人做出某种风险选择，并导致风险行为的发生。房地产投资风险不但存在着风险损失，对风险成本的威胁，还存在风险利益对投资者的诱惑。然而风险利益不是现实的利益，而是一种可能的未来的利益，只有在实现风险目标之后才能获得这种利益。另外，存在着风险利益的同时又存在着风险损害，使之对投资者具有约束作用。一般来讲，投资者大多是回避风险的，风险因素出现的概率、损害能力和风险成本投入与变动情况会加强这种对投资者的约束。这两种力量的同时存在，必然要求投资者在决策过程中寻求一个平衡点。

在确定降低风险因素的影响时，房地产投资者必须在报酬与安全之间进行适当的权衡。一般而言，房地产投资者所获取的收益会随着安全度的增加而减小，亦即房地产投资者所获取的收益是对其承担的投资风险的一种回报。在市场经济条件下，市场的变动是经常存在的，没有谁甘愿放弃高于银行存款利率的收益，问题是如何处理"收益安全性—风险"之间的关系。当然，房地产投资者的首要目标不会是承担投资风险，无论是谁以投资者身份出现时都是偏向安全而远离风险的。

此外，风险的大小往往与拟开发项目的规模、类型和复杂程度直接相关。例如，在城市中心区开发较在新区开发风险为小，因为市中心区各项配套设施已经具备，且比较容易找到租住或购买的客户，但在新区开发则有一个投资聚集的过程。虽然在新区开发费用较低，但开发出的房屋难以租售出去的情形会经常出现，这在很大程度上加大了投资开发的风险。

所谓风险，是指未来可能发生的危险或遭受损失的可能性，它是与收益相伴随的，且与收益呈正相关关系。房地产投资风险，是指从事房地产投资而造成损失的可能性大小或程度，这种损失包括投入资本及实际收益小于预期收益的差额损失等。

房地产投资虽然具有可以获取较高投资收益和保值功能等优势，但它与其他投资形式一样仍然存在风险，尤其是房地产投资具有所需资金量大、周期长，其实物形态为不动产，房地产市场竞争是不完全竞争，信息不完全对称等特点，使房地产投资更具有不确定性。因此，投资者在进行房地产投资时，应谨慎、耐心地进行选择和科学决策，以最大限度地规避投资风险，获取最大限度的投资利润。

（二）房地产投资风险的分类

对房地产投资风险进行分类，可以使我们更加具体地把握房地产投资风险，并且分析来自各方面风险的可能性大小与程度高低，以便根据房地产经营的具体情况区分轻重缓急，对症下药，从而有效地降低房地产投资风险。

1. 房地产投资风险的粗分类

（1）按风险性质划分

按风险性质划分，房地产投资风险可以分为静态风险和动态风险两种。静态风险主要是指由于自然灾害和意外事故带来的风险；动态风险主要是由于企业的经营管理状况和市场需求变动等因素引起的风险。区别静态风险和动态风险的主要意义在于静态风险可以通过保险即投保的方式加以避免，而动态风险则需要经营者通过自身努力解决。

（2）按风险产生原因划分

按风险产生原因划分，房地产投资风险可分为自然风险、社会风险和经营风险三种。自然风险是指由于自然因素引起的风险，如雷电、火灾、洪水、地震等；社会风险是指由于个人或团体在社会上的行为引起的风险，如偷盗、事故、战争等；经营风险指由于经营活动所带来的风险。区分自然风险、社会风险与经营风险的意义在于根据不同的原因采取不同的防范措施。

（3）按风险承担主体划分

按风险承担主体划分，房地产投资风险可分为投资风险、生产风险和销售风险三种。投资风险指投资者在进行某项投资时所承担的风险；生产风险指生产者在生产某种商品时承担的风险；销售风险指销售者在从事商品的销售活动时承担的风险。区分这三种风险的意义在于帮助人们在从事不同的生产经营活动时，注意对不同经营活动的风险进行防范。

（4）按风险经济强度划分

按风险经济强度划分，房地产投资风险可分为高度经济风险、中度经济风险和低度经济风险三种。区分高度、中度与低度经济风险，其目的在于区别风险的轻重缓急，采用恰当的防范措施。

2. 房地产投资风险的细分类

（1）总体性风险

总体性风险是一种所有房地产投资都会遇到的风险。这种风险发生时，所有的房地产投资者都会蒙受损失。它包括以下几种：

①市场风险——各种因素所导致的整个房地产市场价格大幅度波动，从而给房地产经营者带来损失的风险。

②利率风险——由于利率发生变动，引起房地产形势变化，从而给房地产投资者带来的损失。

③购买力风险——由于通货膨胀、货币贬值、购买力下降而给房地产投资者带来的风险。

（2）个别性风险

个别性风险指由于种种不利因素的影响而给个别房地产投资者带来的风险。个别性风险与总体性风险的不同处在于：它不是房地产业共同的风险，而是发生在个别房地产投资者身上的风险，它可以通过房地产投资者自身的努力加以控制与降低，甚至避免。它包括以下几类：

①经营风险——房地产企业由于经营条件恶化、经营管理不善而招致的风险。

②业务风险——由于收益的变动而造成的风险，也就是营业收入和销售成本的变动而影响房地产经营利润和利润率大小的风险。

③财务风险——由于筹资及财务状况不良不足以维持企业偿债能力而产生的风险。

④信用风险——赊销房地产商品，或采用分期付款的方式出售房地产商品时，客户不能偿付款项，或延期偿付款项所带来的风险。

⑤流动性风险——房地产投资者所掌握的房地产商品难以脱手，或者必须以较大损失为代价才能抛售出去造成的风险。

⑥预测、决策风险——由于房地产投资者错误地预测房地产形势，以及决策失误、行为失当所带来的风险。

（3）意外性风险

意外性风险是指由于意外事件的发生所带来的风险。自然灾害的发生、战争爆发、环境污染、政治动荡等原因导致的风险都属此类。

一般地，为了分析问题和论述方便，经常把以上分类中的主要风险归结为商业风险、金融风险、购买力风险、变现风险、不可抗力风险。

（三）房地产投资风险的处置

1. 风险自留

风险自留是指房地产投资者以其自身的财力来负担未来可能的风险损失。风险自留可以包括两个方面的内容：承担风险和自保风险。承担风险与自保风险都是房地产投资者以自己的财力来补偿风险的损失，区别在于后者需要建立一套正式的实施计划和一笔特别的损失储备或者基金；而前者则无须建立这种计划和基金，当损失发生时，直接将损失摊入成本。有些风险虽然也会带来经济损失，但由于损失规模较小，对房地产经营者影响不大，在此情况下可以采用承担风险的方法加以处理。承担风险要考虑企业的财务承受能力。自保风险用于处理那些损失较大的房地产风险，由于这些风险带来的损失较大，无法直接摊入成本。

①承担风险——某种风险不可避免或该风险的存在可能获得较大利润或较少支出时，企业本身将风险承担下来，自身承受风险所造成的损失。它分为两类：a. 消极的自我承担，是由于没有意识到风险的存在，因而没有处理风险准备时，或明知风险存在却因疏忽怠慢而低估了潜在的损失程度时，所产生的风险自留，都属于消极的自我承担；b. 积极的自我承担，是指自己承担风险比其他方法更经济合理，或者预计损失不大，企业有能力自我承担的情况。

承担风险要考虑企业的财务承受能力，其适用范围为：a. 用其他方法处理的成本大于自我承担风险的代价；b. 有些风险虽然也会带来经济损失，但由于损失规模较小，对房地产经营者影响不大，在此情况下可以采用承担风险的方法加以处理；c. 不可转移出去的风险；d. 风险管理人员由于缺乏风险管理的技术知识或疏忽处理而造成的风险损失。

②自保风险——企业本身通过预测其拥有的风险损失发生的概率与程度，并根据企业自身的财务能力预先提取基金以弥补风险所致损失。自保风险用于处理那些损失较大的房地产风险，由于这些风险带来的损失较大，无法直接摊入成本，所以需要采用自保风险的办法。自保风险通常是根据对未来风险损失的测算，采取定期摊付、长期积累的方式在企业内部建立风险损失基金，用以补偿这些风险所带来的损失。自保风险与保险经营的基本原理基本一致，但是由于自保风险的损失成本在一个企业内部进行，因而房地产投资者只支付实际损失额，免除了保险公司的利润和管理费。自保风险主要有以下三种表现形式：a. 将风险损失摊销计入成本；b. 建立和使用内部风险损失基金；c. 组织和经营专业自保公司，降低企业总体风险水平，提高收益能力。

2. 风险转移

风险转移是指房地产投资者以某种方式将风险损失转给他人承担。风险转移是房地产经营者处理风险的一种重要方法。对于任何一个房地产投资者而言，因其财务能力有限，故其自留风险的能力也有限。在房地产投资活动中，有些房地产风险可能会给房地产投资者带来灾难性的损失，以房地产投资者自身的财力根本无法承担，因此房地产投资者必须采用风险转移方法将房地产风险转移出去。房地产风险的转移可以采用多种方法，如参加保险、租赁等。风险转移的主要形式是通过契约或合同将损失的财务负担和法律责任转移给非保险业的其他人，以达到降低风险发生频率和缩小损失程度的目的。

3. 风险组合

风险组合是将许多类似的但不会同时发生的风险集中起来考虑，从而能较为准确地预测未来风险损失发生的状况，并使这一组合中发生风险的损失部分能得到其他未发生风险损失且取得风险收益的部分补偿。例如，房地产投资者分别将资金投入住宅与办公大楼，如果投入住宅的部分遭受损失，而投入办公大楼的部分不但未遭受损失，而且获得较高的收益，则投入办公楼部分的收益就可以补偿投资于住宅所遭受的损失。

风险组合可以通过投资者所面临的风险单位进行空间与时间的分离，这样便可以达到减轻风险损失的目的。房地产投资项目独立性的增加和相关性的降低，在其他情况不变的情况下是能够减轻风险的。风险组合也可以通过增加风险单位数量来提高企业预防未来损失的能力。房地产投资者可以通过企业合并或内部扩大规模从事多种经营规避风险，这在市场波动大、竞争激烈的市场环境中是极为可行的。

4. 风险预防

风险预防是指事先采取相应的措施阻止房地产风险损失的发生。在房地产投资活动中，风险预防也是处理房地产风险的重要方法之一。例如，预防火灾的发生以保护房地产商品的完善，利用保护装置防止意外事故的发生，对危险品采用控制措施等都属此列。风险预防一般包括以下措施：①防止危险因素的产生；②减少已经存在的危险因素，并对其进行监控；③对风险因素进行时间和空间上的隔离；④加强投资方保护能力；⑤稳定、修复和更新受损对象；⑥风险预防的评价；⑦对下一步的预防目标进行审核与规划。

5. 风险回避

风险回避是指房地产投资者发现某项房地产投资可能出现风险损失，有意识地采取回避措施。例如，预期某地区发生战争的可能性极大，投资于该地区的房地产商品可能有惨重的损失，那么房地产投资者可以采取风险回避的方法，放弃对该地区的房地产投资计划。再如，对破旧的建筑物进行爆破会带来极大的风险，则可以委托专业公司完成，回避这种风险的发生。

（四）房地产投资风险的防范策略

房地产风险管理的最终目的是对房地产投资风险采取有效的防范措施，以便减免房地产风险。最常用的简便易行的策略如下。

1. 保险策略

向专业保险公司投保是防范房地产风险的一个十分重要的策略。采用保险策略的房地产投资者要定期向保险公司交纳一定数量的保险费用，这样，一旦风险损失发生就可以向保险公司索赔并获得保险公司的补偿，从而将房地产风险转嫁给保险公司。虽然房地产投资者必须交付一定的保险费，但由于这笔保险费用支出是定期而均匀的，因而对房地产经营者的影响不大，故意外风险较适合采用此策略。

2. 投资分散策略

投资分散策略就是以分散投资的方法防范房地产风险，其做法可分为以下几种：

（1）房地产投资种类分散

房地产投资虽然有风险，但并不是所有房地产投资都必然遭受损失。风险只是不利事件发生的可能性，并不一定会变成现实。有些房地产投资风险将变为现实，有些则不一定，而且各种房地产投资的风险大小不一，可能获得的收益也大小不一。在房地产投资种类上分散化，这种房地产投资风险发生了，另一种房地产投资风险没有发生，而是获得了可观的风险收益。这样，房地产投资者蒙受的整体风险损失就会降低。

（2）区域分散

房地产商品特点决定了房地产商品带有浓厚的区域性特点，由于各地区经济政策、投资政策、地区位置、市场条件和资金供求等各不相同，对房地产商品价格的影响也就各不相同，经济景气程度在各个地区之间也存在着很大的差异，将投资分散于不同地区的房地产，就能避免在某一特定地区经济不景气对房地产经营的影响，从而达到降低房地产风险的目的。

（3）时间分散

确定一个合理的房地产投资间隔，将房地产商品的买、卖分开，可以避免因房地产市场变化而带来的多种风险。

3. 融资策略

投资于某项房地产商品，其风险较大超过自身承担能力，或者经营某项房地产的前景难以把握，高风险、高利润交织在一起，则房地产投资者就可以采用融资策略防范风险。融资策略就是运用发行股票的方式融入股本，并将风险分散于社会中的每一个出资者。

4. 联合策略

联合策略的基本做法是组织多个房地产经营者，联合起来共同对某项房地产进行投资，这样可以达到风险共担和利润共享的目的，从而减轻独自经营该项目的风险。

第四节 房地产金融

一、房地产金融的内涵与特征

房地产金融业是随着我国经济体制改革的深化，特别是市场经济的发展而逐渐发展起来的。它作为整个金融业务的组成部分，已经在房屋与土地的开发、经营等方面发挥出越来越大的作用，有力地支持了房地产业和城市建设的发展。

（一）房地产金融的内涵

金融一般是指与货币流通和货币资金融通相关的经济活动。金融业务的主要内容是通过信贷形式，对货币资金进行调剂和分配。在现代经济中，金融基本上可以界定为以银行等金融机构为中心的所有各种形式的信贷活动，以及在信贷基础上组织起来的货币流通与中介服务，如货币的发行、流通和回笼，存款的吸收与利息支付，贷款的发放和回收，金银与外汇的买卖，国内外汇兑往来，股票、债券的发行与流通，以及信托、保险等相关经济活动。根据国民经济中对资金的需求，通过这些活动，可以实现社会再生产过程中资金的调剂与再分配。房地产金融是金融业务的一种形式，它一般是指围绕房屋与土地开发、经营、管理等活动而发生的筹集、融通和结算资金的金融行为，其中最主要的是以房屋与土地作为信用保证而获得的资金融通行为。

（二）房地产金融业务

房地产金融业务的种类比较多，而且随着实践的发展还可能有许多新业务被创造出来。另外，不同国家和地区的房地产金融业务在品种和运作方式上也有所不同。就中国来看，房地产金融业务发展至今，其业务范围大概集中在房地产信贷、房地产证券、房地产保险三个领域，房地产信托、房地产典当发展得较慢。下面对国内已出现的主要房地产金融业务加以介绍。

1. 住房专项储蓄

中国是从 20 世纪 80 年代开始办理个人住宅储蓄存款业务的，开办的目的是满足住房制度改革对资金的需求。个人住宅储蓄存款的主要服务对象是那些准备购房或建房，但经济能力一时难以达到，且有固定收入的城镇居民。一般做法是将预购或建造房屋款项的

30%~50%的资金以整存整取或零存整取的形式存入办理此项业务的银行，存满1年以上，就可以申请住宅构建借款储户在取得借款时还要有经济担保，并将房产抵押给银行，然后在借款期内逐月偿还本息。个人住宅储蓄存款一般采用先存后贷、存贷结合、低进低出、长期优惠的原则。

2. 住房基金

住房基金是根据国家有关住房制度改革的政策规定，为推进房改和住房建设而建立的基金。它既具有积累基金的性质，也具有消费基金的性质。住房基金分为城镇住房基金、单位住房基金和个人住房基金三种形式。这三种住房基金的使用要求为：城镇住房基金是政府推进住房制度改革及住房保障制度建设的资金基础，所以其使用必须得到当地财政部门和地方房屋主管部门的同意；企事业单位的住房基金是由各企事业单位的住房资金汇聚而成的，其使用权分别隶属于各个房改单位，单位使用这部分基金的额度一般要控制在该单位基金存款余额之内；职工个人住房基金包括两部分，一部分是职工个人缴存的住房公积金和职工所在单位为职工缴存的住房公积金，它属于职工个人所有，另一部分则是自愿的住宅储蓄。个人住房基金必须按照统一的政策规定实施管理，对愿储蓄部分则采取存款自愿、取款自由的管理办法。

建立住房基金，应在理顺目前国家、单位用于住房的各种资金渠道的基础上，立足于原有住房资金的转化，逐步使住房资金的来源和使用合理化、固定化、规范化。

住房基金由建立基金单位按行政隶属关系由同级财政部门核定后划转政府住房基金，由同级财政部门管理。单位住房基金，按预算外资金管理，在住房资金管理中心委托的金融机构专户存储，所有权不变，专项使用住房基金在存储期间，均按中国人民银行规定的存款利率计息。

单位用住房基金购、建住房，仍应按照基本建设自筹资金审批程序申报审批。单位使用住房基金要以收定支，不得将流动资金、银行贷款、应上缴的税利、经费拨款等作为住房基金使用。单位划转作为住房基金的各项资金，应在划转前本着不重复计征的原则按原资金渠道缴纳能源、交通重点建设基金和预算调节基金。单位应按期向上级主管部门报送住房基金收支情况报表，经上级主管部门汇总后，报送市住房资金管理中心和同级财政部门。

3. 房地产开发与经营贷款

房地产开发与经营贷款是指房地产金融机构为支持房地产开发与经营活动而对房地产开发与经营企业发放的各类生产与经营性贷款。房地产开发与经营贷款有的要求提供抵押财产，有的只要求担保即可。我们把要求抵押的贷款项目与住房消费贷款项目一起放入房地产抵押贷款中讲述，此处仅略谈一下要求担保的房地产开发与经营贷款或房地产信用贷款。

房地产开发与经营贷款一般包括三种类型：

①房地产开发企业流动资金贷款，即房地产金融机构针对土地开发公司、房屋开发公司、房地产综合开发公司在开发建设过程中生产性周转资金不足而发放的流动资金贷款；

②房地产开发项目贷款，即房地产金融机构针对具体房地产开发项目所发放的生产性流动资金贷款，具体的开发项目是指某一开发小区或某一单项工程；

③房地产经营贷款，即房地产金融机构对从事房屋租赁、房地产交易、房屋维修、房屋装饰以及其他服务的房地产经营企业所发放的贷款。

房地产开发与经营贷款除了要遵循一般性贷款必须遵循的偿还性原则和安全性原则外，还必须遵循计划性原则、择优扶持原则和物资保证原则。计划性原则是指房地产开发经营贷款必须纳入国家信贷计划，按国家批准的信贷计划和规定用途发放，同时贷款数量要与房地产开发经营规模相适应。择优扶持原则是指在发放贷款时，房地产金融机构必须有所选择，将信贷资金投放到经营管理水平高、效益好的企业和项目上。物资保证原则指的是房地产开发经营贷款要实实在在与开发经营活动相结合，有真实物资做保证。要求遵循这些原则的目的在于防止造成信用资金膨胀。

4. 房地产抵押贷款

房地产抵押贷款，是指抵押人以其合法拥有的房屋所有权或国有土地使用权向抵押权人提供担保，借以取得抵押权人提供的贷款或向抵押权人保证履行债务的法律行为。这里所说的抵押人是以房屋或土地使用权作为本人或第三者履行债务担保的企业法人或其他经济组织（个别情况下也包括个人），抵押权人是指接受房屋或土地使用权抵押作为履行债务担保的法人或其他经济组织，通常是指银行、贷款公司等金融机构。房地产抵押贷款从发生关系时所涉及的当事人的角度，可以分为两种形式。其一，一般性质的房地产抵押贷款。在这种形式下，房屋所有权或土地使用权显然抵给了银行或其他金融机构，但仍由抵押人占有和使用。抵押人按贷款合同到期偿还了本息后，双方到房地产管理部门办理注销抵押的手续。其二，带有按揭性质的抵押贷款。房屋或土地使用权的出让人与受让人连同金融机构三方商定，当受让人购买房地产时，可先付相当于房地产价格一定比例的首期款，并与出让人签订房地产买卖合同，由受让人持合同等资料到金融机构申请抵押贷款，受让人在接到金融机构有关贷款批准的通知后，要到金融机构签订借款合同及担保合同，并视情况办理公证、抵押登记、保险等相关手续，并将贷款以受让人的名义直接转到出让人的账户上。此后，借款人按借款合同约定的还款计划、还款方式偿还贷款本息。贷款结清包括提前结清和正常结清两种。贷款结清后，借款人从贷款行领取"结清证明"，取回房地产权属抵押登记证明文件及保险单正本，并持贷款行出具的"贷款结清证明"到原抵押登记部门办理抵押登记注销手续。

5. 房地产股票

股份有限公司是指全部注册资本由等额股份构成并通过向社会公开发行或向特定对象发行股票（或股权证）来筹集资本，股东仅以其投资额为限对公司债务负有限责任的法人企业。如果房地产公司为股份有限公司，则其发行的股票为房地产股票。

房地产股票作为经有关部门批准，可证明投资者在房地产公司投资入股并可据以取得报酬的一种凭证，在不同的企业，针对不同的经营情况，有着不同的分类形式。如按股票上是否记有股东姓名，可以将其分为记名股票和不记名股票；按票面上是否记载股票面值，可以将其分为面值股票和无面值股票；按股东权益，可以将其分为普通股股票和优先股股票；按股票持有主体，又可将其分为国家股、法人股、个人股等。但是，无论何种性质的房地产股票，它除了具有一般股票所共有的特征外，还存在一个与其他股票不同的特点，即它具有高成长性和高增值性。随着时间的推移，将会有越来越多的房地产企业被改组成股份有限公司，也会直接诞生许多房地产股份有限公司。这样，房地产股票的发行与管理将成为越来越重要的金融业务。近年来，一些投资银行进入资本市场充当金融中介角色，它们在股票发行中发挥着证券承销、证券经纪交易、证券私募发行等作用。一些房地产公司还谋求到美国和中国香港上市，并取得了成功。

6. 房地产债券

房地产债券是企业债券的一种，它是各类房地产经营企业在城市房地产经营过程中，为筹集长期资金（一般用于房地产的开发和经营活动），而以债券的形式向社会发行的一种债权债务关系凭证。房地产债券的发行者一般为房地产股份有限公司，也可以是其他性质的公司，发行的债券一般为长期债券。

上市对于大多数房地产企业而言，是可望而不可即的事，发行融资期限较长的公司债券，将成为企业融资的更好途径。这种债券可以由房地产企业发行，在资本市场上直接融资，也可以由房地产投资信托机构在资本市场上发行，将分散的资金集中到房地产建设中来。我国目前的债券市场上为房地产开发筹资而发行的债券主要有两种：一种是房地产投资债券；另一种是受益债券，主要投资于房地产和工商企业等项目。近年来，已经有一些知名房地产企业如金茂、万科、保利、瑞安等在海内外成功发行了企业债券。房地产债券在我国的发展尚处于不成熟阶段，种类不太复杂，但从理论上讲，房地产债券种类还是比较多的，名称也各异。

（1）按本金偿还期限分类，房地产债券包括短期房地产债券（本金偿还期限在 1 年以下）、中期房地产债券（本金偿还期限在 1 年以上、10 年以下）和长期房地产债券（本金偿还期限在 10 年以上）。

（2）按利息支付方式分类，房地产债券包括一般付息房地产债券（债券利息按券面额计算，利息到期一次支付）、附息票房地产债券（即房地产债券上附有各期领取利息凭证，在利息到期时，将息票剪下来，凭此领取本期的利息）、贴现房地产债券（即以面额为基础，将债券利息用贴现的方式先行扣除，采用低于面额的价格发行，到期按面额偿还的房地产债券）。

此外，按发行的目的、有无担保等还可以将房地产债券划分成其他类型。

利用债券来筹集房地产开发和经营资金，是加快房地产业发展的有效途径。不过房地产公司发行债券应严格遵守有关规定，并保证还本付息，因为债券所体现的实际上仍是借贷关系。这样，房地产债券的发行与管理也是一项较重要的房地产金融业务。

7．房地产信托

房地产信托业务在整个房地产金融业务中所占的比重不大，但在金融信托业务中的比重却值得一提。房地产信托业务大致包括实物信托和资金信托两类，但随着信托业务的发展和社会的演进，单纯的实物信托已不多见，更多的是融物与融资结合的信托形式。

当然，这里所谈的房地产信托是指不包括代理业务在内的狭义的房地产信托，即委托人把其房地产或房地产资金的财产权转让给受托人，委托受托人按指定的目的和范围，代为管理和处理。按财产的不同分类，可将房地产信托划分为实物信托、资金信托以及资金债权信托。房地产实物信托是指委托人委托房地产金融机构代为管理、处分房地产或与房地产相关的事项；房地产资金信托是指以资金作为信托财产，它与银行存款相似，但又有所不同，如委托者可以指定资金的动用方法和投放目的；房地产资金债权信托是指委托人把债权转移给信托机构，委托信托机构保全债权，实现权利，或代理回收债权。根据房地产信托的目的，可将其划分为担保信托、管理信托、处分信托及民事信托与商事信托等。担保信托是指委托人因开发和经营房地产的需要而向信托机构申请提供信用担保的信托行为，管理信托是指信托机构受委托人委托代为管理房地产或相关资金的行为，处分信托是指信托机构受委托人委托代为转让房屋或土地使用权的行为。民事信托与商事信托是一对概念：民事信托是指从法律角度看属于民事范围的信托，如有关房地产管理、抵押和遗嘱执行的行为；商事信托是指以营利为目的而设立的信托关系。从金融业务种类看，已开办的信托业务有信托存款、委托存款、信托基金、信托投资、委托投资、信托贷款、委托贷款、建材补偿贸易贷款等。

房地产投资信托基金（REITs）是一种以发行收益凭证的方式汇集特定多数投资者的资金，由专门投资机构进行房地产投资经营管理，并将投资综合收益按比例分配给投资者的信托基金。目前这种金融产品在中国也进入初步发展时期。

8. 房地产保险

由于房屋在生产、分配、交换、消费过程中经常面临着各种风险的威胁，这些风险事故一旦变成现实，就会给房屋造成毁损或产生某种责任，给人们带来利益损失，影响到相关的生产经营活动。这样，为避免或挽回这些不利或损失，房屋所有人、使用人及其他有关当事人就会与保险公司签订协议，通过事先交纳保险费的方式求得在意外损失发生后保险公司给予相应的经济补偿。

根据承保的保险标的和风险种类的不同，可将房地产保险划分为房屋财产保险、房屋利益保险、房屋责任保险、房地产信用保险、房屋综合保险和建筑工程保险等。从其他角度考虑，也有其他的划分形式。房屋财产保险以房屋及其附属设备为保险标的，根据有关法规它又可以划分为企业财产保险和家庭财产保险两类。房屋利益保险以房屋利益损失为保险对象，是一种附加险，它依附于房屋财产保险。房屋责任保险以被保险人依法应承担的经济赔偿责任为承保对象，它又可以划分为公众责任保险和雇主责任保险两类。房地产信用保险以被保险人（涉及房地产权益的一方当事人）的信用为保险标的，承保债权人因债务人不偿付债务而遭受的损失。房屋综合保险是将房屋财产保险与房屋责任保险合为一体的险种。建筑工程保险是针对房地产未完工项目而设立的险种。

房地产保险的设立，为人们的生产经营活动和日常生活提供了安全保障，维持了房地产经营者的利润，也增强了被保险人的信用程度，对房地产业的发展起到了积极作用。

9. 房地产信贷业务

房地产信贷业务是围绕货币资金在房地产领域的经营活动而展开的，它通过筹集、融通房地产资金和发放房地产贷款等方式来满足房地产业发展在资金方面的需要。围绕这一过程所发生的相关货币收付行为称为货币结算。货币结算又分为现金结算和转账结算，现金结算是用现金直接进行的货币收付行为，转账结算是指不使用现金而是通过银行将款项从付款单位账户划转到收款单位账户的货币收付行为。转账结算是房地产信贷业务结算的主要形式。

房地产信贷业务结算要求收付款双方和银行在办理结算业务时共同遵守三项基本

原则：

①恪守信用，履约付款；

②谁的钱进谁的账，由谁支配；

③银行不垫款。

遵守这三项原则是正确处理各方面经济关系、充分发挥结算作用的前提。

房地产信贷业务结算有利于发挥银行的监督作用，确保房地产政策和法规的实施；有利于巩固经济合同制和经济核算制，加快资金周转和物资流通；有利于减少现金使用量，防止资金体外循环；有利于集中闲散资金，发挥资金的使用效能，促进整个房地产金融业的稳定发展。

二、房地产信贷

（一）房地产信贷资金的筹集

国外房地产业的发展经验表明，房地产业的发展离不开房地产金融业的支持和服务，而要发展房地产金融业，首先就要解决信贷资金的筹集问题。房地产信贷资金的筹集，是房地产信贷业务顺利进行的先决条件。

1. 房地产信贷资金筹集的特征

房地产信贷资金是指由房地产金融机构筹措管理的，专供房地产业综合开发使用，并以偿还为条件的资金。

房地产信贷资金的筹集是一个广义概念，相对于全社会来讲，只要是通过金融手段与杠杆筹集到的再生产领域的闲置资金、社会闲散资金，都可以作为房地产信贷资金的来源加以使用。这是我们一般讲的筹措资金的共性。但房地产有其自身的特殊性，生产、流通、消费过程所需的资金都具有期限长、资金占用大的特点，客观上需要房地产金融机构提供长期稳定的资金来源，保证其经营发展的需要。因此，房地产信贷资金的筹集又有不同于一般信贷资金的特征，主要表现在以下几个方面：

（1）资金来源相对稳定

众所周知，房地产具有价值大、生产消费周期长的特点，房地产资金的投入一般有一个从集聚到使用的过程，相对于其他性质的资金而言，它具有相对的稳定性，如住房储蓄存款，只有存款人存足了一定款项并达到规定的期限后，才能获得住房储蓄贷款。而无论是在此之前的资金积累，还是在此之后偿还贷款的资金都具有相对的稳定性，为房地产信贷业务提供了可靠的资金来源。

同时，政府为了加快解决城镇居民的住房问题，推出了一系列房改措施，这些措施保证了政策性资金来源，具有相对稳定性，并构成房地产金融机构信贷资金主要来源之一。如城镇、企事业单位、个人三级住房基金，出售公有住房资金、公积金、住房债券的资金等，这些资金的数额大、期限长、利率低，随着房改的深入，必将有稳定的增长。

（2）房地产业是目前的主要筹资对象

从目前看，与房改有关的政策性的资金来源、渠道基本理顺，政策比较清晰，资金相对稳定，是房地产信贷资金的重要来源，而这些来源都与房地产有关，如城市、企业、个人三级住房基金、住房公积金、住房租赁保证金、出售公有住房资金等。另外，房地产生产经营性的企业，如开发企业、经营企业以及管理和服务企业的各类资金，也是房地产信贷资金的重要来源，在整个房地产信贷资金中占有相当大的比重。因此，从目前看，房地产信贷资金的来源，主要在房地产领域，其筹集对象也主要是与房改、房地产有关的地区、部门、单位或个人。

（3）筹集渠道具有广泛性

这主要体现在：第一，房地产业是个较为复杂的产业，生产环节多、经营门类广，且相关产业多，涉及生产、流通、消费各个阶段，各阶段上都占有大量资金，都是筹集房地产信贷资金的重要渠道；第二，房地产信贷资金来源不仅限于房地产业或与房地产有关的产业，还包括其他行业和经济领域的资金，即房地产金融机构的融资对象不仅仅是房地产业及相关产业，也包括经济领域里的其他行业。

房地产信贷资金筹集渠道具有广泛性的重要原因在于，房地产信贷资金占用时间长、投资大、数额大，单纯依靠房地产业的资金显然难以满足其发展的需要，必须用其他方面的资金进行补充；同时，其他行业闲置不用的资金，也愿意寻找低风险、高收益的投资途径，而房地产业正好满足了这部分资金的需求。房地产金融机构要充分发挥其筹资渠道广泛性的特点和优势，积极参与和支持房地产业的发展，通过对房地产生产者、经营者、消费者的双向资金融通，通过面向全社会广泛地筹集资金，壮大自己的资金实力。

（4）筹集手段（方式）呈现多样性

房地产业资金来源分布广泛，资金性质多样化，必须充分运用银行信用功能，采取相应措施，利用政策、经济、行政及法律等多种方式与手段筹集资金。

筹集房地产信贷资金可以通过争取当地政府的委托，依据相关的政策、法规，建立政策性住房资金来源，如：城市住房基金，行政、事业、企业单位住房基金，行政、事业、企业单位收取的住房租赁保证金，职工住房公积金等；也可以通过不断扩大筹资范围，增加业务品种，进行业务创新来增加资金来源，如通过发行房地产债券筹资，开办住宅储蓄贷款以贷吸存，开办定活两便住宅储蓄存款来吸引客户等。

房地产信贷资金筹资手段的多样性，可以适应房地产业的发展，保证房地产业的资金需求，同时可以迅速增强银行的资金实力，为信贷业务长期发展打下基础。

2. 房地产信贷资金的筹集原则

目前，我国的房地产信贷资金筹集应遵循以下几个原则：

（1）与房地产业的战略目标和政策相结合

国际房地产金融业的成功经验和国外房地产业迅速崛起的实践都证明了这样一条规律，即发展房地产金融业，筹集房地产信贷资金，必须与当地政府发展房地产业的战略目标和政策相结合。目前，我国房地产业的发展主要是在国家法律监督下，由各级政府制定有关的政策，银行依据有关政策和规定来实际操作运行。此外，我国房地产业及房地产金融业的发展，从全国来看也是不平衡的。为此，国家鼓励发展快的城市和地区加快发展，以带动其他地区的发展，同时也根据各地的先进经验制定自身的发展规划。这种统一政策、分散决策的方针，在市场经济条件下还将长期存在，这就要求房地产金融机构在从事房地产信贷过程中，必须密切与当地政府部门的关系，随时注意政策的变化，一方面为当地的房地产业多办一些实事，另一方面也使自身的经营处于主动地位。

（2）与城镇住房制度改革相结合

城镇住房制度改革是我国发展房地产业，建立房地产市场，促进社会主义市场经济发展的不可逾越的阶段。住房制度改革的目标就是要把住房纳入商品生产领域，通过取消福利性住房的政策，实施住房分配货币化，加快城镇居民的住房建设，通过发展住房商品化、货币化，逐步实现建立完善房地产市场的目标。因此，房地产信贷资金的筹集工作必须与城镇住房制度改革相结合。

住房制度改革是发展房地产市场的浅层次，住房制度改革引起了金融界的巨大震动，产生了房改金融，而房地产金融是为房地产业的发展而产生的另一种高层次的金融行为，二者既有联系，又有所区别。房改金融只是房地产金融的初级形式，随着住房制度改革目标的实现，房改金融正在逐步过渡为房地产金融。从现阶段看，两种业务是并行不悖的。因为房改金融主要是为住房商品化、货币化融通资金，属于政策性金融业务，而房地产金融则属于集金融政策性与商业性于一体的银行信贷业务。同一般房地产金融业务相比，房改金融具有以下特点：

①政策性。这主要体现在资金来源与运用的规定性和信贷政策的优惠性，资金定向归集，专款专用，取之于房，用之于房。向个人提供购房贷款时利率低、期限长、数额大。

②资金自求平衡。各地房改金融业务相对独立，有很强的地方性，上级银行不能通过

行政手段调拨下级银行的资金。

③大众性消费信贷。房改后，住房作为一种消费品，其费用由个人承担，由此发生的房地产信贷业务，将是面向广大城镇居民个人的消费性信贷业务。

④阶段性。房改金融随住房制度的改革而产生，随着房改目标的实现而完成其使命。因此，必须正确处理好二者的关系：一方面注意避免轻视政策性业务、重视经营性业务的倾向；另一方面二者的结合可使房地产金融业更趋于顺利发展。

（3）与城镇发展规划相结合

城镇发展的总体规划，是城市房地产业发展的依据和基础。

我国是一个有五千年文明历史的国家，城市规划既要考虑经济的发展，又要保护大量的文物古迹；既要规划旧城改造，又要兼顾新区开发；既要研究当前实际，又要统筹长远利益；既要减少土地占用，又要合理开发建设。因此，城镇的规划问题是一个需要各部门综合考虑、慎重研究的重大问题。

筹集房地产信贷资金，与城镇规划结合的关键是坚持实事求是、量力而行的方针，在规划的基础上，统筹安排资金计划和资金投向，合理确定负债规模。

（4）与银行传统业务相结合

随着社会主义市场经济的不断发展，我国的金融体制也在发生改变。现有的国有商业银行正在向真正意义上的商业银行过渡，减少计划的成分，强化各商业银行的竞争意识，使各商业银行充满活力。除增强竞争意识外，更主要的是利用原有的联系网络，充分地吸纳房地产信贷资金，减少管理层次，以原有的传统优势去进一步扩大客户。此外，筹集房地产信贷资金，还应该与当地的经济发展速度相结合。在现阶段，我国在经济发展进程中，东部与西部相比，沿海与内陆相比，大中城市与老少边穷地区相比，生产力水平是有很大差别的，筹集房地产信贷资金，结合经济发展水平和生产力布局，可以使房地产信贷计划更接近于实际，符合当地的经济发展状况。

（二）房地产信贷资金的筹集渠道

多方筹集房地产信贷资金是发展房地产信贷的前提。一般说来，房地产贷款业务的规模和发展速度都要由房地产信贷资金来源状况所决定，因此银行和其他金融机构广泛开辟房地产筹资渠道，动员和集中较多的信贷资金是发展房地产信贷的基础。社会上各种闲散资金，都有可能成为房地产信贷的资金来源。这些资金包括居民的储蓄、购房者的准备金、企事业单位用于住房的公益金和其他资金等。但是这些资金能否转化为现实的房地产资金力量，这取决于一国或地区合理的金融制度，以及金融机构吸收资金的多种手段和切合实际的方式。世界各国各地区筹集房地产信贷资金的渠道是多种多样的，概括地说大致有下列几种：

1. 金融机构吸收的各种储蓄存款

这是指银行等金融机构为了支持房地产业而开展的住房专项存款和个人购建房储蓄业务。它是房地产信贷资金的基本来源。其主要的资金渠道有单位住房基金、部分单位预算外资金、福利基金以及个人急需购房、建房的储蓄存款。

根据国内外已有经验，以下几种住房储蓄存款的特殊形式对筹集房地产信贷资金有着重要作用。

①存贷结合的住房储蓄。它是当前我国住房制度改革的一项配套措施，是银行开展的一项重要的住房储蓄业务。与普通储蓄比较，其优点在于住房储蓄是一项指定用途的储蓄业务，银行可以把筹集的储蓄资金集中运用于住房贷款，做到专款专用。因此，资金的来源和运用都比较稳定。在国外，在那些完全由市场来调节住房供需的国家和地区，住房储蓄量可以大体反映购房需求和住房信贷需求的状况。

②住房合作储蓄，住房合作互助机构（如住房合作社）充当住房储蓄存款和贷款的中介机构，一面吸收储蓄，一面向所属成员提供低利率、偿还期较长的优惠住房贷款，从而对筹集住房信贷资金形成强大的吸引力。

③住房合作互助机构所属成员交纳的股金。股金存入银行，在一定意义上便具有储蓄的功能，筹集了房地产信贷资金。

2. 国家财政划拨的房地产信贷基金

这是指国家为了从宏观上调节房地产发展，增加住房信贷资金的流动性而划拨的信贷资金，是扩大住房信贷资金的重要来源。

3. 金融机构的自有资金

银行自有资金来自银行本身历年留存积累的利润。银行贷款利息收入和其他业务收入、抵偿存款利息支出和其他各项开支后的盈余，便形成了银行利润。这部分利润是信贷基金的来源之一，也可用于房地产信贷。

4. 发行房地产债券筹集的资金

房地产债券是房地产业经营者发行的借款信用凭证，是证明债券持有人有权向发行人取得固定收入和到期收回本金的一种证书。因此，发行房地产债券是筹集房地产信贷资金的重要方式。

住房债券有两种。一种是由国家提供保证的国家银行发行的住房债券。这种债券一般没有与债券价值相应的担保品。因为国家银行在金融系统中具有独占地位，直接代表国家信用，本身就有国家保证性质。由国家指定银行发行债券筹集资金，然后贷给有关机构作为房地产信贷资金。另一种是抵押债券，它是目前国外普遍采用的信贷资金筹资方式。金融机构以受押的住房作为抵押发行债券，信托机构以控制抵押物为条件充当受托人。债券到期，若债券发行者不能清偿债务的本息，经仲裁机构认定后，由受托人将抵押品转交债权人或者通过拍卖以后抵偿债务。房地产债券对于发行者来说是一种筹资的信用手段，但要付出一定的报酬；对于投资者来说，债券则是一种投资对象，即通过购买房地产债券来获得一定的收益。不论对于发行者或是投资者，房地产债券均属于虚拟资本。

5. 通过金融机构之间的融资活动筹集的资金

这在住房市场充分发展的国家是比较普遍采用的一种筹资融资方式，主要采取借款和贴现两种方式。

这里所说的借款是指抵押贷款。金融机构以房地产抵押票据为抵押品，向其他金融机构借款，借款的金额与抵押票据面额相一致。通过这种贷款方式，就可以实现房地产信贷经营者加速房地产信贷资金的周转，强化它的流动性要求，从而及时取得房地产信贷资金。

这里所说的贴现，是指房地产信贷经营者将未到期的房地产抵押票据出售给其他金融机构，从而获得现款。贴现的金融机构要扣除贴现利息，即自贴现日至期票到期日之间的利息。因此，虽然票据出售者得到的实际现款数额只是票据面额与贴现利息之差，但却加速了资金的融通。

上述两种融资方式的区别在于：前者是出押借款人所得贷款额可与票据面额等值，但取得贷款后要按期支付利息；而后者的贴现方式融资则需要先从贷款中扣除利息。两种融资方式的利息支付方式和支付时间不同，但实质相同，以上5种资金来源是就一般情况来说的。目前，我国房地产信贷事业随着房地产市场的不断扩大和进一步完善而逐步得以发展，房地产信贷资金的管理正在逐步向集中化、规范化方向发展，信贷资金来源渠道也正在走向有序的轨道。目前国内许多地区和单位广泛筹集房地产信贷资金的渠道主要有居民住房储蓄，房地产开发经营企业、购建房单位、各级住房基金的多渠道存款，银行自有资金和财政划拨的信贷资金。房地产金融债券发行较少，通过贴现和房地产抵押来融资的也不多见，但随着房地产业市场化程度的加深和住房商品化的发展，最终必将广泛地发展起来。

第五节 房地产税收

一、税收的基本概念

税收是一个分配范畴，是国家参与并调节国民收入分配的一种手段，是国家财政收入的主要形式。税收的产生同国家的产生，存在密切相关，它是国家存在和政府运转的经济基础，是政府机器赖以存在并实现其功能，保证社会公共需要的物质基础。可以说，税收是国家为实现社会经济目标，通过法律规定的标准，强制性、无偿性地对经济单位和个人征收的实物或货币，它是对社会剩余产品分配和再分配的一种形式。与一般的国民收入分配形式相比，税收具有其自身独特的属性。

（一）税收的属性

1. 强制性

税收的强制性是指国家征税凭借的是国家的政治权力，通过颁布法令的方式实施的，任何单位或个人都不得违抗。在生产过程中，生产资料所有人凭借其所有权可以取得收益；在征税过程中形成生产资料所有人或其他行为人同国家的征纳关系，国家是税收征收的主体，而所有权人或行为人则处于被动、服从的地位。国家运用税收参与这种分配，意味着政治权力凌驾于所有权之上，这也是税收能得以征收的原因。

2. 无偿性

税收的无偿性是指国家征税后，税款为国家所有。国家既不需要偿还，也不需要向纳税人付出任何代价。税收的无偿性说明了国家同具体纳税人之间的无偿性关系。纳税人纳税后没有任何报酬，这部分税款将无偿地用于公共事业。所以从这个角度看，税收征收的无偿性同税款（财政支出）的无偿性是并存的，即"取之于民，用之于民"。纳税人在缴纳了一定的税款后，可以享受政府提供的某些无偿服务。

3. 固定性

税收的固定性是指征税前以法律的形式规定了征税对象、税率，并严格按照这一标准征税。按照这一标准，纳税人纳税，政府征税。没有通过法律程序、法律手段，这一标准政府不得随意改动；随意改变征税标准是违法的，纳税人可以拒绝，通过法律手段保护纳税人的合法权益，防止政府"搭便车"收费现象。

（二）税收的功能

在市场经济条件下，税收的功能主要表现在以下三个方面。

①税收是取得财政收入的主要形式，税收具有组织财政收入的作用。从税收的历史看，税收的目的就是取得财政收入，以满足国家经费开支的需要。税收从产生开始，就一直担当着为国家政权的运行组织财政收入的功能。税收的这一功能，成为各个时期每一届政府组织财政收入的基本手段。虽然，随着国家财政的发展，公债、规费等形式的财政形式得到不断发展，但是，税收在组织财政收入中发挥的作用，是它们所不可取代的。

②税收是调节国民收入分配的重要工具，是国民收入再次分配的主要形式。税收本身是一个分配范畴，税收分配是国民收入分配体系的一个有机组成部分。税收在承担财政收入功能的同时，由于它来源于国民收入，是对国民收入初次分配结果的再分配，对国民收入分配具有调节作用。国家通过调整税收政策调节国民收入分配。在市场经济条件下，税收在调节国民收入分配中所扮演的角色愈来愈重要。

③税收是政府干预、调节经济的重要杠杆。税收直接作用于价格，利润、地租、工资、利息等国民收入初次分配的经济杠杆上，税收的变化直接影响这些经济变量的变化，从而影响经济的整体运行过程。在现代市场经济中，税收被视为一国经济的"内在稳定器"，这是因为税收特别是所得税的征收，对国民经济的波动具有自动调节作用。当经济衰退时，国民收入下降，税收会自动随之下降，从而有利于促进生产和社会总需求的增长。相反，在经济繁荣时，国民收入增加，税收随之增加，从而有利于抑制生产和社会总需求的膨胀。税收所具有的对国民经济的调节作用，使之成为市场经济国家干预、调节经济的重要经济杠杆。

二、税收原则

税收原则又称税收政策原则或税制原则。它是制定税收政策，设计税收制度的指导思想，也是评价税收政策好坏，鉴别税制优劣的准绳。

从现代经济学理论来看，税收原则可以归纳为三个主要方面：一是效率原则，税收能促进资源的有效配置，并力求提高税收行政的管理效率；二是公平原则，税收应由社会成员合理分担，并有助于缩小贫富差距；三是稳定原则，税收应能促进经济的稳定以及生产力的不断发展。

（一）税收的效率原则

税收的效率原则：一方面，从资源配置的角度讲，税收要有利于资源的有效配置，使社会从可用资源的利用中获得最大利益；另一方面，从税务行政的角度说，税务行政要讲求效率，税收制度必须简便，征纳双方的征纳成本要节省。也就是说，税收的效率原则就是要求国家征税要有利于资源的有效配置和提高税务行政的管理效率。它可以分为税收的经济效率原则和税收的行政效率原则两方面。

1. 税收的经济效率原则

税收的经济效率原则就是通过税收实现效率目标，包括提高资源配置效率和减少效率损失两方面。现代经济学认为，在市场经济体制下，以价格为核心的市场配置是最有效、最基本的资源配置方法，在社会资源配置中处于基础地位；而政府配置是针对市场配置的局限和缺陷，通过对资源的重新配置来提高资源配置效率，处于再分配地位。因此税收的经济效率原则应该是：当以价格为核心的资源配置作为最基本的资源配置方式已经使资源处于最优配置状态时，政府税收对资源的重新配置都将干扰经济效率的有效发挥，使经济变得低效或无效，在这种情况下税收应避免和减少对经济的干预，以避免或减少效率损失；反之，如果市场配置并没有使资源处于最优配置状态，那么，有可能通过税收对经济资源重新配置，提高资源配置效率。在这种情况下税收有必要积极干预经济，从而提高经济效益。

2. 税收行政效率原则

税收行政效率是从税务行政管理角度分析税收的成本效益，主要是分析税收的征收成本管理。而检验税收行政效率的标准，在于考察税收成本在税收收入中的比重，也就是看是否以最小的税收成本取得最大的税收收入。税收成本包括征税成本和纳税成本。征税成本主要是税务行政机关为征税而花费的行政管理费用，而纳税成本是纳税人因纳税而发生的支出。影响征税成本的因素主要是机构设置、人员素质和技术手段等，提高税收行政效率就在于采取有效措施控制影响税收成本的主要因素，严密税法，减少税收漏洞，合理设置机构，提高人员素质，改进征管手段，加强征收管理，提高工作效率，从而达到降低税收成本，提高税收收益的目的。

（二）税收的公平原则

税收是在市场对个人收入分配已经决定的前提下，对个人收入进行的再分配。在市场经济条件下，个人收入的初次分配是按要素报酬进行的。个人的劳动能力，拥有资本规模的大小直接决定了个人的收入水平和收入结构。因此，由市场决定的个人收入分配从公平分配的意义上来看存在很大的局限性，这种市场分配的缺陷不可能由市场本身来解决，需要由政府主要运用税收手段来予以纠正。从弥补市场分配的缺陷考虑，税收对收入的再分配应依据公平准则和公平目标，为市场经济主体创造平等的竞争环境，按受益征税，依据能力负担。简单地说，可以概括为竞争原则、受益原则和能力原则。

1. 竞争原则

税收的竞争原则是着眼于收入分配的前提条件，通过税收为市场经济的行为主体——企业和个人创造竞争环境，鼓励平等竞争。也就是说，在市场已经为行为主体提供了平等竞争的环境下，税收应不干预经济活动。对于在因市场的缺陷而无法为行为主体提供公平竞争环境的前提下，税收应为行为主体的平等竞争创造条件。如由于企业资源条件差异、行业垄断、个人的遗产继承等原因而导致不平等竞争，形成收入和财富的差异，税收就应对不平等竞争和收入财富差异的条件进行调节，促进平等竞争。

2. 受益原则

税收的受益原则是根据市场经济规则确立的等价交换原则，把个人向政府支付税收看作是分享政府提供公共产品的前提，征税和受益应是对等的。对于因政府提供公共产品而受益多的人，应承担较多的纳税义务；反之，则应承担较少的纳税义务。受益原则作为政府征税的依据，在解释税收存在的原因时有它的理论意义。但是，由于公共产品受益的非排他性特点，使公共产品受益边界无法确定，即无法确定谁受益、受益多少，因此受益原则作为一般原则无法在实践中推行，但是在特定情况下，以税代费，按受益标准征税也是可行的。这主要是对于部分由政府提供的准公共产品而言，这些公共产品受益边界较为清楚，消费的竞争性又较强，依据收费效率原则而征税，谁受益，谁纳税，并按受益大小来确定纳税额，因此可以提高分配效率。

3. 能力原则

税收的能力原则是以个人纳税能力为依据来行使征税，即以个人收入或财富作为衡量能力的标准，按个人纳税能力的大小征收税款，使负担能力比较强的人承担较多的纳税义务，负担能力比较弱的人承担较少的纳税义务，通过税收调整个人收入和财富分配的结果，实现均等收入的公平目标。能力原则包括普遍征税和能力负担两个方面。依据普遍征税原则，市场经济中的行为主体凡是具有纳税能力的都必须普遍征税，消除税收上的一切特权，它体现了税收法律面前人人平等的这样一种平等思想。依据能力负担原则，凡是具有同等负担能力的纳税人应同等纳税，以体现税收的横向公平；凡是具有不同等负担能力的纳税人应区别对待，以体现税收的纵向公平。

（三）税收的稳定原则

税收的稳定原则是就税收的宏观调控目标而言的，即税收对经济发展的宏观调控应起到平衡作用，实现稳定经济、促使经济平稳发展的目的。在市场经济条件下，市场不能有效地自动调节经济平衡，经常由于总需求小于总供给而导致需求不足的失业，或总需求大于总供给而导致需求拉动型的通货膨胀，以及由于经济的过快增长或停滞增长，使经济不能保持稳定发展。市场经济缺陷导致的经济失衡不可能由市场本身解决，需要由政府运用财政政策、货币政策、就业政策等政策手段来调节总需求和总供给，使经济稳定发展。政府的宏观经济政策能够促进经济稳定，是由于政府收支、货币供给影响总供求。其中，税收是总供给的一个组成部分，同时，税收又直接或间接影响总需求中的消费、投资等因素。因此，在宏观经济方面，税收应同政府支出政策、货币政策等其他政策手段协调配合，依据稳定原则调节经济，实现价格稳定、充分就业、经济增长的宏观政策目标。税收对经济的稳定可分为税收自动稳定机制和税收政策抉择两种稳定方式。

1. 税收自动稳定机制

税收自动稳定机制是税收制度本身所具有的稳定经济的方式，是税收制度对经济的一种自动反应能力。根据税收的自动稳定机制，在经济增长，国民生产总值上升时，个人收入和企业利润水平上升，税收相应增加；反之，在经济衰退，国民生产总值下降时，个人收入和企业利润水平下降，税收相应减少。税收自动稳定机制的主要优点是它的自动反应能力，避免了在政策抉择时所遇到的时滞因素对政策的不利影响，作用目标明确，作用效果比较快。但是，自动稳定机制仅仅缓解了经济周期变化的变化幅度，而无法消除经济周期波动。

2. 税收政策抉择

税收政策抉择也称相机抉择，是政府根据经济形势的变化，所做出的税收政策变动及其选择。相机抉择的税收稳定政策的任务，就在于消除税收自动稳定机制所无法消除的经济波动。它包括两个方面，即扩张性的税收政策和紧缩性的税收政策。在经济萎缩时期，政府一般要实行扩张性的税收政策。这就是减少政府税收，增加个人和企业可支配收入，从而造成私人消费支出和企业投资增加，社会总需求扩大，结果使国民生产总值上升到充分就业水平；在经济过热和通货膨胀时期，政府一般要执行紧缩性的税收政策。这就是增加政府税收，减少个人和企业可支配收入，从而造成私人消费支出和企业投资下降，社会总需求缩小，降低国民生产总值水平。

三、税收的基本要素

（一）纳税人和负税人

纳税人又称为纳税主体，它是指税法规定的负有纳税义务的单位和个人。纳税人可以是自然人，也可以是法人。与纳税人相联系的一个概念是负税人。负税人是指最终负担税款的单位和个人，它与纳税人有时是一致的，有时是分离的，如在税负可以转嫁的条件下二者就是分离的。房地产税收的纳税人一般是房地产的开发者、拥有者、交易者等。我国实行社会主义的土地公有制，因此，与许多国家不同，我国的土地所有者不再是纳税主体，纳税主体主要是各类土地使用权的拥有者。

（二）课税对象和税源税目

课税对象又称税收客体，它是指税法规定的征税的目的物，是征税的根据。每一种税都必须明确对什么征税，它是一种税区别于另一种税的主要标志。在现代市场经济国家中，课税对象主要包括所得、商品和财产三大类。按课税对象可将税收分成所得税，商品税和财产税。与课税对象相关的是税源。税源是指税收的经济来源或最终出处，各种税有不同的经济来源。一些税种的课税对象与税源是一致的，如所得税；另一些税种的课税对象与税源是不同的，如财产税的课税对象是纳税人的财产，而税源则是纳税人的收入。税目是课税对象的具体项目或课税对象的具体划分，税目规定了一个税种的征税范围，反映了征税的广度，一个课税对象可能有一个或多个税目。房地产税的课税对象主要是房地产本身，如各类房地产保有税；或者是房地产收益所得，如房地产转让收益税、土地增值税；税目则依据房地产价值、地段或者所有人的情况不同而有所变化。

（三）课税标准

课税标准是指征税时的实际依据或课税依据。国家征税必须以统一的标准对课税对象进行计算，确定课税标准是实际征税的重要步骤。房地产税收的标准，有的是按照房地产物理量的大小计算，这种税收称为从量征收的房地产税。比如，对土地课征的税收，早期就是按照土地的面积征收的，不管土地质量的好坏，相同面积的土地缴纳相同的税款。这样征收的土地税，就是从量征收的房地产税。有的房地产税收是从价征收的，即以房地产价值的大小为课税标准。随着市场经济的发展，房地产价值日益得到量化，从价征收的房地产税逐渐增多。

（四）税率

税率是指征税的比率，它是税额同课税对象的比值。税率可划分为比例税率、定额税率和累进税率。

比例税率是对同一课税对象，不论其数额的大小，统一按照一个固定的比例征税。

比例税率又可以分成行业比例税率、地区比例税率、产品比例税率等。

定额税率也称固定税额，它是按课税对象的一定计量单位直接规定一个固定的税额，而不规定征收比例。

累进税率是按课税对象数额的大小，划分为若干等级，每一等级由低到高规定相应的税率，课税对象数额越大税率越高。累进税率又可以按照计算方法划分成全额累进和超额累进税率。

第七章　房地产经济调控

第一节　房地产经济宏观调控政策及手段

一、房地产经济宏观调控政策概述

在市场经济中，由于市场机制内在的缺陷和受外部各种因素和条件的影响，市场在很多领域都会出现自身无法解决的问题，即"市场失灵"。市场失灵有很多，例如宏观性失灵，表现为供求总量失衡；公共性失灵，表现为国防、市政建设、生态环境保护等公共部门产品结构方面的失衡；垄断性失灵，即市场上的几家或独家供应商的垄断现象；分配性失灵，表现为单纯依靠市场机制的自发作用难以实现完全公正的收入分配等。这就使得政府的介入与经济干预成为必要。在市场经济体制下，政府的经济职能总体就是对国民经济进行全面性的规划、协调、服务和监督。

（一）政策的含义和基本特征

1. 政策的含义

政策是人类社会发展到一定阶段的产物，是现代社会最常见的政治现象之一。中外学者一致认为，"政策"是指国家机关、政党及其他政治团体在特定时期为实现或服务于一定社会政治、经济、文化目标所采取的政治行为或规定的行为准则，它是一系列谋略、法令、措施、办法、方法、条例等的总称。

2. 政策的基本特征

不同类型、不同社会的政策会有不同的外部表象，但归结起来主要有五大基本特征：

（1）阶级性

政策的特征主要表现在它是为一定社会阶级意志和利益服务的。任何政策的制定和执行都是以维护本阶级政治上、经济上的利益为宗旨的，必然会带有利益倾向性，这就决定了任何政策在本质上都必然具有阶级性。

（2）合法性

政策的合法性包括内容上的合法性和形式上的合法性。内容上的合法性是指政策所规定的行为准则、计划、措施能使公共利益得到协调、平衡；形式上的合法性是指政策过程是一套为人们所认可并接受的法律程序或习惯性程序。

（3）选择性

政策是客观见之于主观的产物，无论是哪个政府或政党制定的政策，或者无论是政策目标的确定、政策的设计和决断，还是政策的执行、调整、评估和冻结，都与政策制定者的经历、学识、认知、信奉的价值观取向紧密相关，均是相关公共组织进行选择的结果。

（4）权威性和强制性

既然政策具有合法性，那么政策在其适用范围内就具有普遍的约束力，也就必然具有权威性。一项政策并不总是符合所有人的利益，它往往会使部分对象做出利益的牺牲。即使政策符合所有人的利益，也存在长远利益与眼前利益相冲突的问题，因而政策的实施对于那些非自愿做出牺牲的对象来说就具有强制性。拒不执行政策或歪曲政策的行为，都将受到相应的处罚，从而使其权利或者利益遭受损失。

（5）功能多样性

政策的功能就是指政策所发挥的作用。由于整个社会是一个相互联系的有机系统，政策所指引的行动会牵涉社会的方方面面，因而根据政策作用对象不同，政策的功能往往不是单一的。这就要求在政策的制定过程中，制定者和执行者能够对出现的问题做到综合权衡。

（二）政策与制度的区别

1. 二者产生的途径不同

所有的政策都是由政策主体包括政党、政府、政治团体以及利益团体等人为设计出来的。而制度的产生有两种途径。一种是内在途径，即制度是在人类长期经验的积累中演化而来的，并且未来也要用到它们。通过内部途径产生的制度称为内生制度，除正式制度外还包括诸如习惯、风俗、礼貌等非正式制度。另一种是外在途径，即制度是由一批代理人人为设计而强加给其成员的。

2. 二者的稳定性不同

政策具有一定的稳定性，但政策的稳定性与灵活性是对立存在的。政策因问题而存在，随问题变化而变化。对于制度，从起源可以看出，内生制度具有相当大的稳定性，外生制度与内生制度相比，比较容易发生变化。

3. 二者的实施机制不同

由于政策是统治阶级意志的反映，其实施必定以暴力强制为后盾。而制度的实施大致存在三种途径：一是以暴力为依托，这主要是指与政策相重叠的法律法规；二是依靠集体利益的精神来执行的团体章程和个体协议；三是对于风俗习惯、文明礼貌等内生制度的实施是靠集体意志来实现的。

4. 二者调控的范围不同

从时间上看，政策因问题而存在，随问题变化而变化，仅仅存在于社会的一定阶段。而制度则伴随着一种社会的始终。从空间上看，制度调控的范围是极其广泛的，小至公司、家庭、个人，大至同行业协会乃至国家的行为。相对而言，政策的范围则要小得多，只有特定的问题才是政策作用的领域。

（三）房地产经济宏观调控的含义

宏观调控是指政府在市场经济运行中对社会经济总体的调节和控制。政府的宏观调控过程，实际上就是依据市场经济规律，运用宏观调节手段和调节机制，把企业的微观经济活动纳入宏观经济发展目标，使国民经济整体得到正常和有效运作的过程。宏观调控作为一种主体性行为，是对于传统的市场自发调节转变为经济自动均衡为中心的自由放任制度的扬弃和创新，它的作用对象是市场失效以及市场短缺。

政府对房地产经济的宏观调控就是指政府从总体上采用经济、法律和行政等手段主动干预房地产市场，它往往带有统一性的特征，但灵活性不足。房地产经济的宏观调控，就是指以政府为主体，通过经济的、法律的并辅之以行政的手段，对整个房地产行业和房地产经济运行所进行的宏观指导、监督、调节和控制，以发挥房地产经济在国民经济中应有的作用，保证其健康发展。

（四）房地产经济宏观调控的必要性

在社会主义市场经济条件下，对房地产经济实施宏观调控的根本目的是确保房地产业健康运行，并与其他产业协调发展，促进国民经济持续稳定增长。具体来说，对房地产经济宏观调控的必要性主要体现在以下几方面。

1. 房地产经济宏观调控是房地产资源优化配置的需要

宏观调控是社会主义市场经济体制下政府的基本职能之一。市场经济体制的基本要求是社会资源以市场配置为基础，但市场配置资源有自发性和盲目性等缺陷。为弥补市场失灵，保证其健康运行，政府必须对市场经济进行干预和调控。中国房地产经济作为市场经济中的一个子系统，其资源配置在充分发挥市场机制调节作用的基础上，同样要受到政府的调节和控制，以保证房地产业健康发展。土地和房屋是重要的社会资源，特别是作为房地产基础的土地，是一种稀缺资源，它的合理配置直接关系到国民经济的可持续发展，所以各国对房地产经济的控制和干预相对较强。

2. 房地产经济宏观调控是引导房地产业健康发展的需要

同其他产业相比，房地产业具有一系列特点：

①房地产是不动产，具有不可移动性，一旦形成建筑物就难以调整，所以必须由政府出面进行合理规划和控制。

②房地产投资具有投资量大、周期长的特点，从投入到产出一般要两三年时间，投资决策正确与否，要经受较长时间的考验，所以，对房地产投资的调控显得格外重要。

③房地产是价值量巨大、使用年限特别长的超耐用品，对整个社会总的供求平衡关系极大，所以对房地产投资必须有效控制。

④房地产交易是一种产权交易，要依法通过产权转让来完成，如产权的界定、分割、复合、重组、转移都要靠法律来确认和保证，因而更需要用法律手段规范其运行。

上述特点，决定了政府对房地产业的宏观调控较之其他产业更为必要。

3. 房地产经济宏观调控是促进国民经济持续增长的客观要求

房地产业既是先导性、基础性产业，又是国民经济中的支柱产业。房地产业的产业链长，同国民经济中的其他产业关联度强。房地产业的发展状况，直接影响相关产业的发展，对建筑业、建材业（如钢铁、水泥、木材、墙体材料、装修材料等）的发展甚至起到决定性的作用；同时，住宅建设和消费的发展，还会带动家电、家具和家用装饰品及其他产业的发展，所以房地产业是我国国民经济新的经济增长点。正是这种重要地位和作用，决定了房地产业的发展，直接影响社会总供求的平衡，对整个国民经济的发展至关重要。因此，对房地产经济的宏观调控，就成为政府对整个国民经济实施宏观调控的重要环节。

4. 中国房地产经济发展的现状也需要政府对它实施宏观调控

我国房地产经济处于起步阶段，其发展的幼稚性也要求政府对它实施宏观调控。这种幼稚性主要表现在如下几方面：

①发展不稳定。20 世纪 80 年代以前长期处于停滞状态，1992 年开始进入迅猛发展期，超常发展，近年来又遇到有效需求不足的障碍，处于相对低迷状态。

②地区间发展不平衡，东部地区发展快速，西部地区则缓慢。

③竞争无序，市场运行不规范。

④房地产价格混乱，价格体系尚未理顺。

⑤作为市场主体的房地产企业生产经营活动缺乏经验，操作不规范。

这些矛盾表明我国房地产业的发展尚处于初始阶段，很不成熟，容易产生大的波动，因此，必须有政府强有力的政策扶持和引导，通过适当的宏观调控措施，促使其更快走向成熟，对国民经济的发展发挥其应有的作用。

前述分析说明，房地产经济宏观调控是经济发展的客观要求，反映了经济规律的作用，必须体现在房地产经济运行的全过程，而绝不是可有可无、时有时无的。社会上有一种"现在要宏观调控了"的说法是不正确的。事实上，对房地产经济的宏观调控是自始至终必须坚持进行的，只不过宏观调控的方向、力度和重点在不同时期有所区别而已。

（五）房地产市场调控政策的目标

房地产市场调控政策的总体目标就是保持房地产经济总量的基本平衡，优化房地产行业结构，引导房地产行业持续、快速、健康发展，提高人们的居住水平。其具体可分为总体供求均衡目标、优化结构目标、投机抑制目标以及福利保障目标。

1. 实现房地产经济社会总供给和总需求的平衡

这是房地产经济宏观调控的首要目标。房地产市场的总量是否均衡，不仅影响到房地产价格的平稳运行，还会影响到房地产行业的健康发展。房地产商品的社会需求包括投资性的生产用房需求和消费性的生活用房需求两大方面，既包括国内、地区内需求，也包括外商的需求，而这些需求的地区性又特别强，更多的是要求在地区或一个城市内达到供求平衡。因此，调节房地产商品社会总供给和总需求的平衡，要综合考虑以下几方面因素：

①要在一个地区或城市内，实现房地产商品的供给总量和需求总量的平衡。

②房地产商品供给和需求的重点要放在住宅方面，住宅建设的总量要同地区居民对住宅的需求相均衡。

③要注意有效需求与潜在需求的区别，有效需求是指有支付能力的实际需求，房地产商品的供给总量要与有效需求总量相均衡。

④协调房地产业与整个国民经济特别是地区经济发展的适当比例，均衡发展。

2. 优化房地产结构，提高资源配置效率

结构优化主要包括两个方面：

①从国民经济全局来说，房地产业的发展要与其他产业的发展相协调，既能带动相关产业的发展，又与其他产业部门保持合理的结构比例关系。

②房地产业内部结构协调。一方面是指工业用房、商业用房和居民住宅之间应保持适当的结构比例关系，合理配置房地产资源；另一方面，各种档次的商品房供应都与需求基本相当，特别是中低档商品房的供应与广大居民的住房需求基本相当。

3. 确保房地产业持续、快速、健康发展

应更好地满足生产建设和生活消费需求，保证居民居住水平和居住质量的提高。所谓持续发展，就是房地产经济的长期发展，避免大起大落的波动；所谓快速发展，就是在效益好、有销路的前提下，抓紧时机加快发展，有条件的地方可以发展快一点；所谓健康发展，就是协调地、按比例地发展，以取得较好的经济效益。而房地产经济宏观调控的最终目的是满足投资需求，促进生产发展，满足居民住房消费需求，提高居民居住水平和居住质量。

4. 抑制房地产投机，保持员工福利目标

房地产投机是一种以较高利润为目标、承担较高风险、具有不确定性、进行时间相对较短的房地产投资行为。在房地产投资、建设、交易与使用的过程中都会形成和出现不同类型的房地产投机行为，投机需求会扩大市场需求，导致供求失衡，刺激房地产价格的非理性上扬，冲击房地产市场的正常运行秩序，容易引发房地产市场的泡沫，最终甚至会危及整个国民经济的健康发展。把房地产市场上的投机活动抑制在一定程度之内，或者完全遏止投机行为，是政府房地产市场宏观调控的重要目标之一。

在信息不完全、竞争不充分的市场经济条件下，由于机会的不平等而导致不同人之间收入分配的不公平，从而产生社会的中低收入阶层。随着城市化和工业化的加速发展，住房供给与需求极度不平衡，这一问题造成土地价格和住房价格上涨并超越了中低收入家庭居民的住房支付能力，导致了中低收入家庭的住房消费支付能力不足，换句话说，就是通过市场机制无法解决中低收入特别是最低收入家庭的住房问题。政府出于经济和社会责任，必须采取一定措施去帮助他们解决住房问题，尽可能使中低收入家庭居民安居乐业。

二、房地产经济宏观调控的主要政策手段

（一）房地产市场调控政策的分类

1. 根据房地产市场调控目标实现的手段划分

房地产市场调控政策可划分为经济政策手段（经济政策手段又可分为税收政策手段、货币政策手段、产业政策手段等）、法律政策手段、行政计划政策手段等。

2. 根据政策调控的对象划分

房地产市场调控政策可划分为土地政策和住房政策两大类。土地政策包括土地出让政策、土地收购储备政策等。住房政策依据作用对象可分为商品房政策、经济适用房政策、廉租房政策；依据政策实施手段还可划分为住房金融政策、住房供给政策和住房分配政策等。

3. 根据政策颁布的主体划分

房地产市场调控政策可分为中央政策和地方性政策。中央政策主要包括法律法规、部门规章和行政法规等。地方性政策主要指由各级地方政府及人大颁发的一些地方性法规、实施细则、办法等。

（二）房地产市场调控政策的理论依据

1. 市场失灵

根据西方经济学理论，只有同时满足拥有充分的市场、所有的消费者和生产者都处于竞争状态、存在着市场均衡这三个条件，市场配置资源才是有效的。当其中一个条件不成立时，将产生资源配置的无效率，即市场失灵。市场失灵是产生政策调控需求的重要原因。市场失灵主要是由三个方面的原因引起的，即外部性、准公共物品和不完全竞争。

（1）外部性

市场主体的经济活动往往会产生外部效应，即市场主体的经济行为对其他人或企业产生影响，但又不需要为这种影响付出代价或给予补偿的情况。在经济生活中存在外部经济与外部不经济两种情况：前者指经济主体的行为使其他主体受益而自身却得不到应有的补偿；后者指经济主体的行为使其他主体受损而自身却不用为此付出代价。由于外部性的存在，市场机制的自发调节将难以达到有效配置资源的目的。这种外部效应是独立于市场机制之外而客观存在的，它无法通过市场机制来消除或减弱，往往需要市场机制之外的力量

来加以校正或弥补。

（2）准公共物品

经济学的公共物品是指那些由社会公众所共同享有的，具有非排他性和非竞争性的产品或劳务，如外交事务、公共设施等。而所谓私人物品，是指那些消费具有竞争性和排他性，而且能够准确地识别其他受益者的物品，如住宅、服装等。"准公共物品"是介于公共物品和私人物品之间的物品，这类物品具有局部的非排他性和局部的非竞争性，它可以部分由市场提供，部分由政府提供，或者由政府与市场分阶段提供。

（3）不完全竞争

市场机制只有在充分竞争的条件下，才能对资源实现有效的配置。然而，在现实生活中，垄断是广泛存在的。由于国家对一些行业实行特许经营，或是由于存在规模效益较强的部门，自然会出现垄断竞争的现象。一旦垄断形成，产生的结果将是市场价格超过实际边际成本，出现过高的价格和过低的产量，影响市场机制作用的发挥，抑制有效竞争，导致资源配置效率低下。为了克服市场机制在一些方面的不足，就必须依靠政府的宏观调控。政府作为体制改革的推进者和市场发展的培育者，必须大力创建市场机制得以发挥的环境，并通过制定反托拉斯法、鼓励竞争、实施管制等来抑制垄断的形成。

中国的房地产市场不仅存在着外部性、不完全竞争的问题，中低收入者住房还具有"准公共物品"的性质。因此，为促进房地产市场作用的正常发挥，就必须借助于政策手段对房地产市场进行调控。

2. 房地产市场调控的目标

通常所讲的产业政策，是指政府在某一时期为了实现本国社会经济增长和各产业之间的协调发展目标所采取的产业调整政策措施。一般根据实际情况分为产业促进政策和产业抑制政策两种。房地产业是国民经济中的重要产业部门，房地产产业政策，是政府通过产业定位、产业发展规划和政策导向，对一定时期房地产业发展制定并实施的基本政策，以此引导房地产业与国民经济协调、稳定、健康的发展。它是对房地产经济实施宏观调控的重要政策手段。

（1）房地产产业政策目标和实施手段

①房地产产业政策目标。房地产产业政策目标，是政府根据经济发展需要和房地产业的现实状况所制订的发展目标，主要有以下三方面内容：

a. 房地产业发展水平目标。在产业结构体系中，房地产业作为相对独立的产业，必须确定整个产业部门的发展水平和社会上可供房地产业发展的经济资料的数的限制，同时也不可避免地受到对房地产产品需求水平的严重制约。另外，发展水平目标还要考虑到各个地区的实际情况而有所不同。这一目标的确定就为房地产业在国民经济整体中占有的地位提供了方向。

b. 房地产业效益水平和产业竞争力目标。这里所说的效益包括宏观效益和微观效益两个方面。由于房地产业的发展与经济建设、环境建设和居民生活关系密切，所以宏观效益应是经济效益、社会效益和环境效益的统一。微观效益包括劳动生产率、投资回报率和资本利润率等。提高微观经济效益是房地产企业追求的目标，它必须服从宏观效益。只有把宏观效益和微观效益统一起来，才能达到房地产资源配置的高效率。

c. 房地产内部结构调整目标。从具体产业部门来看，产业内部结构的调整主要是协调各分部门之间的关系。对房地产业来说，就是使产业部门的各种房地产类型在不同时期和不同空间地域上实现平衡。

②房地产产业政策的实施手段。房地产产业政策是一种方向性、导向性的政策措施体系，因而其实施应主要运用间接的经济性的手段。具体的实施手段包括如下几项内容。

a. 间接的经济调节手段。政府通过财政政策、货币政策、投资政策、技术政策等调节市场，由市场影响企业，引导房地产业按政府设定的方向和目标进行经济活动。如按房地产经济运行现实状况，运用税收政策、信贷政策，支持或抑制房地产业的发展，使其与相关产业和整个国民经济的发展相适应，稳定健康地发展。

b. 信息引导手段。政府可以利用所掌握的产业发展现状、房地产开发建设总量和结构、市场销售情况、需求变化方向等信息并定期发布，使房地产企业获得正确的信息资源；同时，还可以公布中长期的房地产产业政策，使企业明确发展方向。科学的经济信息可以诱导房地产企业进行正确的投资决策，及时调整内容结构，稳定市场，促使房地产业正常发展。

c. 直接的行政控制手段。针对房地产业发展中的倾向性问题，政府可以运用直接的行政权力对房地产业的发展方向进行调节和控制，促使房地产业的发展符合国民经济整体发展的要求。

（2）房地产产业政策的主要内容

产业政策的主要内容包括产业结构政策、产业组织政策、产业技术政策、产业布局政策和产业联系政策等。房地产业的产业政策是由产业结构、组织、技术、布局等政策形成的体系。作为整个产业政策的组成部分，房地产业政策是指在科学地确定房地产业同国民经济各部门的比例关系的基础上，合理调整房地产业在国民经济中所占的比例及其行业结构，从促进房地产业的健康稳定发展出发，采取适当的产业组织措施，促进产业内部竞争，限制垄断等的单项产业经济政策体系。

由于行业本身的特殊性以及产业政策本身具有间接指导性的性质，房地产产业政策一般划分为如下三个层次。

第一个层次是关系国民经济全局的总体房地产产业政策，主要是房地产产业定位和房地产产业发展政策。前者如房地产产业分类、房地产业在整个国民经济中所处的地位和作用、在国民生产总值中应占的比重等政策；后者如房地产业发展的规模和速度、影响商品房市场供给量和市场需求量的相关政策等。

第二个层次是房地产行业内部的各类政策。其主要包括：以土地有偿使用为主的土地使用制度政策体系，房地产业内部产品比例结构调整政策，房地产综合开发和综合经营政策，房地产开发、经营的资金融通政策，培育和完善房地产市场政策，房地产管理政策，以住宅商品化为目标的住房制度政策，针对房地产经济的发展预测和战略对策的政策，涉外房地产经济发展政策等。

第三个层次是各类房地产政策体系中更为具体化的政策。例如，规范土地市场的一级土地市场国家垄断政策、土地使用权出让与转让政策、征地拆迁政策等；规范房地产市场运行的房地产市场交易政策、房地产价格政策、房屋租赁政策、物业管理政策等；实施城镇住房制度的住房供应政策、住房公积金制度、住房分配政策等。

房地产产业政策的三个层次是相关联系、相互依存的。

区分上述层次，主要目的在于明确不同层次的房地产产业政策的决策机构应有的权力和所承担的决策责任，以确保房地产产业政策的科学性。

（三）房地产经济宏观调控中的货币政策

1. 货币政策的含义和主要任务

货币政策是指一个国家的中央银行通过一定的措施调节货币供应量，进而对货币的供给和需求产生影响，最终达到对国民总产出水平进行调节的目的的政策。货币政策涉及的内容非常广泛，既包括货币政策的最终目标与货币政策工具，又包括运用这些工具的作用机制、传导过程和据以进行监测控制其进度的各数量指标。

运用货币政策对房地产经济实施宏观调控，核心是控制投入到房地产业的货币供应量，主要体现在以下三方面：一是控制货币投放量，以保证货币供应适应房地产业发展的需要；二是控制房地产业的投资规模，使房地产市场供给量与需求量达到动态平衡；三是控制房地产信贷总规模，使之既满足房地产开发经营和支持居民购房的资金需求，又能防止过度膨胀，确保信贷平衡。

2. 货币政策的主要工具

货币政策对房地产经济宏观调控的作用是通过一定的金融工具来实现的，主要有：

（1）利率政策

利率是货币信贷政策最重要的杠杆。提高或降低贷款利率，可以调节信贷总规模；提高或降低存款利率，则可以调节居民储蓄。国家可以通过银行运用利率杠杆来调节货币的投放量。当信贷规模过大、资金供应紧张时，可以提高贷款利率、紧缩贷款，同时提高存款利率，增加储蓄。反之，则应采取相反的政策。

（2）公开市场业务

公开市场业务是指中央银行在公开市场上，通过买卖有价证券的办法来调节货币供应量，从而调节社会总供给和总需求的金融业务活动。当国民经济出现衰退时，中央银行可以在公开市场上买进有价证券，增加货币供应量，从而刺激投资和消费，促进经济复苏。而当出现经济过热、通货膨胀时，则卖出有价证券，减少货币供应量，从而抑制投资和消费需求，促进经济稳定。公开市场业务不仅从总体上调节房地产供给和需求，而且通过买卖住宅债券，直接调节投入房地产开发和消费的货币供应量，达到控制房地产经济总供给和总需求趋向平衡的目的。

（3）法定存款准备金率

这种货币政策工具的具体运用是指中央银行通过提高或降低法定存款准备金率的办法，来增加或减少商业银行向中央银行交存的存款准备金数量，从而影响商业银行的贷款能力，促使信用收缩或扩张。当国民经济处于衰退状态时，为了鼓励投资、刺激消费，中央银行就可以降低法定存款准备金率以减少商业银行向中央银行交存的法定准备金，使商业银行可贷资金增加，达到信用扩张的目的，使整个社会范围内货币供应量增加。反之，如果经济处于要求过旺或通货膨胀的情况下，中央银行则通过提高存款准备金率，来增加法定准备金，使商业银行收缩信贷，从而达到紧缩货币供应量、紧缩经济的目的。同样，房地产信贷也受到法定存款准备金率的重要影响和调节，从而使房地产总供给和总需求得以有效控制。

（4）再贴现率

贴现率是指对各种合格票据（如国库券、短期商业票据等）贴现的利率，也就是中央银行对商业银行及其他非银行机构贷款的利率。通过中央银行提高或降低贴现率的办法来影响市场上的一般利率水平，进而影响社会上的投资和消费水平及结构，达到调节国民经济的目的。各商业银行主要通过两种方式向中央银行贷款：一是将各种票据如国库券等政府公债向中央银行再贴现；二是以自己所拥有的政府债券和其他财产做担保向中央银行贷款。

实际运用中，当国民经济出现衰退时，中央银行就降低贴现率，使商业银行感到有利可图，就会增加从中央银行的贷款数量，进而扩大信贷规模；反之，如果国民经济出现膨胀，中央银行提高贴现率，使商业银行感到得不偿失，停止或降低从中央银行的贷款量，缩小自己的贷款规模。通过这种机制，中央银行就能运用贴现率工具来控制和调节社会的信贷规模，影响社会的货币供应量，从而影响对房地产业的信贷规模。

上述金融工具所体现的货币政策对整个国民经济都发挥着关键性的调节作用。作为国民经济重要组成部分的房地产业，它的开发建设和消费都离不开金融业的信贷支持。政府运用货币政策，合理安排流入房地产业的资金总量，就可以达到控制和调节房地产经济发展水平的目的。

（四）房地产经济宏观调控中的财政政策

财政政策就是政府运用财政收支的各种工具，通过调节国民收入分配、再分配的方向和规模，以达到经济总量平衡和结构平衡目的的政策手段。在宏观调控中，财政政策具有最直接、最有效的作用。对房地产经济的宏观调控，财政政策也同样起着十分重要的作用。

财政政策的主要内容包括两个方面：一是政府的财政收入政策；二是政府的财政支出政策。

1. 财政收入政策（税收政策）

财政收入政策主要是税收政策，通过税种和税率的变动来调节社会总供给和总需求。税收是财政收入的主要来源，是宏观调控的一种重要手段。税收之所以成为财政收入的主要来源，是因为税收收入具有无偿性、强制性、固定性三方面特征。国家一方面向社会提供公共物品，另一方面又凭借政治权力向纳税人依法强制征税，取得固定收入。税收对房地产经济宏观调控的作用主要体现在以下两方面：

（1）税收对房地产市场消费需求的调节作用

在房地产市场交易中，税种增加、税率提高将使市场需求减少；反之则会使市场需求增加。

（2）税收对房地产市场供给的调节作用

房地产开发企业的税种增加、税率提高，导致开发成本上升，提交的预期收益减少，抑制房地产投资增长率，促使其下降；反之，税种减少，税率下降，投资的预期收益增加，促使房地产开发投资增长率上升。所以，正确实施税收政策、合理收费，是对房地产经济实施宏观调控的重要手段。

2. 财政支出政策

财政支出政策的运用，主要是通过财政支出结构的变动来调节积累与消费的比例关系；通过财政支出量的变化来影响社会总需求的变动。由于积累性或消费性的支出都会转化为投资品和消费品的购买，增支可以扩大社会总需求，节支可以缩减社会总需求，因而财政支出可以直接迅速地影响社会总需求量的变动。

从对房地产经济的调节和控制来讲，首先，在财政支出中，增加或减少房地产开发投资量，会直接影响投资品需求和房地产商品供给量。如近年来国家为扩大内需，增加对住宅建设的投资，既促进了房地产业的发展，又拉动了整个国民经济增长。其次，在财政支出中增加职工工资，实施住宅消费补贴，增强了居民购房能力，扩大了住宅消费，直接拉动了住宅消费需求。再次，通过财政支出结构的变动来调节房地产业在国民经济中的比重，调节房地产业内部各类房地产的比例。例如，房地产开发建设中，通过增加住宅建设投资、压缩办公用房与商业用房投资，促使房地产业内部结构逐步趋向合理。

（五）房地产经济宏观调控中的投资政策

投资政策是指政府作为宏观经济管理者，根据国民经济发展的总体目标和产业政策的导向，对投资方向、投资规模和投资结构进行调节的政策手段。在市场经济条件下，由于企业是市场经济的主体，也是投资主体，因而除了政府投资可以直接控制之外，主要运用经济手段进行诱导，以达到宏观调控的目标。

房地产投资政策主要把握以下两个方面。

1. 对房地产投资规模控制

对投资规模的控制首先要考虑投资规模选择的技术界限，其次要考虑投资规模选择的经济界限。在投资规模控制中最重要的是投资规模适度性的政策准则，这一准则主要由以下几个因素构成：

（1）投资目标准则

房地产投资是全社会固定资产投资的重要组成部分，受到一定时期国家经济发展和结构调整总目标的制约，房地产投资规模必须服从宏观经济总目标的要求，避免盲目扩张或过于滞后，寻求一个比较合理、与国民经济发展相协调的规模。

（2）投资品保证准则

投资品是投资的物质基础。当投资规模大于投资品可供量时，表明投资规模处于膨胀状态。反之，如果前者小于后者，则表明投资规模不足。也就是说，在有投资品保障的前提下，现实的投资规模才是合理的。

（3）投资的市场需求界限准则

任何投资都会形成现实的和未来的生产能力和市场供给，最终都要受到市场需求的制约。当投资规模超过市场需求的规模时，便会造成因生产能力闲置而浪费社会劳动和资源。

20世纪90年代初，房地产投资的高回报率曾误导一些房地产企业盲目扩大投资，不顾市场需求状况；20世纪90年代中期建成的商品房集中上市，造成了阶段性供给过剩、商品房大量空置。这是一个深刻的教训。所以，政府实施投资政策，要充分利用各种手段，引导房地产企业正确进行投资决策，把房地产投资规模控制在一个合理的区间内，使房地产业的发展与国民经济发展处于平衡状态。我国房地产业的投资规模特别要考虑居民有支付能力的需求。

2. 对房地产投资结构控制

所谓房地产投资结构，是指房地产业内部各种资金的使用方向及其各方面的比例关系。它一般包括：房地产投资主体结构，即制定正确的房地产投资决策，进行投资和提供资金单位；房地产投资客体结构，即各种房地产类型，投资于生产用房、商业用房、办公用房、游乐设施和住宅等方面的各种房地产类型。一般来说，住宅建设投资应占主体地位，在住宅中尤以满足中等和中低收入家庭需要的普通商品住宅为主。房地产投资时间结构即房地产投资各要素在时间上的分配关系，即房地产投资在各个年份均衡增长，以与市场需求增长相适应，避免因过于集中而引起大起大落，造成阶段性供求失衡。房地产投资的空间结构，即房地产投资要素在各区域中配置的比例关系，要力求做到地区分布相对平衡。目前，我国房地产投资70%左右集中在东南沿海经济发达地区，过于集中，而中西部地区则相对落后，应适当做出调整。

在我国，房地产投资中投资主体主要有政府和企业，政府投资仍占有相当大的比重。从发展趋势来看，今后政府投资的重点应主要放在基础设施、基础产品和支柱产业方面，住房建设的政府投资则应集中在具有社会保障性的廉价房、安居房等方面。投资主体应主要是房地产企业，政府投资应居于次要地位，政府只提供导向性的政策，而不是实际参与投资经营和决策。房地产投资的客体结构主要包括工业用房、商业用房、基础设施用房、教育卫生用房、娱乐设施用房、住宅等；而住宅又可分为花园别墅、高档公寓、普通住房等，目前投资重点应放在普通居民住宅方面。

第二节　房地产经济宏观调控体系

一、房地产经济宏观调控的方式

房地产经济宏观调控的方式可分为直接调控和间接调控。直接调控是指政府通过行政手段和指令性计划管理，直接控制房地产开发、流通、分配、消费诸过程，从而达到对房地产经济宏观调控目标的一种调控方式。间接调控是指国家主要运用经济手段，通过市场机制影响和引导企业的行为，达到实现调控的目的。在市场经济条件下，政府对社会经济活动的宏观调控，一般以间接调控为主要形式。

我国实行社会主义市场经济体制，对国民经济的宏观调控将逐渐从原来的行政、指令性计划等直接调控，转为通过财政、货币、价格、投资等经济杠杆对各种市场进行干预，将政府的决策转换成各种经济信息输入市场，以市场引导经济主体经济行为的间接调控为主。

在房地产经济调控中，间接调控方式表现为主要运用财政政策、货币政策、产业政策、投资政策和房地产法律法规等手段，调节各类房地产市场供求状况，再由供求机制、价格机制、竞争机制、利率机制等市场机制引导房地产企业的投资开发（生产）、流通、分配和消费的生产经营活动。

但是，以间接调控为主并不排斥必要的直接调控。对关系国民经济命脉、国家安全和国计民生的重大建设项目和重要产品的生产和流通，仍然必须实行一些直接调控。例如，石油、煤炭等能源建设，钢铁等有色金属，铁路、公路等交通建设，邮政、水、电、煤气等公共产品建设，以及一些高科技项目、国防建设等，事关大局，必须由政府实施直接调控，以保证宏观调控目标的实现。

因此，对房地产商品的生产与流通，对房地产业的发展和房地产市场建设，不能仅仅靠间接调控，尤其是在房地产市场发育水平较低的阶段，直接调控还占有重要的地位。在我国社会主义市场经济条件下，对房地产市场的宏观调控，必须遵循以间接的调控为主、直接调控与间接调控相结合的基本原则。

二、房地产经济宏观调控的力度和时滞

房地产经济宏观调控的有效性是指其实施对社会经济生活和房地产业产生影响的效果。

（一）房地产经济宏观调控的力度

房地产经济宏观调控的力度是指调控的强度，即对调控对象作用力的大小。把握调控的力度要以宏观经济态势和房地产市场的现实状况为依据。例如我国实行的财政政策和货币政策可以是紧缩财政和紧缩货币的双紧政策，也可以是宽松财政和宽松货币的双松政策，还可以是二者松紧搭配使用。具体掌握哪一种力度，则要视宏观经济运行和房地产业发展状况而定。

房地产业作为国民经济的重要组成部分，必然受到整个国民经济和地区经济状况的制约。房地产市场的现实状况除了包括房地产开发投资状况、市场供给状况、市场需求状况、各类房地产的结构比例状况、供求均衡状况，以及土地、建筑材料等可供资源状况、生态环境状况等以外，还要掌握房地产市场特有的供求变动规律、房地产供给弹性、房地产需求弹性等影响调控效应的因素。这样才能使调控力度掌握在适当的范围以内，以免出现过紧、过松，引起房地产业发展中出现大起大落的不稳定状态。由于宏观调控本身的长期性，有时出现的经济波动要做具体的分析，因为这类波动可能是由政策造成的，也有可能是国家经济形势或某种偶然的或暂时的因素所导致的。只有在动态分析的基础上正确把握现状，才能做出科学的决策，采取正确的调控措施。以货币政策为例，在经济过热、房地产开发过热时，采取从紧的货币政策，紧缩对房地产投资贷款，利用信贷机制抑制房地产业发展；而当经济不景气、房地产市场需求疲软时，则采取宽松的货币政策，增加对房地产的开发投资贷款和住房消费贷款，扩大货币供应量以启动房市。调控力度的把握是一件比较困难的事，重要的是应取得正确、完全的经济信息，预测调控的效应，进行科学的决策。

一般来讲，房地产经济宏观调控长期性效应更强，政策的实施首先要影响到社会的投资方向、房地产商和个人，经由复杂的线性计算和判断分别做出各自的决策，这些决策又会相互影响，最终推动经济由某个经济均衡点向另一处经济均衡点移动。房地产经济宏观调控的数量效果要考察以下几个重要变量：

①房地产供求变动的幅度和规律；

②房地产需求弹性、资产组合的差异、收入分配的差异、需求差异；

③房地产供给弹性。

（二）房地产经济宏观调控的时滞

房地产经济宏观调控时滞是指政府从制定各种有关房地产经济的宏观经济政策到这些

政策取得预期效果的时间间隔或时间差。政府宏观经济政策实现以后，必须经过多长时间才能产生并达到预期效果，宏观经济政策的实施到其产生效果的时间长短是否稳定并且可测，是时滞问题的中心。

1. 内在时滞

内在时滞是指从经济现象发生变化时，政府需要采取政策措施加以矫正或引导，到实际上采取对策的实践过程。整个内在时滞所需时间长度取决于政府收集资料、研究情况及采取行动的效率，也取决于当时的政府与经济目标。

2. 外在时滞

外在时滞是考虑房地产经济宏观调控有效程度的一个重要工具。它是指从政策改变或制定宏观经济政策到这些政策对房地产经济发生影响所耗费的时间。外在时滞可表现为三部分。

(1) 决策时滞

它指房地产商改变其供给行为，影响到市场上的存量水平，同时，消费者改变其消费行为，影响到市场上的需求水平，从而两方面相互作用，改变各自的投资及收入分配的决定之前的时滞过程。

(2) 中期时滞

它表明从政府采取行动到该行动对房地产业产生影响，使房地产商改变其投资决策，从而对整个房地产市场产生影响力的时间过程。这一过程的长短取决于房地产商及其他相关产业的生产者对宏观经济政策反应的敏感程度。

(3) 作用时滞

个人或消费者决定收入分配的重新分布意向后，对整个房地产市场的收益水平、规模状况都会产生影响，这段影响时间称为作用时滞。

外在时滞主要由客观的经济形势决定，受房地产产业结构以及各经济主体行为改变因素影响较大，政府不易控制。研究外在时滞对房地产经济宏观调控具有十分重要的意义。政策制定和执行的主要依据是当时的房地产经济状况，然而政策的制定和执行需要一定的时间，房地产市场运行本身又在不断的运动和变化过程之中，如果政策的效果在不适当的时间全部显示出来，将会严重地干扰房地产经济本身正常的运行，反而会增大经济的波动幅度，因此制定政策要从长远出发，尽量制定规范性、规划性和战略管理性的政策，减少数量上的限制，而加强方向性的引导和诱导，这样才有可能最大限度地避免时滞问题带来的负效应。

三、房地产经济宏观调控的体系

房地产经济宏观调控体系是指中央政府对房地产业的发展进行调节和控制，以达到房地产业预期发展目标的管理系统。房地产经济宏观调控体系是整个国民经济宏观调控体系的一个有机组成部分，具有宏观性、市场性、间接性和动态性的特点。对房地产经济实施有效的调控，关键在于政府在市场运行中正确选择自己的位置和充分发挥自己的作用，建立起清晰完备的调控系统。

从广义上来说，房地产经济主要包括房地产经济宏观调控的目标、任务、内容和手段；从狭义上来说，主要包括房地产经济宏观调控的决策系统、控制调节系统、信息咨询系统和监督保证系统。

（一）房地产经济宏观调控的决策系统

经济决策正确与否，直接关系到宏观调控的成败，所以，决策系统是宏观调控体系的中枢。宏观经济决策是国家的集中决策，它是国家执行社会经济职能的集中体现。我国房地产经济发展的决策机构包括：全国人民代表大会及其常务委员会是最高权力机构；国务院是最高行政机构；国家发展和改革委员会、住房和城乡建设部是办事机构。如把住宅业培育成新的经济增长点，加快住宅建设的决策，城镇住房制度改革的决策，都是由国务院决定的。鉴于房地产业地区性强的特点，地方各级人民代表大会和政府机构、主管委办，在执行中央决定的过程中，根据本地区实际情况进行具体决策，并相应制定符合本地区特点的房地产地区性法规、条例和具体实施措施。决策的主要内容包括：房地产业发展的战略目标、指导性发展规划或计划、涉及房地产业的重大方针政策；房地产开发投资规模、土地规划、房地产业内部结构；对房地产业的财政政策的货币政策；住房制度及其改革等。

为了保证房地产经济宏观决策的正确性，必须做到：

①科学决策。在全面充分掌握准确信息的基础上，认真进行现行研究，预测未来发展方向，提高决策的准确性和科学性。

②民主决策。按照民主程度，广泛征求社会各界、专家学者和房地产企业的意见，对多种方案进行比较分析，选择最优方案。

③建立决策的责任制。领导机构要依法决策，实行激励和约束相结合的决策机制，对产生巨大效益的正确决策给予奖励，对造成严重后果的决策失误给予必要的惩罚，直至追究法律责任。决策机构承担决策责任，有利于促进慎重决策，提高决策的正确度。

（二）房地产经济宏观调控的控制调节系统

控制调节系统是中央和地方（省市）政府综合运用经济手段、法律手段、计划手段和必要的行政手段，主要采用经济办法调节和控制房地产经济运行的系统。在市场经济条件下，房地产资源的配置以市场机制调节为基础，政府的宏观调控以间接调控方式为主，同时辅之以必要的行政的直接调控方式。为使宏观调控达到高效率，必须建立计划、金融、财政之间相互配合、综合协调的制度。计划部门提出房地产业发展的目标、任务以及需要配套实施的有关经济政策；房地产金融部门通过提供投资开发贷款、住宅抵押贷款支持并监督房地产业的发展和住宅消费需求的扩大；土地管理和房地产管理部门则主要通过土地规划、供应、重大项目审批、制定有关的法律条文等行政手段，规范房地产市场运行秩序，控制房地产业发展规模和结构。各种调节手段既有分工，又有协作配合，共同调节房地产商品总供给和总需求的平衡，实现结构优化，促进房地产业稳定、协调和健康发展。

（三）房地产经济宏观调控的信息咨询系统

建立和健全信息咨询系统是政府进行科学决策的重要依据，也是影响房地产企业、个人决策及其经济行为的重要手段。

在知识经济时代，信息是最重要的资源，信息的生产、收集、传递和分配可以产生巨大的效益。信息服务的职能，是准确、及时、全面地反映房地产经济总量供求平衡和内部结构平衡的情况，经过信息中心的综合分析、整理、传递，及时反馈到房地产经济决策系统、控制调节系统和各类经济实体，以便迅速有效地采取对策，促进房地产经济健康运行。

咨询部门和机构的职能是根据大量信息预测未来发展趋势，进行可行性研究，提出各种可行性方案，为政府的宏观决策和企业的微观决策提供科学依据。

为此，要尽快建立和完善我国房地产经济运行的监测预报体系，积极发展咨询服务中介机构，提高服务质量，健全信息咨询系统。

（四）房地产经济宏观调控的监督保证系统

任何经济机制的调节都需要强有力的监督保证系统。房地产经济宏观调控监督是指国家通过各种监督机构和手段，对房地产业的再生产过程各环节（生产、流通、分配、消费）进行全面监察和督导。它包括财政监督、税务监督、银行监督、工商行政监督、统计监督、会计监督、财务监督等。通过经济监督，引导企业增强自我约束能力，使房地产企业的生产经营活动符合宏观调控的目标。同时，通过监督，规范企业和个人的经济行为，约束和引导房地产企业的生产经营活动。我国房地产经济宏观调控中监督不力的情况较为普遍，必须加强监督力度，建立和完善监督保证系统。

房地产市场调控政策是国家调控和引导房地产市场健康运行的各种手段的总和。尽管各国经济发展水平各异，采用的房地产制度有别，但都对房地产市场进行了不同程度的政策干预，因此，房地产市场调控政策是房地产经济学研究的重要方面。本章主要介绍产业政策、货币政策、财政政策、投资政策这四个主要调控政策的基础知识，并从经济学的角度对政策的作用机理进行注释。

第三节　房地产经营人才培养研究

一、房地产专业人才培养研究

随着房地产业的发展及其对专业人才的需求，不少高校相继开设了房地产经营管理专业。经过几年努力，房地产专业人才的培养已初见成效。然而在新时期，适应我国体制改革和经济增长两个根本性转变的需要，如何进一步改善房地产专业建设，提高人才培养质量，仍有待我国解放思想，更新观念和方法，在教学诸环节做出新的探索。从房地产经济特点及其产品要求出发，撰文阐述如何优化课程结构，改革教学方法，培养基础扎实、知识面宽和实践能力强的房地产经营管理人才。

（一）继续强化专业通用型课程设置

房地产业是集投资开发、经营管理和服务为一体的综合性产业，是以策划和组织协调为主的智力型产业，是以特定项目为中心，工作环境和工作内容不断更新的特殊产业。从房地产经济运行的特点出发，人才培养必须继续强化专业通用型课程教学。

房地产业作为一个综合性产业，可从纵横两方面考察。从纵向看，房地产业贯通生产、交换和消费三个领域，包括房地产开发、营销和物业管理三种不同性质的工作。实践中不少专项工作可由不同部门人员承担，但是分工不分家，许多事务必须前后协调，管理者只有通晓这三方面知识，才能在更高层次把握各项具体工作，提高开发、营销和管理水平。这是房地产专业人才区别于普通专业人才的一个主要内容。

从横向看，房地产经济运营过程，始终是与建筑、市政、交通、商业、旅游、服务和金融等产业，相互协作、共同建设和发展的过程。各产业开发建设实际上是房地产综合开发大系统中的一个子系统，它们既相互独立，又相互配套。房地产开发商则主要从事整体设计、统筹安排和综合开发工作。因此，房地产高级管理人才必须熟悉上述相关产业知识。与此相适应，房地产专业教学，应从培养综合开发管理人才出发，在课程设置上改纵向深入型为横向宽广型，实现文理工相互渗透相互交叉。

房地产专业又是一个以策划和组织协调为主的智力型产业。众所周知，在房地产开发经营中，许多专业性极强的任务，一般都通过委托和承包形式来解决。需要本公司自己承担的工作，主要是项目的可行性研究、投资评估、决策以及立项后的组织协调和监督工作。尽管任何产业都有投资决策和组织协调工作，但是相比较，房地产在这方面的要求更为突出。房地产投资数额大，资本周转时间相对较长，决策者责任重大；房地产市场的区域性加大了投资风险。虽然从长期看，房地产有保值增值功能，但是在中短期内资本沉淀，利息打滚，债台高筑，一般企业都难以承受。因此，提高决策水平对于房地产业管理人员具有特别重要的意义。

另外，房地产综合开发需要同政府各部门和社会各方面打交道，经营者必须有很强的组织能力，善于处理人际关系。一旦因组织不妥而导致个别工作脱节，影响项目整体进展，连锁损失就相当大。认准这一点，有助于科学把握房地产经营管理人才的素质要求，重视管理学和公关学课程教学，使学生掌握预测、决策、计划、组织、指挥和调控等基本原理和方法，掌握公关原理、方法和技巧，同时要加强专业课教学中的案例分析和实践训练，使学生充分了解项目背景的复杂性，以提高综合分析能力。

房地产业又是一个以项目为中心，工作环境和工作内容随项目不断更新的特殊产业。房地产开发经营活动明显以项目为中心，小项目一两年结项，大项目三五年也可基本结束。不同项目即使本体相似，自然环境、经济和社会背景也不可能相同。围绕新项目出现的新环境、新设计、新材料和新顾客，要求经营者用新思维、新方法工作，建立和协调各种新关系。工作中很少有老本可吃，这是房地产开发经营不同于其他产业的特点。即使原项目成功，也已成为历史，新项目一切都得从头做起。由此，一方面要求经营者必须兢兢业业认真搞好每个项目，另一方面应连续不断地研究和把握宏观经济形势与微观区域市场动态，不失时机寻找新的投资开发机会。

反映到专业教学，应把培养学生的敬业精神放在重要位置，使他们在学习本专业时，就开始树立"安得广厦千万间"的事业心和责任感。在专业知识上，引导他们科学认识宏观经济形势，把握同房地产投资开发相关的宏观经济指标。熟悉微观房地产市场的动态分析法，学会捕捉开发机遇的技能。同时应重视信息资源开发和利用方面的知识传授，指导学生善于利用信息资源，集先进技术和构思为一体，使每个项目都能展现新的面貌。

（二）开拓专业教学内容的新领域

产品质量历来是企业的生命，也是企业生产者经营者素质的综合反映。因此，由产品质量要求推导企业生产者经营者应具备的素质，确定专业教学内容，是提高专业教学质量的一条有效途径。房地产产品和服务的质量，具有较一般产品质量更深、更广的内涵。全面科学认识房地产质量要求，有助于准确把握房地产人才培养的方向，加强专业建设的针对性和有效性。

房地产产品质量的内涵，由里到外包括三个层次。第一层次是房产本体的建筑质量，具体包括建筑基地质量、建筑设计质量、建筑施工质量和建筑材料质量等。尽管房地产业区别于建筑业，不直接从事房屋设计和施工，但作为项目建设单位，房地产公司掌握着对建筑单位、设计单位的选择权和施工质量的监控权，从而对房屋本体质量负有主要责任。

从市场交易规则看，房地产公司也必须以优良的商品房向消费者负责。由此看人才培养和专业建设，房地产专业教学必须务实，开设一定比例的建筑类课程，使学生懂得建筑学知识，明确建筑设计和施工的基本要求，把握设计和施工、建材等方面质量的内涵和检测方法，使建筑质量监控权不仅在名义上而且在实际上也掌握在房地产公司手中。在房产质量保证体系中，设计质量处于头等重要地位。设计水平不同，相同的建筑面积有不同的使用面积，相同的使用面积有不同的使用空间，相同的使用空间有不同的利用程度和便捷度。即设计科学合理，可以在同等的投入下得到更多的使用面积和空间。在商品房价格普遍以建筑面积为计量单位的情况下，提高设计质量，使消费者购买同等面积商品房，可得到更多使用面积和空间，这无疑是房地产经营者提高竞争力的重要手段。因此，专业教学中应重视房屋结构设计知识教学，增强未来经营者的空间优化意识。

房地产质量第二层次内涵是房屋的各类配套设施的质量，包括供水、排水、供电、供气、电梯、电话和垃圾处理等设施的配套状况。良好的配套质量能确保用户全面、及时、安全、方便和持续使用这些设施，不受上下左右干扰。这方面质量内涵众多，其重要程度丝毫不低于房屋本体质量的要求。

从这些要求出发，房地产教学应开设有关市政建设及其管理课程，学习相关知识，为提高配套质量奠定理论基础。实践中，房产公司常常把用户对配套质量的意见转嫁到相关部门，否定房产商在配套质量上应尽的责任。其实在项目设计时各项基础设施建设，就应遵守服从总体、综合设计、统筹施工、全面配套和超前预留等原则。有的房产商无原则地降低开发成本，影响基础设施配套质量，给产品后期服务带来众多隐患。

房地产质量第三层次内涵是商品房的环境质量，主要指周围的道路交通、绿化、空气、水质、气候、日照、视野、噪声、治安、商店、学校和其他公共服务在内的大环境的质量。这是房地产产品所特有的质量内涵。房屋的使用包括对房屋环境的使用。房屋的固定性加大了房屋使用对环境的依赖性。许多购房者与其说是看中房屋，不如说是看中房屋的优良环境。例如，小学和初中的就近入学政策，使一些重点小学和中学附近的商品房十分畅销。精明的房产商都有极强的环境意识，把环境质量作为确定房地产产品价码的主要因素。深入考察，环境影响房地产，房地产开发也会影响环境。许多房产商把创造繁荣作为开发的主要目标。

鉴于环境的重要性及其与房地产之间的密切关系，房地产专业教学除了开设城市规划课程，还应讲授环境与人类区位经济学等知识，引导学生重视环境、研究环境，以便有效利用环境，切实保护环境和积极改造环境。当然，这里说的环境是广义的，包括自然环境、经济环境和社会人文环境；所需知识涉及自然、生态、社会、文教、卫生、地理、经济等各学科，这进一步说明实行文理工相结合，拓宽学生知识面的必要性。

房地产质量的上述三方面要求，在不同历史时期侧重点不同。在温饱问题尚未完全解决时期，房地产开发建设的重点集中在房屋本体，并更多关注其数量，对环境质量一般顾及不到。在温饱问题解决后，提高房屋设施配套率成为房地产开发的主要任务，环境质量问题开始为人们关注，但重室内轻室外倾向仍很明显。在实现小康生活后，人们关心环境胜于关心房屋本体质量，优化环境成为房地产开发经营的一个主要目标。这些变化是人们在低层次需求满足后，提出的更高需求，也是房地产业适应社会需求变化转变经营思想和经营目标的方向。房地产专业教学应自觉遵循这一变化规律，超前开拓教学内容，从转变人的观念和知识结构着手，推动房地产业由粗放式开发经营向集约式开发经营转变，由重数量轻质量、重本体轻环境向质量第一和环境优先方向转变。

（三）改革教学模式，加强"三课"教学

房地产经营管理的特殊性和房地产质量的特殊性，要求房地产经营管理人员具有广博的知识和极强的动手能力，传统教学体制无法适应这一要求。为此，我们在开好专业课的同时，主动改革教学模式，加强基础课、选修课和实践课教学。

拓宽专业口径，扩大基础知识面，加强基础教育，是当代各国大学改革的一项主要内容。房地产专业因横跨建筑、管理、营销等多个专业，专业课程数量多。为了加强基础教育，我们把一般专业课压缩在36~40课时，确保基础课程的比例。同时，在难以增加基础课数目情况下，在专业教学中安排一定比例的基础知识教学。如在房地产估价课程中讲述

价格学知识，在房地产金融课程中讲述货币银行学知识。表面上专业课不少，其实专业基础占较大比重，使学生学得较扎实。

增设选修课可以提高课程设置的灵活性，适应学生个人爱好和才能的个性特征，促进学生学习主动性，同时也是扩大学生知识面的有效途径。日本大学近几年课程改革的一个主要内容是扩大选修课范围。名古屋大学数学专业只设 5 门必修课，而选修科目则有 101 门；物理专业必修课 9 门，选修课达 72 门。苏州大学是江苏省省属重点综合大学，下设财经、法律、管理、数学、物理、化学、外国语、中文、社会学、理工等学院及相关专业，增设选修课程有较好条件。学生可在学校和学院两个层次选修众多课程，房地产专业教学相应得益。为了避免选修课的随意性，我们给本科生配备导师，指导他们围绕本专业学习，有目的地选修相关课程，使各科目学习相互促进，提高学习整体效果。

从房地产专业特点和提高学生能力出发，加强实践课教学也十分必要。在这方面，韩国高等职业教育经验值得我们借鉴。他们以职业能力培养为中心制定培养标准，确定教学计划和教学大纲，教学过程重视实践性教学环节。专业课中，实践课和理论课的比例为 1∶1，并选派有实践经验的教师任教。由于注重能力培养，毕业生受到社会好评，就业率在各类学校中处于领先位置。在办学规模上，韩国职业高等教育的学校已达 163 所，超过普通高校的 131 所，在校学生比例接近 1∶1。

房地产专业作为应用性强的专业，实践性课程应占较大比例，同时在各门实践性专业课程中确保一定课时用于实践练习。过去多数专业把实习集中在最后一个学期，现在继续沿用这种方式，效果已不理想。因为这时学生的注意力已转向寻找合适的就业单位，所以不能再把实习任务全部放在毕业前夕，而应在高年级加强每门课程的实践练习，使专业理论教学和实际操作及时结合起来，确保学生在校期间接受全方位的实践练习。为了保证专业实习的质量，我们在苏州市房地产管理部门的大力支持下，和部分房地产开发公司达成共建专业协议，聘请有丰富实践经验的专家和领导为兼职教授或教师，他们或来校开设专题讲座，或在本单位负责指导学生实习，学生普遍反映收获较大。当然，上述是初步探索，需要逐步完善。我们相信，在科教兴国方针指导下，房地产专业教学改革定能在各方支持下取得更大成绩，为国家培养更多合格的房地产经营管理人才。

二、一部新一代房地产经济学教程

培养房地产高级人才，需要高质量教材。笔者在选购专业教材时发现，复旦大学王克忠教授主编的《房地产经济学教程》相当优秀，为此而撰文评论。

为了促进房地产业健康、有序、快速发展，提高房地产经济运行整体水平，培养既懂建设，又善经营管理的房地产高级管理人才，不少专家、学者注意总结房地产开发经营的经验，研究房地产经济活动中出现的新情况、新问题和新经验，揭示房地产经济运行发展的规律。复旦大学王克忠教授主编的《房地产经济学教程》（以下简称《教程》）是一部优秀教材。该书在结构、内容、深度、资料和研究方法等方面，具有全、新、实、深这四大特点。

所谓"全"，首先是指该书不仅论述了房地产经济运行机制，而且阐发了房地产经济学的一系列基本理论。以往同类著作对房地产经济理论论述不足，房地产经济学类著作像房地产开发经营的指南，缺乏应有的理论高度和深度。《教程》作者以深厚的经济学理论功底，设置五章阐发房地产经济学的系列基本理论，使读者在学习房地产经济运行机制内容时，能得到城市规划、土地区位、地租和外部性等科学理论的系统指导。

其次，《教程》对房地产经济运行机制的分析也相当全面。产前增设两章，主要论述房地产投资策略选择预测、现金流量分析和对策，产后也增设两章，论述物业管理和房地产收益分配关系。它们既是现代房地产开发经营不可缺少的重要环节，也是房地产经济实践中容易忽视的问题。《教程》力求全面反映房地产经济活动的全过程及其主要环节，这个结构和内容安排，对于拓展、深化和发展房地产经济学具有重要的意义。

《教程》特点之二是"新"。包括在理论部分和运行机制部分，作者都有不少创新。例如，在论述房地产业的地位时，《教程》不仅指出房地产业是一门基础产业、先导产业和支柱产业，而且是一项重要的环保产业。房地产业发展的规模、布局、结构、水平与城市生态环境密切相关。又如，作者借鉴西方不动产理论的一些新成果，结合我国实际，阐述土地权利集束理论和房地产开发经营中的外部性理论等，这些都是对传统房地产经济理论的变革和创新。

《教程》特点之三是"实"。通观全书，内容丰富，资料翔实，包括房地产需求总量与结构、房地产投资规模和类别、土地出让和房改进展状况、国外房地产发展概况等资料，应有尽有。这既是作者进行大量调查取得的成果，也是作者重视理论与实践相结合，坚持从实际出发，实事求是精神的体现，使《教程》具有较强的可读性和可操作性。

《教程》特点之四是"深"，即作者论述深入、透彻，善于剥离现象，揭示房地产经济活动关系的本质，使读者了解深层原因和房地产开发经营的规律。例如在论述城市区位理论部分，作者首先阐明区位理论的含义，接着介绍了西方传统的农业区位理论、工业区位理论以及现代市场区位理论，然后深入分析形成和决定土地区位的主要因素，并进一步论述城市土地区位的可变性、城市土地区位的最优用途，以及城市土地区位效益的实质等内容，最后阐发房地产区位选择的理论，包括房地产宏观区位选择、中观区位选择和微观区位选择。这些都是层层深入不断拓展的结果。又如在论述房地产收益分配关系部分，作者专门深入分析"双轨"制下房地产收益的分配关系，使《教程》成为一本荟萃多种学术研究成果、具有浓厚研究色彩的教材。

除了以上四大特点，《教程》在论述各种问题时普遍使用了比较方法，也是值得褒扬的，包括住房制度改革模式比较，各国住房自有率比较，亚洲城市地价比较，不同种类房地产投资比较，各种投资工具风险收益比较，负债经营同非负债经营现金流量比较等。这些比较不仅为作者阐明自己的观点提供了科学、合理的依据，而且大大拓宽了读者的视野，使他们从中获得了大量有价值的信息。因此，从方法论的角度来看，《教程》主要不是在灌输知识，而是在循循善诱，引导读者与作者共同进行科学的分析比较，从中认识和掌握房地产经济运行和发展的规律。

总之，《教程》无论在结构的科学性和完整性方面，还是在内容的广度和深度方面，都较以往同类著作有明显的进步。它的出版标志着我国在房地产理论研究和学科建设方面取得了突破性进展。目前房地产业也面临着实现两个根本性转变的艰巨任务，房地产业自身运行和发展的特殊性，我国国情的特殊性，都要求房地产经济理论和实践能跃上一个新的历史台阶。因此，在庆贺新一代房地产经济学力作出版之际，我们期望更多更好的房地产经济类著作出版，促进房地产专业人才培养。

第八章　现代房地产业的可持续发展探究

第一节　可持续发展概述

一、可持续发展的内涵

（一）共同发展

地球是一个复杂的巨系统，每个国家或地区都是这个巨系统不可分割的子系统。系统的最根本特征是其整体性，每个子系统都和其他子系统相互联系并发生作用，只要一个系统发生问题，都会直接或间接影响到其他系统，甚至会诱发系统的整体突变，这在地球生态系统中表现最为突出。因此，可持续发展追求的是整体发展和协调发展，即共同发展。

（二）协调发展

协调发展包括经济、社会、环境三大系统的整体协调，也包括世界、国家和地区三个空间层面的协调，还包括一个国家或地区经济与人口、资源、环境、社会及内部各个阶层的协调，持续发展源于协调发展。

从这三个层面的"协调发展"可以看出，可持续发展的核心是提倡人类与自然的和谐相处、协同演进，把环境视为有价值的资源，强调人类对自然的"索取"应与对自然的"给予"保持动态平衡。这也是可持续发展最基本的道德规范。

（三）公平发展

世界经济的发展因水平差异而呈现出层次性，这是发展过程中始终存在的问题。但是这种发展水平的层次性会因不公平、不平等而引发或加剧，其影响也会由局部上升到整体，并最终影响到整个世界的可持续发展。可持续发展思想的公平发展包含两个维度。

一是时间维度上的公平。当代人的发展不能以损害后代人的发展能力为代价，其要求各代人分别担当起自己的责任，在自己发展的空间内和有限的时间间隔内，最大限度地精心管理和优化配置资源，建立起人口、资源、生态环境与经济发展之间的合理关系，并不把任何潜在的和隐含的灾难留给自己的子孙后代。

二是空间维度上的公平。从全球范围讲，不能因满足某一区域的利益需要而危害和削弱其他区域的利益，一个国家或地区的发展不能以损害其他国家或地区的发展能力为代价。

（四）高效发展

公平和效率是可持续发展的两个轮子，可持续发展的效率不同于经济学的效率，可持续发展的效率既包括经济意义上的效率，也包括自然资源和环境的损益成分。因此，可持续发展思想的高效发展是指经济、社会、资源、环境、人口等协调下的高效率发展。

（五）多维发展

人类社会的发展表现出全球化的趋势，但是不同国家与地区的发展水平是不同的，而且不同国家与地区又有着异质性的文化、体制、地理环境、国际环境等发展背景。此外，因为可持续发展又是一个综合性、全球性的概念，要考虑到不同地域实体的可接受性，所以，可持续发展本身包含了多样性、多模式和多维度选择的内涵。因此，在可持续发展这个全球性目标的约束和指导下，各国与各地区在实施可持续发展战略时，应该从国情或区情出发，走符合本国或本区实际的、多样性、多模式的可持续发展道路。

二、可持续发展的原则

可持续发展的概念与内涵不断拓展和延伸，从持续性原则到公平性原则与公共性原则再到共同性原则，逐步形成了可持续发展的原则框架。从社会发展角度看，可持续发展是一种新的人类生存方式。这种生存方式不但体现在以资源利用和环境保护为主的环境生活领域，更体现在作为发展源头的经济生活和社会生活中了，因此，无论从世界层面、国家层面，还是区域层面，贯彻可持续发展战略都必须遵从一些基本原则。

（一）持续性原则

持续性原则最初属生态学范畴，但随着可持续发展概念的扩充，这个原则外延到经济与社会层面，具有三方面的含义。

1. 生态持续性

生态持续性是指生态系统受到某种干扰时能保持其生产率的能力，这是人类持续发展的首要条件。其核心思想是保护人类赖以生存的物质基础、自然资源和自然环境，人类的经济建设和社会发展不能超越自然资源与生态环境的承载能力。这意味着，可持续发展不仅要求人与人之间的公平，还要顾及人与自然之间的公平。资源和环境是人类生存与发展的基础，离开了资源和环境，就无从谈及人类的生存与发展。可持续发展是主张建立在保护地球自然系统基础上的发展，其要求我们保护整个生命支撑系统和生态系统的完整性，保护生物多样性，保护自然资源。

因此，发展既有"需求"的内涵，同时也必须有一定的"限制"因素，即人类发展对自然资源的耗竭速率应充分顾及资源的临界性，应以不损害支持地球生命的大气、水、土壤、生物等自然系统为前提。换句话说，人类需要根据持续性原则调整自己的生活方式，确定自己的消耗标准，而不是过度生产和过度消费。发展一旦破坏了人类生存的物质基础，发展本身也就衰退了。

2. 经济持续性

经济持续性体现在两个方面：一是必须有经济上的增长，不仅重视数量增长，而且要求不断改善质量，即经济增长给社会带来物质和精神方面的进步，促进社会物质文明和精神文明的发展；二是必须优化资源配置，节约能源，降低消耗，提高效率，改变传统的生产消费模式，建立经济与资源、环境、人口、社会相协调的可持续的模式。

3. 社会持续性

社会持续性的主要含义是，在不威胁后代生存基础和发展能力的前提下，为提高全民的生活水准，使人口、文化、教育、卫生等社会事业得到全面发展。社会持续性的一个重要特点是全面性，即社会发展是社会一切领域、一切方面的共同发展。

（二）公平性原则

公平性原则是指社会全体成员在利用有限资源和享受物质消费品方面，应当享有（平等的选择机会）公平性，强调本代人的公平、人的代际公平，以及消除贫困现象。因而，可持续发展应该追求三方面的公平。

1. 代内平等

可持续发展要满足所有人的基本需求，给所有人机会以满足他们要求较高的生活愿望。它强调任何国家或地区的发展不能以损害其他国家或地区的发展为代价，特别要注意维护发展中国家和地区的需要。在"只有一个"的地球上，在环境和资源都有限的条件下，任何国家或地区都没有无限制的发展自由，都必须以不给其他国家和地区带来危害做保证。

但当今世界的现实是贫富不均，一部分人富足，而另一部分占世界 1/5 的人口处于贫困状态。这种贫富悬殊、两极分化的世界不可能实现可持续发展，因此，要给世界以公平的分配和公平的发展权，特别是要把消除贫困作为可持续发展进程中优先的问题来考虑。

2. 世代平等

可持续发展要求当代人的发展不应以损害后代人的发展而发展。人类赖以生存的自然资源是有限的，本代人不能因为自己的发展与需求而损害人类世世代代满足需求的条件——自然资源与环境，要给世世代代以公平利用自然资源的权利。

3. 公平分配有限资源

目前的现实是，占全球人口 26% 的发达国家耗用了占全球 80% 的能源、钢铁和木材。全球最富裕的 20% 的人口则拥有全球财富的 82.7%，而全球最贫穷的 20% 的人口仅拥有全球财富的 1.4%。很显然，有限的资源不能得到公平分配。

联合国环境与发展大会通过的《里约宣言》，已把这一公平原则上升为国家间的主权原则。

（三）公共性原则

地球资源具有公共物品属性。公共性原则就是要求人类的生产和生活方式与地球的承载力保持平衡，保持地球的生命力和生物多样性，创造一个平等、自由和享有人权的环境，提高人们的健康水平和生活质量。

（四）共同性原则

这个原则属于政治学范畴。鉴于世界各国历史、文化和发展水平的差异，可持续发展的具体模式、目标、政策和实施步骤不可能是唯一的。但是，地球作为一个巨系统，具有整体性和相互相关性，可持续发展作为全球发展的总目标，所体现的公平性原则和持续性原则，是应该共同遵从的。为了全球公平，实现可持续发展的总目标，我们就必须采取全球共同的联合行动。它要求开展全球、全国范围内的深度合作，要求发达国家按发展中国家发展计划的轻重缓急，向发展中国家提供援助。

从根本上说，贯彻可持续发展就是要促进人类之间及人类与自然之间的和谐。如果每个人都能真诚地按"共同性原则"办事，那么人类内部及人类与自然之间就能保持互惠共生的关系，从而实现可持续发展。

三、可持续发展的主要内容

可持续发展是涉及自然环境、经济、社会、文化和技术的综合概念，所包含的内容很多。从宏观层面看，主要包括生态、经济和社会这三方面的可持续发展及其协调统一。

（一）生态可持续发展

生态可持续发展是发展的物质前提和空间基础，是可持续发展的必要条件。生态系统是人类生存和发展的唯一的物质支撑体系，如果人类活动方式不当，就会导致生态系统失衡、倒退甚至崩溃。一旦这个体系遭到破坏，摧毁了它自身的恢复能力，将是不可逆转的，且危及人类，因此，改善生态系统使之良性循环，是可持续发展的内在要求。它要求经济建设和社会发展要与自然承载能力相协调；发展的同时必须保护和改善地球生态环境，保证以可持续的方式使用自然资源和环境成本，使人类的发展控制在地球承载能力之内；强调发展是有限制的，没有限制就没有发展的持续；强调环境保护，但不同于以往将环境保护与社会发展对立的做法，从人类发展的源头解决环境问题。

（二）经济可持续发展

经济可持续发展是发展的最基本任务和条件，传统经济模式中，由于传统发展思想和理论指导，配以不断增长的经济财富作为经济学追求的目标。于是，那些非市场化的自然资源和生态环境不被作为经济资源和财富看待，并且认为它们的供给是无限的，也不考虑经济活动与它们之间的相互关系。其结果是，产生了严重的环境问题、经济与社会的不良后果，造成了资源的浪费和短缺、生态环境的严重恶化及产品分配中严重的两极分化，并由此引起了国际和国内各种政治关系紧张等一系列问题。这不但使传统经济发展方式难以持续，而且使人类的生存面临着严峻考验。为了解决这些问题，人类必然要对传统的发展思想和发展方式进行反思，以寻求能满足人类作为一个物种持续生存（这是人类社会的最大福利目标）和发展的道路。因此，经济可持续发展就应包括如下含义。

①可持续发展鼓励经济增长，而不是以环境保护为名取消经济增长，原因是经济发展是国家综合实力和社会财富的基础。

②可持续发展不仅重视经济增长的数量，还追求经济发展的质量。只有经济持续增长（包括增长数量和改善质量），才能满足全体人民的基本需要，从而减少并消除贫困，提高人们的生活质量。

③可持续发展要求改变传统的以"高投入、高消耗、高污染"为特征的生产模式和消

费模式，实施清洁生产和文明消费，以提高经济活动中的效益，节约资源，减少废物。从某种角度上，可以说集约型的经济增长方式就是可持续发展在经济方面的体现。

（三）社会可持续发展

社会可持续发展是可持续发展的最终目的。它强调社会公平是环境保护得以实现的机制和目标。可持续发展指出世界各国的发展阶段可以不同，发展的具体目标也可以不相同，但发展的本质应包括改善人类生活质量，提高人类健康水平，创造一个保障人们平等、自由、教育、人权和免受暴力的社会环境。从狭义的社会层面来理解，可持续发展主要是指人口趋于稳定、经济稳定、政治安定、社会秩序井然的一种社会发展。这充分体现了"以人为本"的基本内涵。

①社会可持续发展的核心是人的全面发展，强调满足人类的基本需要。这既包括满足人们对各种物质生活和精神生活享受的需要，又包括满足人们对劳动环境、生活环境质量和生态环境质量等的生态需求；既包括不断提高全体人民的物质生活水平，又包括逐步提高生存与生活质量，并做到适度消费和生活方式文明，使人、社会与自然保持协调关系和良性循环，从而使社会发展达到人与自然和谐统一，生态与经济共同繁荣。

②社会可持续发展是"以人为本"的发展。它强调严格控制人口数量，不断提高人口质量，合理调整人口结构，实现人口与社会其他因素之间的相互适应与协调发展。只有国民素质提高了，许多社会问题才能有效地解决，经济才能获得更大的发展。因此，社会可持续发展必须以人的全面发展为宗旨，进而提高劳动者的科学技术水平和文化水平，增加人力资本存量，从而形成社会系统全面进步和不断更新的持续发展能力。

③社会可持续发展强调消除贫困与公平分配财富，一个可持续的社会不会把现存的不公平的分配方式永远继续下去，当然也不会允许贫穷永远存在。不公平性会助长社会发展的非持续性，只有公平性才能保证社会发展的稳定性和持续性。可持续社会发展应是公平性和可持续性的有机统一，以公平分配、消除贫困、共同富裕为宗旨的社会进步过程。可见，社会可持续发展的目标是推动社会整体全面进步，其终极目的是使人得到全面发展。

因此，在人类可持续发展系统中，经济可持续是基础，生态可持续是条件，社会可持续才是目的。这三个方面相互依赖，不可分割，其还要求人类在发展中关注生态和谐，讲究经济效率和追求社会公平，最终达到人的全面发展。

综上所述，可持续发展虽然缘起环境保护问题，但作为一个指导人类走向 21 世纪的发展理论，它已经超越了单纯的环境保护。它将环境问题与发展问题有机地结合起来，已经成为一个有关社会经济发展的全面性战略问题。人类应该追求的是"以人为本"的自然-经济-社会复合系统的持续、稳定、健康发展。

第二节　房地产业与可持续发展

一、房地产经济可持续发展的内涵

根据可持续发展的基本思想，房地产经济可持续发展的基本含义是，房地产经济发展既要满足当代人对住房的需要，以及从事其他社会经济活动所需房地产的需要，又要满足子孙后代未来的需要，既符合局部人口的利益，又不对其他人的需求利益造成损害和威胁。具体地说，房地产经济可持续发展的根本要求，就是在进行住宅与房地产开发建设时，主要做到以下几点。

①充分考虑人口的因素，树立"以人为本"的思想。

②合理利用各种资源，对土地资源、空间资源、建材资源等自然资源进行可持续性开发利用，不能进行掠夺性开发。

③注意环境保护，房地产经济发展和生态环境之间必须保持平衡。

④房地产经济和国民经济其他产业之间、房地产业各类物业之间协调发展。

⑤建立健全房地产市场体系，保证资源的有效配置和高效使用。

⑥建立具有科学性、系统性和可持续性的房地产经济宏观调控体系，实现整个房地产业自身经济的良性循环。

房地产经济可持续发展的主要任务就是最终建立适合现代化城市协调发展的开发模式，实现房地产经济和人口、资源、环境协调发展，力求取得生态效益、经济效益和社会效益的有机统一，在房地产业实现生态可持续、经济可持续和社会可持续。

二、房地产经济可持续发展的原则

（一）发展性原则

事物总是处于发展过程中，发展是硬道理，房地产经济只有不断发展，才能满足社会经济的需求。

（二）持续性原则

持续性原则要求房地产经济发展的规模、速度与自然资源及生态环境的承载力相适应，以减少房地产经济发展对自然环境和人为环境的影响，实现房地产经济长期、稳定和健康发展。

（三）生态性原则

房地产经济发展是以各种资源和环境为条件与前提的，特别是土地资源、水资源、空间资源和环境资源。所以，房地产经济在创造人为环境时，必须与自然环境形成一种均衡稳定的关系，以维持生态平衡。同时生态资源、环境也有其特有的价值，良好的生态环境不仅有利于房地产的可持续发展，也有利于提高房地产本身的价值。

（四）协调性原则

房地产业是具有高度关联的行业，这就要求必须保持环境保护、经济发展、社会进步与生态优化之间的协调发展，而不能以牺牲生态平衡为代价，片面追求经济利益的最大化。

三、房地产经济可持续发展的内容

（一）保持城市生态环境的动态平衡

现代化城市是一个以人为主体、以空间环境利用为特点、以聚集经济效益为目的，集人口、社会、经济、科学、文化的空间地域大系统。城市生态经济系统是一个自然、经济和社会的复合人工生态系统。这个系统具有以下一些特征。

1. 城市是一个开放式的系统

城市为了保证人的基本生存和生产发展的需要，必须从城市生态经济系统以外输入大量的生产资料和生活资料；从城市生态系统以内输出废弃物，必须采取各种环保措施对其中的有机体加以分解，不能分解的排放到城市生态经济系统之外。

2. 城市是一个不完全的系统

城市缺乏第一生产者，即绿色植物，所以是一个不完全的生态系统，由此决定了城市对周围其他生态系统具有很大的依赖性。

3. 城市是一个以人为主体的生态系统

人们通过自己的经济活动，创造出适合于自身需要的特殊的经济、社会和人工生态环境，并且根据自己的意图不断地改变城市的面貌，这样既可以使城市系统维持动态平衡，也可以破坏城市系统的动态平衡。

4. 城市是一个具有人工环境的生态系统

随着城市经济的不断发展，城市规模的日益扩大，越来越多的水泥建筑物代替了农作物、青草、树木及其他绿色植物，工厂烟尘和汽车废气代替了新鲜空气，工业废水使洁净的水体受到了污染，自然生态系统逐渐被人工环境所替代。其中，经济系统具有巨大的能动性，既可以从正面保护城市生态，提高环境质量，增强城市生态系统自然再生能力和保持生态经济平衡，也可以从负面破坏城市生态平衡，干扰城市生态系统的正常运行，最终制约城市经济的可持续发展。为了保护和维持城市自然生态系统，必须搞好园林绿化，增强城市的自净能力。

因为，绿化具有净化空气、水体和土壤，降低噪声，改善城市小气候及安全防护、美化城市等功能。阔叶林、绿地能吸收二氧化碳，放出清新氧气；树木可以减低风速，收集灰尘，涵养水分，调节气候，起到抗风防灾作用。

所以，在房地产开发中，要十分重视发展城市的绿化，积极营造环城林带，以及在城市周围营造大片森林，积极发展具有一定高度林树覆盖的绿化地带，科学地选择各种树种，建立森林公园、自然保护区等城市公共绿地，努力扩大城市绿化覆盖率。只有在房地产开发建设中做到环境效益、经济效益和社会效益的有机统一，才能促进房地产业的可持续发展。

（二）正确处理城市化中人与地的关系

房地产经济可持续发展首先涉及的就是城市化过程中人口与土地变动的关系。工业化发展必然引起城市化。城市化就是变农村人口为城市人口的过程。为了满足农村人口进入城市，以及城市发展的要求，必然也有一个农业用地变为城市用地的过程。为了正确处理城市化过程中人口与土地资源的关系，必须坚决执行保护耕地，实现耕地总量动态平衡的政策；同时要严格控制城市用地规模，集约利用土地，提高土地利用效率，优化土地利用结构，力争实现城市化过程中人口与土地资源的协调发展。

（三）坚持房地产开发建设的生态规划

房地产开发建设必须遵循生态经济发展规律，制定好土地开发利用总体规划。要根据人口密度、资源潜力、环境容量和生态承受能力的限度，确定合理的建筑密度及建筑物的高度。要实行合理的功能分区，使整个城市空间布局，体现城市生态经济系统的合理性。坚持绿地立体化原则，积极培育人工植物群落，大面积地进行立体绿化，力求实现生态保护和经济发展的圆满结合。坚持综合利用原则，力争实现土地等自然资源利用、再生与保持相结合，生态供需与经济供需相统一。要根据各地的特点，尽量建造人口高密度和建筑密度低的现代住宅群，将住宅在水平和垂直、局部和整体，有机结合起来，形成复合式居住小区；提高配套设施的利用效率。同时提倡科学消费，杜绝不合理和浪费性消费，努力节约消费资料、生产资料消耗，大力减少环境保护资源的耗损，力求城市自然资源永续利用。

（四）加强资源与环境保护、利用和建设

可持续发展是关系中华民族生存和发展的长远大计；合理使用、节约和保护资源，提高资源利用率；依法保护和开发水、土地、矿产、森林、草原、海洋等国土资源；加强资源勘察，建立健全资源有偿使用制度；完善国家战略资源储备制度；严格执行基本农田保护制度，切实保护耕地；推进资源的深加工和综合利用；建设资源节约型、环境友好型的社会，是房地产经济可持续发展的主要内容。

第三节 房地产业可持续发展的必要性

一、中国国情的特殊性

作为第一个将可持续发展战略作为国家发展战略的国家，中国历届政府都十分重视这一问题，也做出了不懈的努力来推动可持续发展战略的执行。在这种背景下，作为中国经济重要组成部分的房地产业，走可持续发展道路就成了一个必然选择。不仅如此，中国人多地少、能源稀缺的特殊国情，决定了在中国走可持续发展道路不仅仅是发展必然趋势，更是发展过程中的一个紧迫且唯一的选择。而房地产业高资源消耗性和短期内的不可逆转性又决定了加快推动房地产业走可持续发展道路应该成为可持续发展战略中的首要任务之一。现阶段收入不均等社会公平问题是中国社会面临的主要问题，房地产业的发展同样面临着这一问题。而可持续发展作为一种新的发展模式，最大的特点就是在注重效率的同时，也关注着发展公平，因此，可持续发展道路是房地产业解决发展中所面临的公平问题的正确选择。

人均土地资源稀缺、房地产需求巨大、相关资源供需矛盾突出是中国房地产业发展长期面临的三大国情背景。人均土地资源的稀缺决定了必须坚持对土地的集约利用；高房地

产需求与低土地利用效率矛盾突出，决定了提高房地产建筑的容积率势在必行。相关资源供需矛盾突出决定了必须走低消耗的绿色房地产发展道路。简而言之，在推动房地产业发展的过程中，必须告别传统的发展模式，走可持续发展的道路。在中国，推动房地产业的可持续发展不仅仅是长期发展的必然趋势，更是短期内实现有效增长的现实需要。

二、房地产业的特殊性

房地产业发展要走可持续发展的道路，不仅是由中国特殊国情决定的，还与房地产业自身的发展特点密切相关，高资源消耗性和短期内的不可逆转性是房地产业区别于其他行业的两个显著特点。高资源消耗性的特征就决定了房地产业的发展往往是以资源的极大消耗为代价，在资源日益紧张的今天，为了房地产业的长远发展，这种对资源的利用就不能是竭泽而渔式的消耗，而必须是以提高资源的利用效率为基本特征的可持续发展的利用模式。由于房地产业短期内的不可逆转性，房地产业在发展过程中的偏差所带来的负面影响是长期的，其对环境、资源所产生的破坏是很难逆转的，因而，减少发展过程的"试错"，尽快走可持续的发展模式是十分必要的。

（一）房地产业的高资源消耗性

房地产业的生产模式决定其发展必须以对资源的大量消耗和占用为前提。它的这一特性主要体现在对土地资源、建筑材料和生活能源的消耗上。在建筑容积率和建设科技水平特定的情况下，房屋建设规模实际上就直接表现为对土地资源的大量占用，对建设材料的大量使用。

（二）房地产业短期内的不可逆转性

与其他行业相比，房地产业最为显著的特点之一，就是其短期内的不可逆转性。这种特性是由其发展周期的长期性和发展空间的不可重复性决定的。

1. 房地产业发展的长周期性

房地产业发展的长周期性主要表现在其建设周期和使用周期较长上。一般房屋的设计使用寿命都在70年以上。这种长周期性使得房地产业在发展过程中，从投入到产出需要经历相当长的时期，初始投入所带来的影响要经过相当长一段时间才能显现出来。同时这种影响一旦产生就会在相当长的时间内发挥作用，而且短期内无法通过恰当的手段加以改变，或者改变要付出巨大的成本和代价。

2. 房地产业发展空间的不可重复性

房地产业发展空间的不可重复性有两层含义。一是发展空间在纵向上是不可重复的。虽然相对于人们的需求，地球的空间资源是取之不尽、用之不竭的，从理论上说，房屋建筑高度可以不断地提高，但是从现实来看，科技水平对房屋建设的高度有着硬性约束。而对于特定的建筑，它的设计高度也是相对确定的。因而，在某一特定时期内，房屋的纵向上的发展规模是确定的。

二是发展空间在横向上是不可重复的。土地的总量是固定的，在某一个特定时期内，建设用地的总量及可转化为建设用地的土地资源也是相对固定的，房地产业不能突破确定的空间规模进行发展；又由于土地资源的使用在某一特定时期内呈现出典型的耗竭性特征，建设用地是用一块少一块的，在某一个特定土地上进行了建设，就没有办法同时将这块土地用作其他用途。

三、对社会公平的回应

社会公平问题是当今世界各国都在着力解决的问题之一，对于处于高速发展期的中国也不例外，中国房地产业在经历了一个高速发展时期之后，因为传统发展模式的弊端，导致发展不均衡所带来的社会公平问题也日益凸显，有的甚至演化为严重的社会问题。在我国房地产继续保持高速发展的同时，关注社会公平问题是当前房地产业发展的必然要求。而代际公平、代内公平、可持续发展、环境和发展一体化是可持续发展的四项基本原则。关注社会公平问题是可持续发展观的重要内容，走可持续发展道路是房地产业从长远上解决社会公平问题的必由之路。

（一）与代内公平的要求相符合

如前所述，所谓代内公平原则就是指当代所有人，不论其国籍、种族、性别、经济水平和文化等方面的差异，对于自然资源和良好的环境均享有平等的权利，结合中国房地产业的具体情况，就是要让所有的中国公民，不论其民族、性别、地区经济水平和文化等方面的差异，对于居住权和居住环境均享有平等的权利。房地产及其相关资源的稀缺是造成现有社会对房地产分配不均的根源。但是房地产业发展过程中对于利润的盲目追求，使人们大量投资高档住宅和别墅，对普通住宅供给不足是社会贫富阶层之间房地产产品分配不均的主要原因。可持续发展思想指导下的中国房地产业，首先就是要合理地配置房地产产品结构，保证社会各阶层基本的居住权，达到房地产业发展代内公平的基本要求。

（二）与代际公平的要求相符合

如前所述，所谓代际公平原则就是指既满足当代人的需要，又不对后代人满足其需要的能力构成危害的发展，房地产业要符合代际公平的要求，就必须做到既满足当前居民的居住需要，又不能对后代人的居住需要造成危害。当前中国房地产业只有走可持续发展的道路，才能保证土地资源能够合理地在代际分配，才能保证其他资源代际的合理分配，才能从根本上解决业已存在的掠夺性开发的问题。

第四节　影响房地产业可持续发展的因素

一、市场因素

虽然可持续发展已经确定为中国基本的国家发展战略，房地产业走可持续发展的道路也是一个必然趋势，但是这十多年的客观状况证明，很多因素影响到房地产业的可持续发展，房地产业的发展主要还是依靠对资源和环境的掠夺式开发来实现的。在实践中，房地产业目前仍然采取对土地资源扩张式开发、对能源等工业资源消耗式使用等方式来满足巨大的需求。市场发展不成熟，制度安排不合理，现阶段宏观调控政策存在偏差成为目前影响中国房地产业可持续发展的主要因素。

伴随着住房制度改革的深化，市场化已经成为中国房地产业发展的主要方向。通过市场来推动房地产业的深入发展似乎已经成为人们的共识，但是多年的房地产市场发展实践证明，市场在通过其自发调节机制解决自身问题的同时，也产生了自身难以调和的矛盾，正是这些矛盾成为影响房地产业可持续发展的主要原因。

（一）消费者需求的过度透支

影响房地产业可持续发展的第三个重要原因在于当前部分地区过度的房地产需求，这导致房地产业透支了发展潜力。虽然总体上来说，当前房地产的需求基本上是经济水平不断提高和城市化进程不断推进的客观反映，但是在局部地区和某些时期还是存在着过度需求问题的，这种过度需求具体表现在两个方面：一是当前的需求超出实际需要，如市场对超大住宅、超豪华商务楼的盲目追求；二是未来的需求被提前实现，如对负债购房的过度追求导致购买行为被人为地提前了几年甚至是十几年，过度需求的最直接结果就是使得供不应求的状况恶化，进而促使房地产投资规模不断扩大，结果超出了社会、经济、生态所能承受的范围。过度需求对房地产业可持续发展的负面影响主要体现在两个方面：一方面，过度需求的投资规模的扩张加剧了房地产业对土地、能源、建材等资源的耗用，激励了短期投资行为，这不利于房地产业的可持续发展；另一方面，为了满足不断增长的市场需求，政府和开发商往往都会忽视建筑工艺等科技水平对房地产业能耗的影响。

（二）规范市场尚未建立前的短视经济

当前规范的房地产市场尚未建立，决策过于短视是影响房地产业可持续发展的又一原因。在中国，虽然经过了20多年的发展，房地产市场已经初步建立并且迅速发展，但是由于不完善的外在制度和不成熟的内在治理结构的共同作用，房地产市场还未规范，以追逐短期利益为目的的行为在房地产市场上十分普遍，这些短视行为影响了房地产业的可持续发展。

在二级市场上，不合理的土地增值收入分配方式是影响房地产业对土地资源可持续利用的直接原因。区位的变化是影响土地价格变动的根本因素，城市土地价格的增长主要是来源于包括交通在内的周边基础设施的改善，因而土地增值收入应当按照投入比例合理地在国家、企业和个人之间分配，然而，现今这部分收入却主要由土地使用者获得，国家仅分享少部分的税收收益。这样土地使用者可以以相对较少的投入，通过土地投机获取高额利润，这就是为什么一些企业喜欢囤地的原因。土地投机的直接后果就是使人们忽视对土地的长期投入，这不利于土地资源的可持续利用。

在房产市场上，房屋增值的主要原因仍然在于房屋所在区位地段的增值，依靠土地增值而不是建筑技术更新所带来的回报成为当前的主要利润增长模式。在这种模式下，开发者关注的主要不是建筑耗材的多少、建筑科技和建筑容积率的高低，而是土地区位的优劣，对优势土地的争夺成为开发商的主要目标。其直接结果就是建筑手段落后，建筑工艺科技含量较低，建筑耗材量巨大，既不利于建设过程中资源的节省，又不利于使用过程中能源的节约，可持续发展更无从谈起。

（三）单一市场机制调节下的"市场失灵"

过于依赖单一的市场调节手段是影响房地产业可持续发展的重要原因。

市场化的支持者认为，有效的市场调节不仅能够实现经济价值最大化，还能够实现生态价值的最大化，市场调节手段能够促进可持续发展。这是因为他们相信，当包括土地在内的自然资源足够稀缺时，市场就会自发地通过价格进行调节，从而达到保护并合理利用资源的目的。然而事实并非如此，单一市场调节的结果是房地产业对资源的掠夺式开发。

例如，在土地开发过程中，虽然适宜性是土地资源使用的首要前提，但是由于适宜性与市场价值存在差异，人们往往会为了追求市场价值而忽略了适宜性。这样就出现了以生态价值换取经济价值，而不顾生态效应的破坏式开发现象。

造成这一现象的原因有两点。一方面，单一的市场调节手段无法解决"外部性"的问题。无论是土地资源的保护，还是对能源的节约利用，可持续的房地产开发都会对整个社会发展具有正的外部效应。但是对于房地产开发主体而言，这种外部效应没有办法单纯通过市场调节内化为自身的经济利益，开发主体既不用为自己造成的负外部性付费，又不能从自己可持续开发的行为中获利。在这种情况下，选择不当手段获取短期、高额利润就成了他们最优的选择。另一方面，单一的市场调节手段具有较强的滞后性。虽然市场能够通过价格杠杆对稀缺资源进行保护和有效利用，但是这种调节并不像经济模型中描述的那样能够在瞬间实现，它需要经历一个较长的时间，对于土地资源这种较为特殊的资源尤其如此。

二、制度因素

可持续发展强调遵循代际和代内公平、可持续、环境与发展一体化等原则。而市场在解决公平问题方面具有天然的缺陷，在涉及代际公平问题时尤其如此。环境与发展一体化则更不是市场主体所追求的主要目标。因此，仅依靠市场无法有效体现可持续发展的基本原则，良好的制度设计才是实现可持续发展的基本前提。而这个基本前提的缺失也深刻影响到当前房地产业的可持续发展。

（一）欠缺节能环保的激励政策

可持续发展的房地产业往往是以高效的能源利用为特征。为了提高房地产业的现代化水平和建筑的科技含量，国家大力提倡节能环保建筑方式，并出台了《中华人民共和国节约能源法》和《民用建筑节能管理规定》等法律法规来鼓励建筑节能，也投入了一定的经费支持相关的科学研究，但是这些政策和投入并没有从根本上改变房地产业高能耗的现状。

当前，建筑能耗过高成为影响房地产业可持续发展的重要问题。这一现象的出现，固然有现阶段房地产市场供不应求，高耗能的建筑和使用方式仍然存在于市场的原因，但是国家对节能、环保仅限于宣传，而鲜有激励制度安排才是主要原因。无论是《中华人民共和国节约能源法》，还是《民用建筑节能管理规定》，强调的都是社会主体对能源节约和保护的义务，而对节约能源行为的激励、对浪费能源行为的惩治却没有具体法律规定。在这种背景下，面对着供不应求的市场环境，开发企业很难有牺牲自身利益去节约和保护能源的行为。

（二）没有妥善制定土地市场的制度

制度安排缺陷是造成房地产开发过程中，无法有效利用和保护土地资源的根本原因，也对房地产业的可持续发展产生了不良影响。土地市场的制度安排缺陷主要体现在土地一级市场供给由政府垄断和土地保护"收益-成本"分担不对等两个方面。这两个制度缺陷使得政府，尤其是地方政府在房地产开发及土地利用过程中常常忽视对土地资源的保护。

一方面，土地一级市场由国家高度垄断供给，各级政府对本行政区域内的土地实行统一规划、统一征用、统一储备、统一开发整理、统一供应、统一监督管理。在土地一级市场上，政府既是土地政策和土地规划的出台者，是土地资源合理利用和保护的守护者，扮演着"裁判员"的角色，又是土地使用权的唯一出让方，是土地出让市场最大的获利者。这样，在利益驱动下，政府往往存在着出让土地的冲动，从而忽视了自身保护土地资源的职责。

另一方面，在土地保护上存在着收益和成本的不对等，这成为政府忽略土地保护的另一重要原因。因土地保护而获取的收益较为长远，需要较长时期才能显现出来，而土地保护所付出的成本则是现实的、立即发生的。这是因为土地保护本身是一个长期工程，其收益也具有极大的滞后性，而为了保护土地，当届政府则可能会损失很大一部分的土地使用权出让收益。另外，从地域上看，土地保护，尤其是农用地的保护，其最大的受益者是整个国家，而付出成本的往往是地方政府。因此权衡利弊之后，某些地方政府很难有土地保护的主动性。

（三）没有刚性约束城市的总体规划

城市规划对于控制城市规模、调节土地用途、均衡城市发展都具有十分重要的作用。在房地产业发展过程中，城市规划发挥着不可替代的作用。通过控制城市规模可以有效地控制城市总体人口规模和密度，防止城市膨胀；通过调节土地用途可以按照土地的适宜性来开发和使用城市土地，进而规划城市和房地产业的发展格局；通过均衡城市发展可以对土地使用次序、公共设施配套进行有效调控，进而使得城市房地产业在空间上的配置更为合理和可持续。不仅如此，城市规划还可以通过对城市土地使用计划、建筑容积率和密度的控制直接影响房地产业的发展模式。

然而在中国，城市规划在推动房地产业的可持续发展中却并没有发挥应有的刚性约束作用。首先，各管理部门职能重合导致在城市规划的出台过程中"政出多门"，如作为城市规划重要组成部分的土地使用规划和城市建设规划分属于不同部门，其直接结果往往是规划之间存在冲突，无法实现有效规划城市，进而无法明确城市房地产业发展的目标。其次，各职能部门权责不清导致城市规划在实施过程中"执行不力"。各职能部门相互推诿成了一种常态，所碰到的问题自然也就没办法得到及时的解决，"执行不力"的直接结果就是城市规划往往成了一纸空文，其刚性约束作用无从谈起。最后，无论是规划部门还是实施部门都没有切实重视城市规划的刚性约束作用，没有将城市规划看成一个指导和约束城市发展的严厉法规，更没有将城市规划与推动房地产业可持续发展结合起来。

三、政策因素

无论是与市场调节手段相比，还是与长期制度安排相比，短期的宏观政策以其独有的灵活性，在推动房地产业可持续发展方面具有不可比拟的优势。然而由于长期以来对可持续发展理念的忽视，宏观政策并没有真正成为推动房地产业可持续发展的助推器，相反部分不科学的宏观政策反而影响了可持续发展。

自21世纪我国开始对房地产市场进行宏观调控以来，中央政府的主要精力放在了对市场秩序的整顿和行业发展的规范上，其主要目的是平抑高涨的房价。诚然，在房价不断高涨的今天，重出击缓解房价上涨压力无可厚非，但是我们同时也应该看到，因开发带来的生态破坏问题不容乐观，而且从长远来看，对生态质量的关注将成为评价居住质量的重要内容。然而在政府宏观调控过程中，对于平抑价格的高度重视导致其忽略了对房地产业其他指标的调控。当市场机制和长期的制度安排不能较好地推动土地资源利用和保护建筑能耗的下降时，宏观调控政策也没有进行相应的设计来弥补这一问题。

第五节　我国房地产业可持续发展的策略分析

一、通过市场力量推动房地产业的可持续发展

要实现房地产业的可持续发展就必须从根本上改变现有的发展模式。从长远来看，既需要有一个规范的房地产市场提供良好的发展平台，又需要建立起科学的相关制度来激励市场主体，采用可持续的发展方式进行房地产开发。当前，利用科学的宏观政策在短期内

消除发展障碍，是推动房地产业可持续发展的一个必然选择。房地产市场发展不成熟，使房地产业相关制度也不合理，现阶段宏观调控政策存在偏差是影响房地产业可持续发展的主要原因。在进行宏观政策设计时，必须通过规范市场、完善制度、改革政策三管齐下的方式才能达到推动房地产业可持续发展的目的。

虽然市场的天然缺陷决定了仅依靠市场力量没有办法解决好公平问题和环境与发展一体化的问题，也就不能真正实现房地产业的可持续发展，但是一个规范成熟的房地产市场是房地产业可持续发展的前提和基础，同时通过对市场缺陷的改进，仍然可以利用市场力量提升房地产业可持续发展的质量。在这一过程中，必须从内化外部性、规范市场秩序和引导过度需求三方面着手。

（一）内化外部性，激励市场主体

要大胆利用市场机制调控房地产市场。纵然单一市场调节手段存在滞后性，但这方面问题可以通过强有力的宏观调控手段加以矫正。要想有效地利用市场力量调节房地产业市场主体，走可持续开发的道路，还必须解决好可持续发展中所存在的外部性问题。一个比较有效的方法就是通过对相关金融和税收政策的设计，将可能产生的外部性内化为经济成本或者收益，以此来激励市场主体投入到可持续开发的模式中来。一方面，要激励产生正外部性的行为。对那些采用可持续开发模式和节能环保技术的企业给予金融和税收政策上的优惠，如给予贷款的便利和适当减免税收的政策；对那些购买相关节能、节地、节水、节材、环保类房地产的购买者给予适当的补贴，如给予办理按揭的便利和消费税的减免。

另一方面，惩罚产生负外部性的行为。通过减少贷款和提高税负的方法，对大量浪费土地或采用高消耗开发方式的企业进行惩治，提高这种开发方式的成本；通过征收高额消费税、资本利得税和提高使用成本等方式，对房地产业的炫耀式投资消费行为进行限制。

（二）规范市场秩序，完善市场机制

虽然仅靠市场调节手段并不能自发地推动房地产业可持续发展，但是长期规范的市场经济仍是房地产业可持续发展的必要前提。而要想推动房地产业实现环境与发展一体化等可持续目标的实现，首先就必须改变房地产市场过于短视的现状，建立起可持续发展的长期经济。

在土地二级市场上，建立起合理的土地增值分配机制，按照投入的多少来分配增值收益，这一方面可以限制单纯的土地投机行为，从而防止房地产市场波动和土地浪费；另一方面，可以有效地激励人们对土地进行长期投入和保护，在获取土地市场价值的同时，也保证土地资源不被破坏，从而为土地市场的长期存在和健康发展打下坚实的基础。最重要的是，在投资者和国家之间合理分配增值收益，可以使作为城市基本建设主要投入方的地方政府获得足够的收益，进而为房地产业的发展提供良好的基础设施和环境。在房产市场上，要改变现有的利润增长模式，提升建筑材料对房产价格的影响，应强调建筑科技对房产的价值，尤其是绿色建筑材料和建筑工艺对房产的增值作用，还应推广绿色、可持续建筑材料和建筑工艺在房地产开发中的使用。要达到这一目的，既要通过对绿色建筑材料和工艺的研究，进一步降低使用成本，扩大市场占用率，又要通过对绿色建筑材料和工艺的倡导，改变现有的消费、投资习惯和理念，提高人们对绿色房产的兴趣。

（三）引导过度需求，推动健康发展

过度的购房需求不符合市场健康发展的要求，其结果必然是透支房地产业的未来。当前房地产市场的过度需求已经对土地、能源、建材的保护和高效利用造成了极大的危害。从长远来看，不利于房地产业的可持续发展。要改变这一现状，必须从改变购买者的购买习惯和投资理念入手，促使广大民众树立起适度的投资意识和合理享用理念。然而合理的投资习惯和消费理念的形成并不能一蹴而就，它需要长时间的熏陶和培养。在当前条件下，通过税收和补贴两种手段来引导过度需求是一个较为恰当的办法。对高档物业和别墅征收较高的物业税被证明是抑制过度投资与消费，尤其是炫式投资和消费的有力杠杆。这样可以有效地提高其使用成本，进而迫使一部分人退出高端市场，从而可以从根本上缓解对高档住宅和别墅的过度需求。这不仅有利于房地产业自身的健康发展，还能促进土地资源的集约利用，推动房地产业的可持续发展。

提供购房补贴和租房补贴也是引导过度需求的有效手段。通过对购买中小户型房产的消费者提供适当的补贴，可以有效地激励消费者进行合理消费，提高中小户型的市场占有率和需求率，对房地产开发的集约发展具有重要作用，与对高档物业征收较高物业税的做法是殊途同归的。对租房行为进行大量补贴可以彻底扭转市场上"只买不租"或者"多买少租"的不良现象，使市场回归到一个较为合理的"租买比例"上来。这样可以盘活存量住房市场，减少不必要的开发面积，节约宝贵的土地、能源等资源。

二、制定合理的制度推动房地产业的可持续发展

完善合理的长期制度是房地产业健康发展的必要前提，在推动房地产业可持续发展的过程中，无论是保障代内和代际公平，还是实现环境和发展一体化，都必须借助于一个完善合理的制度基础。既然不合理的制度安排是影响当前房地产业可持续发展的根本原因，

那么在进行宏观政策的设计中，必须在破除不合理的制度的基础上把完善现有制度放在首要位置。而完善不合理的土地制度、加强城市规划的刚性约束、加大节能保护的政策激励是当前制度完善的首要任务。

（一）完善不合理的土地制度

土地一级市场由政府垄断和土地保护"收益-成本"分担的不对等是土地制度不合理的两个重要表现，这两个制度缺陷共同加剧了土地资源难以得到充分保护的现状。因此改革土地一级市场，正确设计土地保护制度是当前推动房地产业开发过程中保护土地资源的重中之重。

改革土地一级市场的关键在于解决政府在市场中角色混淆的问题。政府作为社会公平的主要维护者，在土地一级市场中，应当更多地扮演"裁判员"的角色，主要负责土地政策和土地规划的出台，维护市场秩序，担负起土地资源保护的重任。然而政府对一级土地市场的垄断又决定了政府必须在土地使用权转让市场中充当唯一卖者角色，在这种情况下，将政府土地垄断者与土地使用权转让者这两个角色相分离，是解决政府角色混淆的唯一办法。一个可行的方案就是，在土地一级市场中充分利用非营利组织的作用，让它们代替政府承担土地使用权转让者的角色，这样既能保证非营利组织中立地代表土地所有者的利益，保障土地资产的增值，不会造成国有资产的流失，又使政府能够以公正的"裁判员"身份来维持土地市场秩序，履行好保护土地资源的职责，让土地保护过程中产生的收益和成本相对应，是正确设计土地保护制度的首要任务。

一方面，土地资源保护的全局性决定了中央政府应当主动地承担起大部分土地资源保护的成本。这是因为土地资源保护尤其是耕地保护的最终目的和宗旨是国家生态安全和粮食安全，虽然从长远来说，地方政府和地方人民是最终受益者，但是从短期来看，这种收益并不明显也不直接，地方政府很难具有土地资源保护的政治激励，所以中央政府应当站在全局的高度，通过财政转移支付来推动土地资源保护工作。另一方面，土地资源保护的长期性决定了土地资源保护必须作为一项重要考核目标列入地方政府的政绩考核指标之中。而且这种考核指标不能仅仅是数量上的，而应当是具有前瞻性和可持续性的，以促使地方政府用长期的眼光看待土地保护问题。

（二）加强城市规划的刚性约束

加强城市规划的刚性约束需要从控制城市规模、调节土地使用用途、均衡城市发展三个方面入手，而要做到这一点必须首先解决好规划出台和实施过程中"政出多门"和

"执行不力"的问题，必须将各职能部门相关职能进行有效整合，相关政策和规划能够相得益彰、相互配合，使土地使用规划和城市建设规划共同发挥对城市建设和房地产发展的指导作用。在执行过程中各部门能够有效配合，减少执行过程中的职能重复和职能漏洞，使得城市规划能够真正成为一个刚性约束杠杆。

具体到城市规划的设计上，首先应当强调城市规划对城市规模的控制作用，具体到房地产业就应当着力控制土地开发总面积。通过对城市规模和房地产新开发土地面积的控制减少新增土地的出让，促进存量土地资源的使用，保障房地产业可持续发展。其次，应当强调城市规划对土地使用用途的调节作用。通过对土地使用用途的调节，鼓励中小户型的开发，减少高档公寓和别墅的开发，推动土地的集约利用和房地产业的集约开发。最后，应当强调城市规划对房地产开发模式的引导作用，通过对建筑容积率、公共设施配置等具体指标的规定，保障房地产业开发符合生态和社会发展的需要，体现环境与发展的一体化要求。

（三）加大节能保护的政策激励

能源的节约利用必须让全社会树立起能源节约的意识。通过政府近些年来的大力宣传，能源节约的重要性可谓家喻户晓。但是在房地产业，无论是房地产建设过程中，还是业主使用过程中，能源使用状况仍然不容乐观。因而在加大宣传力度的同时，必须出台相应的政策鼓励人们节约能源。

首先，应当通过税收和金融政策的优惠，对那些从事符合生态效益的建筑技术研究和制造企业给予支持。可以将此类企业类比高科技企业进行税收上的减免和贷款支持，以此来鼓励该类建筑的基础研究和技术开发。

其次，对使用此类技术的开发者和消费者给予适当的补贴。通过政府财政补贴来降低新技术应用成本，从而提高此类技术的市场竞争力和占用率，达到推广新技术，促进开发方式转变的目的。

再次，对一些陈旧且对能源高度消耗的技术和设备征收较高的税收，加快此类陈旧技术和设备的淘汰速度。

最后，合理提高部分能源的使用价格，如提高暖气的供给价格，这样不仅可以通过价格杠杆激励消费者节约能源，还能促使消费者选用节能式的住宅，从需求层面上推动节能式住宅的开发。

参考文献

[1] 郑新妹. 现代房地产经济学研究与问题透视 [M]. 北京：北京工业大学出版社，2021. 10.

[2] 黄忠华，杜雪君. 东方房地产研究院精品专著丛书·土地制度结构转型与经济发展 [M]. 上海：上海交通大学出版社，2021. 11.

[3] 曾福林，刘可定. 房地产经济学 [M]. 北京：北京理工大学出版社，2021. 11.

[4] 张永岳. 房地产经济学第 4 版 [M]. 北京：高等教育出版社，2021.

[5] 张建文. 房地产经济可持续发展研究 [M]. 北京：现代出版社，2021.

[6] 盛松成. 历史视角下的经济与金融（下篇）——宏观经济与房地产调控 [M]. 北京：中国金融出版社，2021. 11.

[7] 景刚. 房地产投资对经济增长的影响研究——规模差异区域差异及空间溢出效应 [M]. 北京：中国财政经济出版社，2021. 09.

[8] 曹建元. 房地产金融第 2 版 [M]. 上海：复旦大学出版社，2021. 04.

[9] 田枫林. 住有所居：中国房地产市场解码 [M]. 北京：中国金融出版社，2021. 04.

[10] 黄河. 房地产法（第 4 版）[M]. 北京：中国政法大学出版社，2021. 09.

[11] 周豫. 房地产定价理论与实践研究 [M]. 哈尔滨：哈尔滨工业大学出版社，2021. 03.

[12] 周豫. 新常态下的另类房地产研究 [M]. 哈尔滨：哈尔滨工业大学出版社，2021. 03.

[13] 踪家峰. 区域与城市经济学第 6 版 [M]. 上海：上海财经大学出版社，2021.

[14] 谢益畅，朱春晖，姚宝华. 房地产企业三大税及关键风险点解析 [M]. 广州：华南理工大学出版社，2021. 05.

[15] 张文洲. 房地产经济学 [M]. 武汉：武汉理工大学出版社，2020. 05.

[16] 盛松成. 房地产与中国经济 [M]. 北京：中信出版社，2020. 01.

[17] 张洪力. 房地产经济学第 2 版 [M]. 北京：机械工业出版社，2020. 04.

[18] 孔煜. 房地产市场与区域经济协调发展，以西部地区为例 [M]. 北京：社会科学文献出版社，2020. 04.

［19］ 吴伟巍. 房地产网络平台多平台接入及相关市场界定 ［M］. 南京：东南大学出版社，2020. 08.

［20］ 殷闽华. 转型期房地产波动与利益主体行为研究 ［M］. 长春：吉林大学出版社，2020. 07.

［21］ 王学军，倪志强. 房地产纠纷裁判规则与案例解析 ［M］. 北京：人民法院出版社，2020. 03.

［22］ 王珍莲，窦义粟. 房地产投资分析 ［M］. 北京：北京理工大学出版社，2020. 12.

［23］ 宋永发. 房地产项目投资与策划 ［M］. 北京：机械工业出版社，2020. 01.

［24］ 华子. 经济的本质 ［M］. 北京：北京理工大学出版社，2020. 01.

［25］ 何芳. 土地经济与利用 ［M］. 上海：同济大学出版社，2020.

［26］ 吕风勇. 房地产与中国宏观经济历史与未来 ［M］. 广州：广东经济出版社，2019. 07.

［27］ 姚玲珍. 房地产经济学 ［M］. 北京：中国建筑工业出版社，2019. 03.

［28］ 郑忠华. 房地产、金融中介和中国经济波动 ［M］. 长春：东北师范大学出版社，2019. 09.

［29］ 李江一. 中国房地产市场的微观经济影响研究理论与实证 ［M］. 成都：西南财经大学出版社，2019. 07.

［30］ 杨慧. 中国城市房地产市场 ［M］. 广州：广东经济出版社，2019. 02.

［31］ 蔡真. 房地产金融 ［M］. 广州：广东经济出版社，2019. 02.